A ECONOMIA
NÃO MENTE

Impresso no Brasil, outubro de 2008

Copyright da obra © Guy Sorman, 2008
Copyright da edição © É Realizações, 2008

Publicadado originalmente na França, em fevereiro de 2008 pela
Éditions Fayard, sob o título *L' économie ne ment pas*.

Os direitos desta edição pertencem a
É Realizações Editora, Livraria e Distribuidora Ltda.
Caixa Postal: 45321 – 04010 970 – São Paulo SP
Telefax: (5511) 5572 5363
e@erealizacoes.com.br – www.erealizacoes.com.br

Editor
Edson Manoel de Oliveira Filho

Revisão
Jessé de Almeida Primo

Capa e projeto gráfico
Mauricio Nisi Gonçalves / Estúdio É

Pré-impressão e impressão
Gráfica e Editora Vida & Consciência

Foto da capa: "Abacus",
© Szefei | Dreamstime.com.

Reservados todos os direitos desta obra.
Proibida toda e qualquer reprodução desta edição
por qualquer meio ou forma, seja ela eletrônica ou mecânica,
fotocópia, gravação ou qualquer outro meio de reprodução,
sem permissão expressa do editor.

Guy Sorman

A ECONOMIA
NÃO MENTE

Tradução de Margarita Maria Garcia Lamelo

ÍNDICE

Prefácio da edição brasileira 7
Uma revolução científica 9

PRIMEIRA PARTE
A nova economia 17
    Capítulo I 19
        O crescimento natural
    Capítulo II 29
        As instituições da riqueza
    Capítulo III 41
        A verdadeira moeda
    Capítulo IV 53
        A boa globalização

SEGUNDA PARTE
O laboratório americano 65
    Capítulo V 67
        A produção das idéias
    Capítulo VI 75
        A empresa educação
    Capítulo VII 85
        A racionalidade integral
    Capítulo VIII 95
        Os limites da razão pura

TERCEIRA PARTE
A convergência das nações 103
    Capítulo IX 105
        O fim da pobreza das massas
    Capítulo X 117
        Dragões da Ásia
    Capítulo XI 129
        O despertar da Índia
    Capítulo XII 141
        No Brasil, o futuro já chegou

QUARTA PARTE
Sair do Socialismo 157
    Capítulo XIII 159
        A grande transição
    Capítulo XIV 171
        A dependência russa
    Capítulo XV 181
        A China me preocupa
    Capítulo XVI 195
        A marcha turca

QUINTA PARTE
Os declínios 205
    Capítulo XVII 207
        A Europa vista dos Estados Unidos
    Capítulo XVIII 221
        O Sol se põe
    Capítulo XIX 231
        O efeito estufa nos arruinará?
    Conclusão 245
        Um Consenso

Índice das pessoas citadas 249

PREFÁCIO DA EDIÇÃO BRASILEIRA

Durante muito tempo, a pobreza foi o lote comum da humanidade e a possibilidade de crescimento permaneceu desconhecida. Este crescimento é um evento histórico considerável e recente. Em apenas uma geração, o crescimento se estendeu por todas as partes do planeta. O seu motor é a inovação; a inovação nunca é linear, ela se dá através de saltos. Nem toda inovação é um sucesso; algumas desaparecem por serem inúteis, outras se mostram mal controladas. Como a economia, a inovação progride, portanto, por tentativa e erro: os ritmos econômicos se ressentem disso, ciclos nascem a partir daí. Nos Estados Unidos, uma verdadeira inovação – a securitização – aumentou recentemente as possibilidades de crédito, pulverizou os riscos e contribuiu dessa forma para o forte crescimento mundial dos últimos dez anos. Porém, uma má avaliação dos riscos e o entusiasmo dos especuladores (um efeito bolha) quase destruíram o sistema financeiro internacional. O Estado americano interveio, para comprar as dívidas ruins, pois, o Estado na economia liberal é sempre o último recurso. Essa pane no capitalismo não é uma pane do capitalismo: por mais imperfeito que seja, o capitalismo continua sendo o motor incomparável do desenvolvimento para o grande benefício da humanidade. Este livro relata a história do crescimento e as condições de sua continuidade. A mensagem? Aprender com seus sucessos e erros, sem jamais renunciar a uma abordagem científica, sem jamais ceder nem à euforia, nem ao pânico. O pior que pode acontecer, em caso de crise, é renunciar aos conhecimentos adquiridos para recair nas paixões ideológicas: paixões que, no século passado, mataram mais do que qualquer epidemia.

São Paulo, outubro de 2008.

UMA REVOLUÇÃO CIENTÍFICA

A economia é uma ciência; o seu objeto é distinguir entre as boas políticas e as más. Só durante o século XX, as más políticas econômicas destruíram as nações, causando mais vítimas do que qualquer epidemia: a coletivização das terras, na Rússia nos anos 1920, na China nos anos 1950, ou na Tanzânia nos anos 1960, fez centenas de milhões de camponeses passarem fome. A emissão não controlada de moeda desestabilizou a Alemanha dos anos 1920 e favoreceu a ascensão do nazismo. A hiperinflação, em 2007, destruiu o Zimbábue. A nacionalização das empresas e a expulsão dos empresários arruinaram a Argentina dos anos 1940 e o Egito dos anos 1950. A política de licenciamento industrial na Índia congelou o desenvolvimento de 1949 a 1991.

As boas políticas econômicas, ao contrário, permitiram a reconstrução da Europa Ocidental depois da Segunda Guerra Mundial em menos de trinta anos, e depois, a reconstrução do Leste Europeu a partir de 1990. Há aproximadamente vinte anos, a boa economia tirou da pobreza em massa cerca de 800 milhões de habitantes, especialmente na Índia e na China.

Nas civilizações que víamos como adormecidas – O Japão, a Coréia, a Turquia – boas estratégias produziram a prosperidade. Na África, há uns dez anos, uma gestão econômica mais racional tira progressivamente da miséria treze nações que o economista francês, François Bourguignon[1], chama de "G13" africano.

Tornando-se mais prósperos, os povos vivem mais tempo e a sua liberdade de escolha aumenta junto com a sua esperança de vida; parece, sem que a relação seja mecanicamente demonstrável, que o crescimento econômico vem acompanhado por um florescimento das liberdades.

Portanto, a ciência econômica ensina que, para progredir, não é indispensável dispor de recursos naturais, como pensávamos ainda nos anos 1960; ela mostra que não existe civilização inapta ao desenvolvimento, como nos faziam crer até os anos 1980. Nem mesmo é indispensável viver na democracia para crescer; porém, na anarquia, não há desenvolvimento possível.

A única coisa que conta são as boas escolhas de política econômica: o que é uma evidência bem recente. Embora a economia enquanto ciência tenha aparecido na Grã-Bretanha e na França desde o fim do século XVIII, é de fato a partir dos anos 1960 que atingiu o limite da racionalidade. Se cha-

---
[1] Ver no fim da obra a lista das pessoas citadas.

marmos de ciência aquilo que progride, segundo a definição dada por Karl Popper, a economia no século 20 progrediu tremendamente. Antigamente, a intuição, a observação, a opinião e a convicção gozavam da mesma condição; as teorias eram vagas, pouco verificáveis. É significativo que, nos anos 1960, ainda se podia ensinar economia em Sciences-Po[2] e ENA[3] sem usar uma equação; hoje, é inconcebível não usar algoritmos. Raymond Barre, na sua época, lamentava que os matemáticos tivessem se apoderado da ciência econômica em detrimento da história e das culturas; de fato, o computador, que permite trabalhar com quantidades estatísticas antes incalculáveis, tende a reduzir a ciência econômica a modelos matemáticos inacessíveis aos não iniciados. Mas, como todas as ciências, a ciência econômica baseia-se antes de tudo na confrontação permanente entre esses modelos teóricos e a experimentação concreta.

A experiência, vindo confirmar os modelos a partir de 1990, revolucionou a ciência econômica. Até esse momento, coexistiam duas economias: o socialismo de Estado e o capitalismo de mercado, o Leste e o Oeste competindo; os dois modelos pareciam válidos, exemplares e evidentemente imperfeitos. As nações hesitavam e os economistas ficavam divididos entre os dois; os defeitos evidentes tanto de um quanto de outro eram atribuídos por seus respectivos advogados não ao modelo em si, mas aos erros de gestão externos ao próprio modelo. Quando a União Soviética ruiu, o modelo que ela encarnava desapareceu; mais precisamente, a União Soviética ruiu porque o sistema econômico socialista não era viável.

Desde então, só existe uma única economia, o capitalismo de mercado: a economia liberal. Alguns lamentam que seja assim, porém, ninguém pode negar essa realidade. Portanto, a ciência econômica só se interessa por esse modelo para melhor compreendê-lo, melhorá-lo e generalizá-lo; a crítica do socialismo, como a sovietologia, de agora em diante é do âmbito da história das idéias, e não mais da ciência econômica. Podemos considerar, portanto, que existe entre os economistas um consenso sobre a eficácia superior da economia de mercado, que certamente não tem outra alternativa. Um fim da história que irrita os idealistas e os ideólogos que sonham com um mundo mais justo, mais espiritual ou mais verde. Estes, decepcionados com essa evolução contemporânea, tendem a negar o estatuto de ciência à economia. Certamente não se trata de uma ciência exata, mas de uma ciência humana; porém, mesmo no caso das ciências exatas, a história ensina que a exatidão

---

[2] N. do T. É assim que é comumente chamado o *Institut d'Etudes Politiques de Paris* .
[3] N. do T. Abreviação de *Ecole Nationale d'Administration*.

é somente relativa, evolui de uma teoria para outra, cada uma mostrando-se como uma avaliação de uma realidade inapreensível.

A ciência econômica seria antes de tudo política? Porém, todas as ciências se dobram a preferências filosóficas. O historiador Thomas Kuhn demonstrou que os cientistas sempre se situam dentro de paradigmas pré-estabelecidos e tendem a pesquisar somente nos lugares onde esperam encontrar o que buscam; a economia não funciona de modo diferente. Isso não impede que dentro do modelo liberal, o campo de investigação seja imenso, dado que o mercado está longe de comportar-se de maneira automática. O mercado é imperfeito por ser muito livre ou não suficientemente livre? Quais são as instituições políticas, legais, judiciais, regulamentares, monetárias, sociais, fiscais, internacionais, indispensáveis para o melhor funcionamento do mercado? Onde traçar a linha tênue que separa o mercado do Estado?

O papel dos economistas nesse debate é propor soluções tão confiáveis quanto possível, sabendo ao mesmo tempo que os mercados e o Estado são motivados por interesses particulares: a busca do lucro dos primeiros tenderá a chocar-se com a busca de poder do segundo. O economista deve analisar ambos, e quando for o caso, denunciar seus excessos.

Os economistas são freqüentemente acusados de serem incapazes de fazer previsões, o que reduziria muito o interesse de sua ciência. Gerard Debreu, prêmio Nobel de economia em 1983, gostava de dizer que a única coisa que os economistas não sabiam fazer, era prever algo. Isso não é totalmente certo: os economistas sabem prever que uma má política necessariamente conduzirá a uma catástrofe. Avinash Dixit, economista do desenvolvimento, explica facilmente que se desejarmos chegar neste determinado ponto, é melhor não passar por aquele outro. Os economistas só dizem isso, cada um tem a liberdade de escolher um caminho ou outro; a ciência econômica somente evita, em relação àqueles que se agarram a resultados concretos, recorrer a meios que seriam incoerentes em relação aos fins buscados. Comparável à medicina moderna cujos principais resultados encontram-se na prevenção dos riscos, a ciência econômica contemporânea tenta evitar a miséria coletiva; tanto quanto o médico não cura todos os seus pacientes, o economista não pode garantir a prosperidade de cada indivíduo. Porém, hoje, Rimbaud não escreveria mais que "a economia é um horror"; para a maioria, ela se tornou uma esperança. A pesquisa que vem a seguir tenta retraçar as etapas teóricas e colocadas em prática desse imenso progresso: este, que nos cause alegria ou lamento, é de fato de inspiração liberal. Os Estados não têm mais imaginação, enquanto que os mercados nunca foram tão inovadores quanto agora.

A RUPTURA LIBERAL

Não é verdade que a economia sempre progrediu mais rápido do que a política? Na Idade Média, o comércio precedeu a criação das cidades-Estados; depois da Segunda Guerra Mundial, o Mercado Comum Europeu antecipou uma Europa política que ainda não se completou; em 1991, a economia soviética desapareceu antes que o partido comunista a reconhecesse e dissolvesse o império; os governos contemporâneos ainda se comportam como se controlassem a escolha das empresas, sendo que são globalizadas; ainda se fala do Terceiro Mundo (expressão criada por Alfred Sauvy em 1952), sendo que a maioria dos países pobres participam da economia liberal com um índice de crescimento que os aproxima dos países ricos.

Governos autoritários ainda tentam controlar a informação sobre os mercados, sendo que depois da privatização da internet pelo governo dos Estados Unidos, o planeta *rede* se tornou independente em relação a todo tipo de autoridade. Em 1989, com a queda do muro de Berlim, e em 1995, com a liberação da internet, o mundo mudou de sistema econômico: toda a economia, em diferentes níveis, é hoje necessariamente liberal e mundial, ou seja, antes de tudo ditada pelas regras do mercado, e sem fronteiras. Os governos relutam em se adaptar a essas novas normas; estas não suprimem a necessidade de estado de direito, porém, modificam profundamente os modos de intervenção. O poder político recua, o poder econômico progride; a distinção de papéis permanece, mas a fronteira foi deslocada. Há perdedores e ganhadores, porém, não é um jogo de saldo zero, pois o mundo globalizado entrou em um ciclo de crescimento regular: as perdas só são relativas, contanto que a riqueza global progrida.

Antes mesmo do surgimento dessa revolução liberal, a sua teoria já havia sido elaborada. De que forma economistas como Milton Friedman (o monetarismo), Gerard Debreu (o *optimum* do mercado), Robert Lucas (a antecipação racional), George Stigler (a desregulamentação) ou Edmund Phelps (o caráter nocivo da inflação) puderam, desde os anos 1960-1970, prever o que seriam as políticas econômicas posteriores aos anos 1980? Atrás desse aparente dom profético, encontraremos duas explicações racionais.

A simples análise teórica permitia, antecipadamente, que fossem previstas as disfunções das economias centralizadas, planificadas, estatizadas e inflacionistas: a ineficácia do antiliberalismo estava constatada, porém, nada deixava prever que ele pararia, nem quando. Por outro lado, os teóricos já citados, e outros pertencentes à mesma escola, haviam preparado um modelo de reposição caso o antigo sistema deixasse de funcionar. Quando, depois da crise mundial de 1973, as vãs tentativas de reconduzir a economia através de intervenções ditas keynesianas fracassaram, os governos naturalmente se voltaram para a "utopia de reposição" (uma expressão de Friedrich Von Hayek) disponível na época: o liberalismo econômico. A sua eficácia, de início rapidamente demonstrada no mundo anglo-saxão, reuniu todo o planeta, de Paris a Pequim, Nova Déli, Brasília e Moscou. Pois, só existe uma economia boa: aquela que funciona.

O ESTADO MÍNIMO E INDISPENSÁVEL

Para aqueles que não sabem o que é o liberalismo, afirmar que ele ganhou a batalha dos fatos se mostrará como uma provocação ou uma aberração. Porém, os fatos estão aí, e o liberalismo, incontornável, se quisermos chegar a um consenso sobre a sua definição. Só existem, como explica o economista húngaro János Kornai, dois sistemas econômicos conhecidos e experimentados: o sistema socialista e o sistema liberal. Ambos baseiam-se em princípios inversos. No sistema socialista, a propriedade é pública, a concorrência eliminada e a produção planificada: trata-se de uma "ordem decretada", expressão de Hayed. No sistema liberal, a propriedade é privada, a concorrência interna e externa é a regra, a produção é determinada pelas iniciativas de uma minoria que age, os empreendedores (termo criado por Jean-Baptiste Say); a ordem nesse sistema é "espontânea". A vitória do sistema liberal se traduziu desde os anos 1980 no esmagamento do sistema socialista e em sua transformação em economia liberal. Em todos os lugares, o sistema público cedeu diante das privatizações; a moeda escapou das mãos dos Estados passando a ser gerida pelos bancos centrais independentes; a concorrência foi atiçada pela desregulamentação dos mercados e pela abertura das fronteiras; a fiscalização tornou-se menos progressiva, para reter os empresários dentro do território nacional e suscitar novas vocações. A China não seria uma exceção a essa orientação geral? Pela retórica de seus dirigentes, sem dúvida nenhuma; na prática, entretanto, o país inteiro tende ao sistema capitalista sem que verdadeiramente esteja dentro dele. Veremos adiante que essa experiência chinesa pode ser descrita como uma transição do mundo rural para a sociedade industrial, e não como um modelo universal alternativo para o sistema liberal. Por outro lado, a Índia e o Brasil, outras potências emergentes, claramente se juntaram à democracia liberal, e nesse sentido encontram-se à frente da evolução previsível da China.

Paralelamente a essa liberalização de caráter mundial, tornou-se mais evidente do que no início da revolução liberal dos anos 1980 que os Estados ou as organizações internacionais – os super-Estados – são indispensáveis para o bom funcionamento dos mercados; o Estado que se encontra agora não é mais um Estado produtor, mas sim um Estado garantidor das regras. Os liberais mais absolutistas foram levados a reconhecer essa necessidade do Estado, e isso, por razões intrínsecas ao mercado. Nem todos os atores econômicos dispõem das mesmas informações; em razão da assimetria da informação – expressão de George Akerlof – um árbitro deve fazer o papel de estimular a transparência. Nas economias complexas, particularmente nos mercados financeiros, como observa Jean Tirole, multiplicam-se as fontes intermediárias de informações, como as agências que difundem a informação; essas instituições privadas permitem que os atores econômicos tomem decisões relativamente esclarecidas nos labirintos das finanças globalizadas. A credibilidade dessas fontes intermediárias provém do fato de empenharem a sua reputação e seu dinheiro; se a informação for falsa, então, essa fonte é desqualificada. Mesmo assim, as crises financeiras, como a desencadeada pela Enron em 2001, ou a do crédito imobiliário nos Estados Unidos em 2007, revelam a imperfeição da informação privada. Como último recurso, resta somente o Estado, enquanto o derradeiro garantidor e segurador em caso de bancarrota dos mercados: o Estado também compromete a sua reputação e seus fundos sem ser totalmente confiável.

A teoria liberal moderna reconhece, portanto, o papel determinante exercido pelas instituições públicas para que as transações que ocorrem nos mercados nacionais e internacionais conduzam ao desenvolvimento durável.

Existe um outro fundamento próprio aos Estados modernos na economia liberal que alguns teóricos da doutrina admitem com mais dificuldade: a exigência de solidariedade coletiva. A igualdade e a justiça social podem ser somente mitos, o que não os torna menos reais e nem tira a sua capacidade de ação. O Estado moderno é ao mesmo tempo o garantidor do mercado e o lugar da solidariedade: entre essas duas exigências às vezes contraditórias, as fricções são inevitáveis. As pessoas excessivamente liberais desejarão que o Estado garanta o serviço público ou a solidariedade, mas que o setor privado se encarregue pelo menos da gestão de seus serviços escolares, sociais, sanitários, de segurança. Os menos liberais recusarão dissociar a oferta da garantia do serviço pelo Estado de sua gestão pública. A arbitragem desse conflito tornou-se o objeto central da política; em uma democracia, e mesmo em sua ausência, fazer política significa deslocar as fronteiras do serviço público para o mercado ou para o Estado, para a solidariedade ou para o empresário, entretanto, de agora em diante, isso se dá dentro do sistema liberal.

É natural que o liberalismo tenha inimigos; estes podem ser movidos, entre outros motivos, por um desejo utópico ou pela defesa de interesses materiais; nem sempre é fácil distinguir essas motivações, todas legítimas. Também convém considerar o que há de ignorância nessa situação: o conhecimento econômico é pouco difundido, e o fato de que o mundo entrou num ciclo de crescimento geral, desde a liberalização e a globalização, permanece inexplicavelmente ignorado. Sem dúvida, trata-se de uma notícia demasiadamente positiva.

Essa vitória do liberalismo evidentemente não pode ser considerada como algo adquirido; as ameaças doravante provêm menos da desgastada retórica revolucionária do que dos novos temores. Desse modo, o medo (existente, sobretudo, no Ocidente desenvolvido) de problemas ecológicos poderia levar à adoção de políticas inconseqüentes que não necessariamente diminuiriam os riscos ecológicos, porém, poderiam barrar o desenvolvimento em detrimento dos mais pobres. Existe ainda um outro perigo que se deve à própria natureza da economia: o crescimento é cíclico. O tempo das grandes crises parece já ter passado, particularmente em função dos progressos da ciência que permitem que os governos e os atores econômicos os compreendam e os administrem melhor; a "Grande Crise" de 1930 não poderia se reproduzir de forma idêntica, pois, os erros políticos que a agravaram na época, como o protecionismo e a cartelização, não deveriam mais ser cometidos no futuro. Porém, as pequenas crises subsistem, sem dúvida, inevitáveis, pois estão ligadas ao ciclo das inovações: o novo expulsa o antigo e obriga a fazer adaptações, às vezes, dolorosas. Essas crises são ainda mais intoleráveis por nos termos habituado ao crescimento perpétuo; cabe, portanto, aos governos democráticos e aos formadores de opinião, quando há crise, salvar o sistema que, até o presente momento, serviu tão bem a humanidade, e não mudá-lo sob o pretexto de sua imperfeição. Sociais-democratas, como John Maynard Keynes nos anos 1930 ou Edmund Phelps hoje, sempre exortaram, em caso de crise no liberalismo, a salvar antes de tudo o liberalismo. A atualidade contemporânea mostra que são ouvidos, visto que os melhores garantidores da economia de mercado são freqüentemente de esquerda: podemos citar, entre outros, Lula, o presidente do Brasil

Porém, o que menos se aceita na vitória do liberalismo é sem dúvida a sua imperfeição: essa melhor economia possível é imperfeita, confusa, imprevisível. A ordem liberal, na verdade, não é senão o reflexo da natureza humana, esta é por sua vez bem pouco perfeita.

PRIMEIRA PARTE
A nova economia

As economias modernas, desde os anos 1980, se desnacionalizaram, se desestatizaram, se desmaterializaram. As fronteiras não constituem mais o quadro de referência nem dos empresários nem dos consumidores; os governos nacionais acompanham o desenvolvimento, porém, não têm mais o poder de determinar as escolhas ou o ritmo; todos os tipos de serviços se adicionam aos bens materiais tradicionais. Essas tendências são mundiais, de tal forma que a antiga noção de índice de crescimento nacional se torna menos significativa do que a de trend[1] mundial analisada aqui por Edward Prescott: progredimos todos juntos, de Paris a Pequim e de Nova York a Nova Déli, ou estagnamos juntos.

O balanço dessa economia que se globaliza é positivo para a humanidade, diz Jagdish Bhagwati, visto que, graças a ela, povos imensos saem da miséria.

Essa evolução é, em parte, o resultado de progressos técnicos; e mais ainda, é a conseqüência feliz de uma melhor compreensão dos motores do crescimento. Os empresários só empreendem, os poupadores só poupam, os consumidores só consomem se puderem fazê-lo a longo prazo e se confiarem em instituições estáveis e previsíveis: uma verdadeira moeda, como a descrita por Kenneth Rogoff, a liberdade das trocas, a perenidade dos contratos ilustrada por Avner Greif, bancos sólidos, direito de propriedade garantido, Estados honestos, organizações internacionais legítimas, defendidas por François Bourguignon, constituem as boas instituições necessárias para um desenvolvimento constante.

Se houver uma recessão cíclica (flutuação de 2008), a prioridade para os governos racionais será manter essas instituições estáveis, sem ceder às paixões políticas, tampouco às intervenções mágicas.

Como nascem as boas instituições? Elas podem se enraizar em todas as civilizações? A experiência dos últimos trinta anos demonstra que as instituições indispensáveis para uma boa economia são compatíveis com as mais variadas culturas; não é necessário, como ainda se ouve, mudar as mentalidades antes de chegar ao desenvolvimento. Porém, é indispensável, através de uma boa pedagogia, diz Jean Tirole, convencer os povos de que existem condições objetivas anteriores a esse desenvolvimento. Elas podem ser descritas e ensinadas: para praticar uma boa economia, é bom conhecê-la.

---

[1] N. do T. Em inglês no texto, se traduz por *tendência* em português.

A democracia é indispensável para o desenvolvimento? O capitalismo, constatam Dani Rodrick e Daron Acemoglu, pode prescindir da democracia enquanto que a democracia não pode existir sem o capitalismo.

CAPÍTULO I
O crescimento natural

É indispensável percorrer o mundo para encontrar economistas? A sua ciência não está inteiramente contida em suas publicações? Em Mineápolis, no meio do mês de agosto de 2007, esperando Edward Prescott em seu escritório do Banco Federal de Minnesota, nós nos perguntamos sobre isso. Porém, os trabalhos de Prescott estão expressos em linguagem matemática: ele se dirige aos seus pares, não ao público. Porém, ele mesmo, ao receber o seu prêmio Nobel de 2004, declarava que os economistas deviam formar a opinião pública para impedir os homens políticos de caírem no erro ou na demagogia. Todavia, os bons economistas não são necessariamente grandes pedagogos: um pesquisador raramente é um intelectual público, e os economistas que se dirigem ao grande público nem sempre são os mais legítimos. Há também economistas reconhecidos que, com o respaldo de um prêmio Nobel, dissertam sobre tudo o que não conhecem melhor do que outros, mas, coroados por uma glória conquistada em outro lugar. Para ser ao mesmo tempo pesquisador e se dirigir ao grande público, diz o economista francês Jean Tirole, é preciso ser um pouco esquizofrênico: a pesquisa requer a nuance e a complexidade, enquanto que comunicar leva a simplificar, a ampliar o traçado ao excesso. Portanto, é dissertando com Prescott e outros do mesmo calibre que poderemos compreender melhor o que buscam de fato, o que encontraram e o que pode servir de aprendizagem. É por essa razão que foi preciso ir a Mineápolis, e depois em vários outros lugares.

De 1890 até hoje, diz Prescott, o crescimento médio dos Estados Unidos é de 2% por habitante; essa *trend*, que pode ser considerada como natural ou espontânea, traduz o progresso constante da eficácia econômica no país líder. O economista mediu "aparando" os acidentes de percurso, o ciclo dos negócios e as depressões. Durante o mesmo período, a rentabilidade média do capital investido foi de 4%. Guardemos esses dois números na memória: 2 e 4%. Segundo Prescott, cabe ao país líder, aquele que encabeça a inovação, definir a *trend* mundial, pois as inovações no centro se difundem necessariamente, com mais ou menos rapidez, em todos os lugares. No país líder, a *trend* de curto prazo pode ser afetada pelos choques externos, como o aumento do preço do petróleo, ou por caos internos provocados pelo aparecimento de um produto novo ou por erros de política econômica. Fora do país líder, é possível que essa *trend* seja momentaneamente ultrapassada, por exemplo, em período de reconstrução, como na Europa depois da guerra, ou em fase de decolagem, como na Índia ou na China. Mas, a longo prazo, a *trend* do país líder não é ultrapassável, salvo se a liderança mudar. Antes dos Estados Unidos, a Grã-Bretanha e a Alemanha foram líderes; depois dos Estados Unidos, Prescott prevê que a União Européia assuma a liderança. É uma hipótese. Enquanto isso não acontece, uma economia desenvolvida que cresce menos de 2% estaria vivendo abaixo de suas capacidades: ela está em crise virtual. Essa crise, segundo Prescott, sempre é provocada por uma má política econômica.

A *trend* de 2% contabiliza estatísticas observáveis e não contestáveis; porém, os benefícios humanos do crescimento na verdade são muito superiores. Dessa forma, a *trend* não mede nem o recuo da morbidade nem o aumento da duração da vida; temos aí conseqüências do crescimento bem reais, mas que não aparecem nos dados econômicos. As estatísticas tampouco mostram os progressos induzidos pelo crescimento no nosso conforto cotidiano. William Nordhaus, em Yale, calculou dessa forma o índice de aumento da luz artificial que beneficia hoje praticamente toda a humanidade por um preço de custo muito pequeno: esse índice é muito superior a 2%. Ter luz, o que já foi um luxo, é acessível para todos, coisa que os dados estatísticos não traduzem. A *trend* subestima, portanto, os benefícios reais do crescimento e as suas oscilações são menos significativas do que o próprio crescimento. Paradoxalmente, diz Prescott, os economistas prestam mais atenção nas oscilações: as crises fascinam mais do que o crescimento espontâneo, com o temor para alguns, ou a esperança, para outros, que essas crises derrubarão a economia de mercado. Assim será, diz Prescott, somente se esquecermos a relação direta entre o crescimento e a quantidade de trabalho.

O FATOR TRABALHO

O que chamamos de modelo de Prescott é aparentemente simples: o crescimento resulta da combinação do capital, do trabalho e da eficácia. O terceiro fator, o mais difícil de avaliar, que associa as instituições e a produtividade, se encontra na origem das diferenças de crescimento entre as nações. Entre países desenvolvidos, a comparação dessa eficácia é fácil, pois, os modos de produção são semelhantes. Se medirmos a produtividade da indústria automobilística nos Estados Unidos, no Japão e na França, as distâncias são modestas, porque a inovação circula e a imitação é praticamente instantânea. Nesse grupo de nações homogêneo, o montante dos capitais investidos também é comparável. Portanto, é a quantidade de trabalho e só ela que faz a diferença e explica as distâncias reais de crescimento.

Prescott mostrou que depois da Segunda Guerra Mundial, no período de reconstrução, os europeus e os japoneses trabalharam mais do que os americanos, porém, com menos eficácia; o trabalho excedente permitiu recuperar o crescimento, depois, a eficácia. Há mais de um quarto de século, os europeus e os japoneses são tão eficazes quanto os americanos, com algumas nuances: a França está ligeiramente acima dos Estados Unidos (+10%) e o Japão abaixo (-10%). Porém, essas pequenas variações de eficácia não bastam para explicar as diferenças de crescimento. O crescimento mais lento na Europa continental do que nos Estados Unidos é resultado, desde os anos 1980, da relação com o trabalho que se inverteu entre os americanos e os outros países desenvolvidos: com eficácia comparável, os americanos trabalham mais e enriquecem mais, enquanto que os outros trabalham menos e ficam relativamente mais pobres. Devemos esclarecer o que Prescott entende por quantidade de trabalho: seu modelo só leva em conta o trabalho produtivo submetido aos impostos. O trabalho clandestino é deduzido, assim como o trabalho doméstico não remunerado e sobre o qual não recaem impostos. Em cada país, a quantidade de trabalho sobre o qual recaem impostos é influenciada pelas férias, número de horas de trabalho semanal, a idade em que se entra no mercado de trabalho, a idade da aposentadoria e o desemprego. Dessa forma, dados homogêneos são comparados.

A partir dessa definição simples da quantidade de trabalho, para cem horas trabalhadas nos Estados Unidos, os alemães trabalham setenta e cinco horas, os franceses sessenta e oito, e sessenta e quatro na Itália. Só para lembrar, em 1970, os franceses e os alemães trabalhavam cento e cinco horas contra cem nos Estados Unidos. O índice de produtividade de um francês em 1970 era de 74, enquanto que nos Estados Unidos esse índice chegava a

100; trabalhando mais do que os americanos com menos eficácia, a produção de um francês alcançava, portanto, um índice de 77, contra 100 nos Estados Unidos. Hoje, um francês, por sessenta e oito horas de trabalho com um índice de eficácia de 110 (contra 100 nos Estados Unidos), produz 74, enquanto que um americano produz 100. Em termos gerais, a produção por pessoa nos Estados Unidos se situa em média 40% acima do que ela é na Europa Ocidental; com a mesma eficácia, entre as empresas dos dois lados do Atlântico, essa diferença só se explica pela quantidade de trabalho. Em outras palavras, não é possível para os franceses e os alemães alcançarem o nível de vida americano, salvo trabalhando mais, globalmente, durante uma vida ativa.

Resta-nos compreender por que razão, a partir dos anos 1980, os americanos "escolheram" coletivamente trabalhar mais, enquanto que os europeus faziam a escolha inversa. Quem escolhe e como?

Não se sabe quem escolhe, porém, tudo acontece, no final das contas, como se houvesse uma escolha. O que motiva essa escolha, ou essa aparência de escolha? A resposta, segundo Prescott, não traz nenhuma dúvida: o motivo é o imposto.

O IMPOSTO CONTRA O TRABALHO

Em 1980, os americanos e os europeus trabalhavam o mesmo volume de horas; o nível do imposto sobre o trabalho (impostos e cotizações) era o mesmo na Europa e nos Estados Unidos. Agora que os americanos produzem, por habitante, 40% mais do que os europeus, parece que na Europa os impostos, em média, sobre um ganho de 100, confiscam 60; nos Estados Unidos, confiscam 40. Temos aí uma taxa marginal, não uma taxa média, que afeta a quantidade de trabalho suplementar. Visto que um americano, trabalhando mais, conserva 60% do que ele ganha, contra 40% na Europa, Prescott considera que a pressão fiscal é suficiente para explicar a escolha implícita, na Europa, a favor do não-trabalho.

Para essa escolha coletiva, há muitas outras razões de ordem psicológica, social ou legal; porém, a preferência pelo lazer, ou a rigidez do mercado de trabalho, ou o desemprego seriam as conseqüências e não a causa determinante do não-trabalho. Isso vem do modelo de Prescott: com base em dados estatísticos e em comparações no tempo, simulações medem o impacto fiscal sobre o trabalho. Essas simulações produzem resultados teóricos que permitem depois serem confrontados com a situação real. Por questão de décimos, basta a manipulação fiscal para determinar bem a escolha ou não do trabalho; os outros fatores do não-trabalho, sem serem negligenciáveis, não são necessários para a demonstração.

No caso da França, o modelo de Prescott indica que uma redução da dedução fiscal sobre o trabalho de 60 a 40% suscitaria um aumento do tempo de trabalho de 6,6% e aumentaria o poder aquisitivo em 19% durante uma vida de trabalho. Como esse modelo dinâmico se aplica a longo prazo, o aumento do tempo de trabalho suscitaria um crescimento cumulativo. O crescimento suplementar gerado pela redução dos impostos, ao criar novos empregos, eliminaria o desemprego; portanto, não é o desemprego que torna o crescimento lento ou reduz a quantidade de trabalho, mas o inverso.

Esta teoria está longe de ser unânime. Prescott é instigante, mas, como toda teoria, a sua é falsificável. Porém, de uma forma empírica, a experiência americana parece confirmar a teoria de Prescott; a partir dos anos 1980, nos Estados Unidos, a pressão fiscal diminuiu, especialmente para os casais. Em média, o cônjuge que trabalha conserva 80% do que ganha: uma forte incitação à busca de um segundo salário. Coincidindo com essa diminuição dos impostos sobre o trabalho, o índice de participação das mulheres no mercado de trabalho americano aumentou muito a partir dos anos 1980. O crescimento americano teria, portanto, sido acelerado pela diminuição dos impostos e pelo crescimento simultâneo do número de horas trabalhadas. Uma grande surpresa da economia moderna, diz Prescott, é constatar o quanto o trabalho é um fator elástico: os assalariados respondem aos estímulos positivos e negativos, o que revela em cada nação reservas de crescimento inexploradas.

COMO REDUZIR OS IMPOSTOS SOBRE O TRABALHO?

Para compreender o que vem a seguir, a lógica da diminuição dos impostos sobre o trabalho, um breve desvio pela chamada teoria da oferta é necessário. Não foi um americano, mas um francês que, no início do século 19, observou que o motor da economia não era o consumidor, mas o produtor: "A produção, escrevia Jean-Baptiste Say, criou suas próprias saídas." Essa determinação do crescimento pela oferta é fácil de ser compreendida, quase trivial: se uma empresa não lhe fizesse a proposta de comprar um telefone celular, você não iria exigi-lo, posto que esse telefone não existiria e que você não sentiria necessidade de utilizá-lo. Essa primazia da oferta foi contestada por Keynes, que atribuiu a crise de 1930 a uma insuficiência da demanda. Era necessário, segundo Keynes, relançar o consumo para sair da crise. Essa proposta, que só podia seduzir – aumentar o poder aquisitivo para aumentar o crescimento – infelizmente fracassou sempre que foi aplicada, especialmente depois da crise de 1973 no Ocidente; quando falta a oferta, o aumento do poder aquisitivo sempre se traduz por um aumento dos preços.

Segundo a lógica da oferta na qual se encontra Prescott, somente o aumento da quantidade de trabalho, da oferta, leva ao aumento da produção; o novo crescimento induzido dessa forma permite que o Estado arrecade impostos a um nível mais baixo, mas, sobre uma riqueza maior. O Estado ganha com isso tanto quanto os trabalhadores. Essa hipótese foi difundida pelo economista americano Arthur Laffer que, no início dos anos 1980, tornou-se célebre por uma curva de sino que tem o seu nome. A curva Laffer diz que além de 50% de arrecadação fiscal, as entradas de imposto para o Estado diminuem porque o crescimento diminui; por outro lado, a diminuição dos índices, por aumentar o crescimento, faz também crescer as entradas fiscais. Essa curva de Laffer, "matematicamente aproximativa, mas intuitivamente correta", diz Prescott, exerceu uma influência considerável nos Estados Unidos a partir da presidência de Ronald Reagan; ela está na origem de uma diminuição regular da pressão fiscal que coincidiu com um forte crescimento econômico. Essa coincidência é uma correlação? Pode-se discutir essa questão infinitamente. O fato é que o resto do mundo continuou a reduzir os índices máximos fiscais; mesmo os europeus seguiram Laffer. Por que a curva de Laffer é verdadeira? Prescott se pergunta. Muito provavelmente, os Estados, que na economia globalizada vivem uma concorrência fiscal entre si, praticamente não tinham escolha: o excesso fiscal faz os empresários buscarem o Estado mais vantajoso.

Se aceitarmos as teorias de Prescott e de Laffer, seria, então, desejável e possível reduzir os impostos sem arruinar as finanças públicas, por causa da dinâmica positiva dessa redução. Mas, no caso da Europa onde a arrecadação fiscal sobre o trabalho financia a proteção social (e, nos Estados Unidos, o regime das aposentadorias, chamado de Social Security), só a redução dos índices superiores do imposto não bastaria para diminuir a arrecadação fiscal sobre o trabalho. Para ser significativa, uma diminuição exigiria um outro modo de financiamento de proteção social e de aposentadorias: a passagem da repartição obrigatória para a capitalização escolhida. É natural que quanto mais as pessoas assumissem os seus riscos, mais os impostos poderiam diminuir. Mas como definir um *optimum* que poderia proteger os indivíduos contra os riscos maiores sem colocar em perigo a solidariedade social ou as finanças públicas? Esse *optimum* se calcula: no caso dos Estados Unidos, Prescott mostra que com uma taxa de lucro sobre o capital investido da ordem de 4% por ano, é preciso investir 8,7% de seu salário para receber, aos sessenta e três anos, durante vinte anos, uma aposentadoria equivalente ao último salário. Esse financiamento privado das aposentadorias permitiria que a arrecadação fiscal sobre o trabalho passasse de 40 a 27%. A aposentadoria privada seria, portanto, menos cara (8,7% contra 13% do salário) para o assalariado para obter uma vantagem equivalente, pois, a diminuição dos impostos suscitaria um aumento da quantidade de trabalho e uma aceleração do crescimento. Mais pragmático do que seus modelos matemáticos nos fazem crer, Prescott sugere que os assalariados tenham a escolha entre a aposentadoria privada e a aposentadoria pública. O seu modelo de crescimento dinâmico, sobre o qual praticamente todos os economistas estão de acordo, não dá em qualquer hipótese outras saídas realistas para os governos que buscam o pleno emprego e o crescimento. Evidentemente, é possível evitar a realidade; entretanto, não se pode, através de subterfúgios, com discursos ou intervenções a curto prazo, obter resultados concretos e mensuráveis. A economia, conclui Prescott, obedece a leis, e não ao poder optativo dos governos.

Mas há coisa pior do que se esquivar: a intervenção pública fora de hora pode, a partir de um ciclo natural dos negócios mal interpretado, mergulhar uma economia na depressão.

COMO OS ESTADOS PROVOCAM AS DEPRESSÕES

A autoridade científica de Prescott se baseia em um modelo matemático que permite com bastante precisão prever e analisar as depressões. Ao contrário da maioria dos modelos anteriores que fotografavam situações, o de Prescott é dinâmico, ele é feito a longo prazo e antecipa o comportamento dos agentes econômicos. Prescott é, portanto, um dos autores da revolução científica dos anos 1980 que, com Robert Lucas, revolucionaram as políticas econômicas. Antes, os autores de modelos e os políticos que os utilizavam consideravam que os empresários ou os consumidores modificavam seu comportamento em função dos sinais que eram dirigidos a eles pelo Estado. Porém, no modelo dinâmico, esses agentes econômicos sabem que os sinais não passam de sinais, e não mudanças reais: então, eles enganam os políticos se antecipando sobre os efeitos artificiais que os governos esperam. Isto é essencial: a partir do modelo dinâmico de Prescott, sabemos que expressões como "relançar a economia" ou "desacelerar o superaquecimento" não têm sentido algum. Não passam de metáforas políticas ou jornalísticas. Concretamente, a economia somente obedece a estímulos reais e duráveis, e não a discursos sobre o "relançamento" ou o "superaquecimento".

Isso, diz Prescott, não implica nem o desaparecimento dos Estados, nem a passividade governamental: a economia de mercado não pode funcionar sem um bom Estado. Porém, o papel desse Estado, segundo o modelo dinâmico é manter a *trend* ao longo do tempo, e não intervir toda hora. Essa permanência da *trend* dependerá antes de tudo da estabilidade e da qualidade das instituições: a independência do Banco Central, a gestão previsível e não inflacionista da moeda, uma justiça confiável e não muito onerosa, o livre comércio, uma lei sobre as falências para facilitar a renovação industrial, leis fiscais e sociais imutáveis que não constituem um obstáculo para o bom funcionamento do mercado – essas são as boas instituições favoráveis à *trend*. Segundo Prescott, os governos têm muito que fazer.

O que fazer em caso de diminuição constatada da *trend*? Nada, diz Prescott, pode ser oportuno; a inovação cria ciclos que purgam a economia de técnicas e produtos antiquados para substitui-los por novos ou por preços mais baixos. Nos países desenvolvidos, o ciclo da inovação se repete com uma regularidade da ordem de quarenta e oito meses, havendo uma tendência recente para o prolongamento do ciclo. Esses ciclos se propagam a partir do país líder, pois as inovações se propagam hoje de forma quase espontânea. Inevitavelmente, essas rupturas provocam reclamações por parte das vítimas que, nas sociedades democráticas, vão exercer uma pressão política sobre os governos. Porém, estes, graças a um melhor conhecimento do funcionamento dos ciclos, tendem a não intervir mais; ou a intervir favoravelmente, facilitando a recolocação dos trabalhadores afetados pela inovação. Nem sempre foi assim: a análise das grandes depressões do século 20 mostra como a intervenção dos governos pode transformar um ciclo natural em crise maior, até romper de forma durável a *trend* de crescimento.

Observemos com Prescott algumas das grandes crises repertoriadas na história econômica: as dos Estados Unidos nos anos 1930, a da França na mesma época e a estagnação do Japão há dez anos. No caso americano, Prescott vê como responsável pela severidade e pela longa duração da crise a política chamada de "new deal"[2] de Franklin Roosevelt. Em 1932, ele socorreu setores em dificuldade proibindo a concorrência e as quedas de preços; as empresas improdutivas foram colocadas sob perfusão pública, o que impediu a sua substituição por atividades mais inovadoras. Depois de 1936, segundo mandato de Roosevelt, os salários e os impostos aumentaram, o que proibiu qualquer investimento e inovação. Esse congelamento inaugurado de fato

---

[2] N.do T. *New Deal* é o nome dado por Franklin Roosevelt ao programa que ele criou entre 1933 e 1938 para ajudar os americanos a se recuperarem economicamente durante a Grande Depressão.

por Herbert Hoover, o predecessor de Roosevelt, que havia bloqueado o livre comércio, levou a economia americana a um tipo de socialização suave, marcada mais pela repartição da pobreza do que pela criação de riquezas. Esse *new deal*, paradoxalmente, criou a popularidade de Roosevelt (até os dias de hoje), embora ele tenha enterrado a economia americana até o rearmamento recolocar todo o mundo no trabalho. Um revisionismo da parte de Prescott? Essa avaliação contemporânea do *new deal* praticamente não é mais contestada pelos economistas; o novo consenso científico vê a política de Roosevelt como responsável pela duração da crise de 1930. No caso da França, os economistas estão também de acordo: o governo Léon Blum prolongou a crise reduzindo o tempo de trabalho e ao mesmo tempo aumentando os salários. Um erro estratégico que o liberal Jacques Rueff havia condenado na época. Mas, como no caso do *new deal*, também se pode pensar que as decisões de Blum obedeceram a exigências políticas e sociais que eram legítimas a curto prazo, sendo ao mesmo tempo anti-econômicas.

Teria sido melhor, para o bem-estar da população americana ou francesa, deixar funcionar o mercado com uma saída da crise mais rápida, ou privilegiar uma política social prolongando a crise? A questão é sempre válida para qualquer governo que se confronta com ciclos. Mas, hoje, ter uma política anticrise seria inconseqüente, pois, sabemos que essa mesma política poderia agravá-la.

CAPÍTULO II
As instituições da riqueza

Um enigma: por que certas nações são tão ricas, outras tão pobres, e por que elas são ou ricas ou pobres, há tanto tempo? Em que circunstâncias a Europa ocidental decolou desde o século 13 enquanto que outras civilizações estagnaram? Para um economista contemporâneo, a questão não é compreender a pobreza, visto que desde a origem dos tempos, a pobreza faz parte do destino da humanidade. É melhor se perguntar sobre as causas do avanço ocidental e, a partir daí, sobre as condições eventuais de sua replicabilidade. Há dois séculos, de Adam Smith a Karl Marx, de Frédéric Bastiat a Max Weber, existem sobre esse assunto várias hipóteses: o clima, a geografia, o feudalismo, a cultura, a religião, a política. Todos buscam a solução simples que esclareceria o milagre do crescimento. Seria preciso, para se desenvolver, morar num porto, como os italianos ou os holandeses? Destruir a feudalidade, como no Japão? Ser protestante, como na Alemanha, ou confucionista, como na Coréia? Mas a Suíça não é marítima; a Itália não é protestante, Singapura é tropical. Para cada hipótese se opõem inúmeros exemplos que a contradizem.

Essa busca teórica não está livre de conseqüências práticas, pois as teorias são influentes; elas orientam os debates políticos e com o tempo determinam as escolhas dos governos e das instituições internacionais responsáveis pelo desenvolvimento. Em Washington, o Banco Mundial, desde a sua criação em 1944, não parou de basear os seus empréstimos na doutrina dominante do momento; conforme as explicações do desenvolvimento e as soluções decorrentes variavam, o Banco mudava de política. Nos anos 1960, era preciso financiar equipamentos "estruturantes"; eles desapareceram sob a ferrugem. Nos anos 1980, a privatização do setor público e o equilíbrio das despesas públicas pareciam um elixir; ele foi administrado sem grande sucesso. Em seguida, dizia-se que uma boa gestão, dirigentes eleitos e administrações não corrompidas, supondo que pudéssemos impor tudo isso do exterior, se tornariam a chave do desenvolvimento. Depois o caso chinês inverteu o raciocínio: o desenvolvimento chegou antes que as instituições que iriam supostamente permiti-lo. A ajuda internacional seria uma solução ou não? Os seus partidários dizem que a ajuda é insuficiente, porém, aumentando-a, o desenvolvimento viria como conseqüência. Outros respondem dizendo que nenhum país jamais se desenvolveu graças a essa ajuda. Depois veio uma nova hipótese, a última: o desenvolvimento seria uma questão de instituições.

A RIQUEZA VEM DE LONGE

A ajuda seria inútil. A boa gestão? Não teria sentido. Uma boa política econômica? Bem pouco promissora se as nações não forem dotadas de instituições indispensáveis para o desenvolvimento. Quais são essas instituições ideais? Um estado de direito, uma justiça autêntica, bancos e empresas independentes da pressão política, o respeito da palavra dada e dos contratos. A existência ou não dessas instituições, sob formas variadas respeitando as culturas locais, seria o fundamento de todo desenvolvimento; eis o que supõe – o que praticamente todos os economistas admitem – que não se conhece outra forma de desenvolvimento que não seja o modelo ocidental.

A economia moderna na Europa nasceu com essas instituições, ou mais exatamente estas nasceram na Europa; elas precederam historicamente o Estado. Os bancos e as associações comerciais apareceram na Itália no século 13, quando não havia ainda nem Estado, nem poder político estável. Nos Estados Unidos? Os colonizadores criaram essas instituições comerciais e financeiras porque haviam conhecido essa prática na Grã-Bretanha, na Alemanha ou na Holanda. Fora da Europa, os japoneses importaram essas instituições no século 19; a Coréia, Singapura, a Tailândia, a Indonésia fizeram o mesmo no século 20, e todos se desenvolveram de fato. A Índia herdou essas instituições dos britânicos e os chineses copiam o Ocidente. Ficam à margem os países que são ao mesmo tempo pobres e sem instituições; por que eles as recusam, qual é a razão determinante dessa seleção negativa?

Dois pioneiros dessa busca propõem duas explicações contraditórias. Para um, Avner Greif, professor em Stanford, formado em Israel e nos

Estados Unidos, a cultura, particularmente os valores religiosos, determinaria a escolha das boas instituições. Para o outro, Daron Acemoglu, armênio da Turquia, professor do Massachusetts Institute of Technology (MIT), a herança da colonização e a luta de classes conduziriam a boas ou más instituições. Nas duas hipóteses, cada um admite que a história tem um grande peso no desenvolvimento; tanto a riqueza quanto a pobreza vêm de longe, diz Greif.

Avner Greif situa a origem histórica e geográfica do desenvolvimento no século 12 no Mediterrâneo. Entre as grandes cidades italianas, Gênova e Veneza, o Mediterrâneo oriental e a Ásia central houve através do comércio internacional uma revolução econômica medieval: ela é a matriz da futura prosperidade européia, constituída seis séculos antes que na Grã-Bretanha uma revolução industrial viesse tomar o seu lugar e desse à modernidade o seu aspecto atual. Antes da indústria, houve, portanto, a troca que permitiu a acumulação do capital e o nascimento de uma sociedade de empreendedores burgueses. No fim dessa revolução comercial, como explicar que as cidades italianas tenham se tornado as donas do jogo, que tenham conquistado a vantagem, a tenham guardado, enquanto que seus parceiros orientais da época afundavam na pobreza?

A partir dos arquivos de dois atores maiores desse comércio mediterrâneo, os genoveses e aqueles que eram chamados de magrebinos, Greif mostrou que a força dos primeiros e sua perenidade se originaram na sua aptidão para criar a maioria das instituições econômicas modernas tal como existem ainda hoje: banco, letra de câmbio, carta de crédito, sociedade por ações. Por outro lado, é possível conhecer as práticas dos magrebinos assim como a dos genoveses, graças a seus arquivos conservados até hoje na Geniza da sinagoga do Cairo. Quem eram esses magrebinos? "Provenientes do Oeste", tratava-se de um povo de religião judia e de cultura árabe, comerciantes que partiram de Bagdá, se instalaram na África do Norte, no Magreb, antes de escolher o Cairo como base; as transumâncias desses comerciantes foram ditadas pelas vicissitudes das dinastias muçulmanas.

Tanto os genoveses quanto os magrebinos eram hábeis comerciantes; os dois povos formam empreendedores e prósperos. Mas com bases diferentes: as redes magrebinas fundavam-se na família, nas solidariedades comunitárias, nos comprometimentos pessoais. Essas ligações são por natureza frágeis: se elas se rompem, não há meios legais para restaurá-las. Por outro lado, em Gênova, as relações se davam entre indivíduos, não entre comunidades, cada um se comprometia através de contrato escrito e pediam-se empréstimos não com fundamento em sua ascendência, mas dando garantias reais. As grandes aventuras genovesas não foram de família, mas sim corporativas; a sociedade por ações corria riscos por sua própria conta. Com os magrebinos, os riscos econômicos se limitavam à família, o que limitava a ambição também. Para que houvesse entre eles um estado de direito, os genoveses criaram um poder político, fraco e escolhido por eles: a cidade-Estado, que veio a se tornar o modelo italiano, em seguida se difundiu na Europa antes do surgimento dos grandes Estados modernos. Esse modelo genovês resistiu ao tempo; o outro desapareceu. Os magrebinos se fundiram há muito tempo nas comunidades judias do mundo árabe; os genoveses se tornaram italianos. Por que razão os magrebinos não adotaram as boas instituições dos genoveses? Sem dúvida, diz Greif, essas instituições eram contraditórias em relação a seus valores, concepção de mundo, sua fé.

O INDIVIDUALISMO, FUNDAMENTO DA PROSPERIDADE

Em Gênova, sociedade cristã e individualista, as famílias eram restritas, nucleares. Essa é a tradição européia, ancorada no passado greco-romano e reforçada pelo cristianismo; o pecado e a redenção são questões pessoais. O que ligava os indivíduos não era o sangue, mas bons contratos, começando pelo contrato de casamento. No mundo cristão, a mulher adere a esse casamento; em princípio, ela não é obrigada a isso. É o contrário da sociedade oriental, em especial a do mundo árabe de onde provêm os judeus magrebinos.

Para os magrebinos, o indivíduo não existia fora da comunidade. Aquele que desertava a comunidade perdia o seu crédito pessoal e econômico; portanto, não era possível fazer negócios fora da família. E as mulheres? Sem direitos, elas pertenciam ao marido, à família. O estatuto das mulheres, observa Avner Greif, somente ele seria suficiente para opor o Ocidente, cristão e individualista, ao Oriente, judaico-muçulmano e comunitarista.

Eis, portanto, como no Ocidente, a cultura parece ter conduzido ao estado de direito, ao contrato, ao crédito, à sociedade por ações. Podemos pensar, diz Greif, que todas as instituições ocidentais, inclusive o Estado, são substitutos edificados no lugar da comunidade familiar ou tribal; a ligação racional, construída, entre indivíduos, substituiu a relação de sangue. Para os orientais – os magrebinos antigamente, os árabes muçulmanos hoje –, essas instituições não tinham razão de ser; a cultura religiosa se opunha a isso. Os judeus magrebinos se viam de fato como um povo coletivamente responsável diante de Deus; não era o judeu individual que era eleito por Deus, mas o povo judeu. No Islã também o muçulmano é responsável por seus atos, mas, ele também é solidário do comportamento correto de sua comunidade; o Islã é comunitarista como os judeus magrebinos.

A classificação das sociedades entre individualistas e comunitaristas faz Greif pular do século 13 para o tempo presente. Se o Oriente Próximo árabe e muçulmano não se desenvolve, não é por ignorar as instituições necessárias para o desenvolvimento? Os seus valores convenceram-no a não adotá-las – uma escolha que, do ponto de vista da economia, é negativa. O fracasso americano no Iraque, segundo Greif, torna-se previsível: não é possível impor normas sociais a partir do exterior. Então a pobreza seria, no mundo árabe, uma fatalidade cultural sem solução por causa de sua tradição comunitarista? Greif é prudente, o mundo contemporâneo tem tantas surpresas econômicas que nenhum economista jamais havia imaginado.

OS INTERESSES COMANDAM A HISTÓRIA

Como Avner Greif, Daron Acemoglu admite que a pobreza vem de longe, ele, porém, acredita que as origens são mais políticas do que religiosas. Para demonstrar essa hipótese, os seus trabalhos tratam da colonização na América e das condições de emergência da democracia ocidental. Como Greif, Acemoglu é emblemático da ambição de uma nova geração de economistas dispostos a absorver as ciências sociais, as ciências políticas e a história. As ciências políticas, explica, são tudo exceto científicas; elas não permitem compreender por que certos países são democráticos e outros não; tampouco permitem compreender por que certas democracias são duráveis e outras instáveis. A história? Os historiadores não explicam; eles se limitam a descrever os gestos dos atores, mas não captam as motivações e não prevêem nada. Somente os economistas, diz Acemoglu, têm instrumentos matemáticos para descrever, compreender e prever comportamentos coletivos. Os historiadores reagem dizendo que os economistas selecionam, entre os eventos complexos, aqueles que se inserem em sua teoria redutora, o que não é falso.

Daron Acemoglu considera que os indivíduos são movidos pela pesquisa de seus interesses materiais: a busca do melhor bem-estar ou a sua conservação é o motor das sociedades humanas. Evidentemente, outras motivações existem, de caráter passional ou ideológico, mas elas não são indispensáveis para esboçar modelos de comportamento coletivo. Um modelo fundado somente no critério do interesse material basta para descrever o movimento das sociedades, porque os indivíduos agem como se fossem economicamente racionais; o fato segundo o qual alguns o sejam ou não, a título pessoal, ou que outros fatores intervenham, não modifica esse modelo coletivo.

Segundo Acemoglu, as idéias não governam o mundo, só os interesses são o motor da história: a economia age como infra-estrutura, as ideologias como super-estruturas.

O modelo de Acemoglu é deliberadamente simplista: os regimes políticos são ou não são democráticos; as democracias são duráveis ou instáveis. Dentro dos regimes democráticos ou não democráticos, as nuances são menos significativas, diz Acemoglu, do que a oposição entre democracia e não-democracia. Da mesma forma, as distinções entre ditaduras e tiranias são menos significativas do que sua adesão comum à categoria das não-democracias.

Para construir o seu modelo, Acemoglu recorre ao que conhecemos sob o nome de "navalha de Occam". Guilherme de Occam, lógico inglês do século 13, acreditava que era inútil sobrecarregar o raciocínio com considerações acessórias. Conforme esse princípio, afiada pela navalha de Occam, qualquer sociedade pode ser reduzida a uma oposição entre o povo e as elites: as elites detêm o poder ou a riqueza, e em geral os dois. Portanto, todo regime político pode ser definido pela relação entre o povo e as elites: nas democracias, o povo decide; nas não-democracias, são as elites. Cada um desses grupos se comporta de forma a tirar o melhor partido possível dos seus interesses materiais. As elites se opõem, portanto, à democracia quando elas têm tudo a perder; o povo, quando está no poder, tende de fato a confiscar as propriedades dos ricos e a criar um sistema fiscal redistribuidor. A história ocidental mostra que os povos se adaptam à não-democracia nas sociedades estáveis que não crescem, porque as injustiças são suportáveis. Porém, em período de crescimento, por exemplo, após uma revolução industrial, as relações de força e as exigências modificam. Os povos constatam então injustiças mais gritantes e exigem uma parte maior dos benefícios do desenvolvimento. Por que as elites cederiam para o povo? Cedem quando o custo da democracia lhes parece menor do que aquele que resiste a ela. A aceitação da democracia vai custar para as elites mais caro do que a repressão ou a revolução? Esse cálculo determina a passagem ou não à democracia; ele explica também que as democracias fundadas pelas elites resistem melhor à prova do tempo do que as democracias resultantes de revoltas populares.

O aspecto mais surpreendente desse modelo teórico é que ele parece funcionar, permitindo descrever e compreender a história real. Consideremos, com Acemoglu, a história da Grã-Bretanha no século 19. Até 1832, ela era dirigida por uma aristocracia proprietária de terras. A partir de 1832, o número de eleitores dobrou, passando de 400 a 800.000 homens, ou seja, 14% da população. Em 1867, uma nova reforma eleitoral dobrou novamente o número de eleitores, que passou a 2,5 milhões de homens. Esse número dobrou novamente em 1884; em 1918, o sufrágio se tornou universal para os homens e, em 1928, para as mulheres. Cada uma dessas reformas democráticas, segundo Acemoglu, foi a conseqüência direta de uma escolha econômica efetuada pelas elites quando se confrontaram com o descontentamento popular. Na origem desse descontentamento, sempre encontramos o crescimento econômico: em cada etapa, o povo exige uma parte maior do lucro. A revolta ameaça a ordem social. As elites calculam, como em um jogo na escala de toda a sociedade, que uma concessão política lhes custará menos do que a repressão; um pouco de democracia permite comprar a paz social e incorporar a mão-de-obra na indústria, até mesmo na guerra.

A *contrario*, Acemoglu propõe a experiência da Argentina: a democracia é instável nesse país porque as elites não sentem nenhuma necessidade econômica de comprar a paz social. As elites argentinas são as herdeiras dos colonizadores. Estes não tinham a ambição de desenvolver uma economia moderna; contentavam-se em ter uma renda de uma terra mais ou menos virgem. É sempre o caso com a cultura da soja. Os proprietários de terras empregam pouca mão-de-obra; suas rendas, geradas pela exportação para a China ou para Coréia, são indiferentes à agitação que reina nas cidades. Conseqüentemente, a democracia na Argentina não passa de uma exigência popular de redistribuição sem relação com a produção. Essa bifurcação entre produção e distribuição, economia e política, só pode ser instável, variando em função das relações de força entre as elites e o povo. A democracia argentina torna-se volátil, e o desenvolvimento econômico, aleatório. Não se pode compreender, conclui Acemoglu, as instituições contemporâneas e o modo de desenvolvimento de países que foram colonizados, sem nos lembrarmos da história dessa colonização. Na América Latina, o comportamento das elites em relação ao povo assim como os modelos de desenvolvimento econômico estão calcados na história da colonização. Além do caso da Argentina, a teoria permite compreender por que, na América Latina, a reivindicação popular de redistribuição vem antes da do crescimento.

Última ilustração da teoria proposta por Acemoglu: Singapura. Ali reina um partido único, sem contestação popular, porque os lucros econômicos se repartem igualmente entre o povo e as elites que vêm do próprio povo; a lógica econômica é suficiente para explicar esse despotismo estável.

A democracia como superestrutura e a economia como infra-estrutura: teríamos aí uma ressurreição do marxismo? Acemoglu o nega. A sua distinção entre as elites e o povo não coincide com a oposição marxista entre burgueses e proletários. Ele tampouco é partidário da análise catastrófica de Marx sobre a crise derradeira do capitalismo; o capitalismo vai bem e Acemoglu não propõe substituí-lo nem que se propague a revolução. Suas chaves explicativas são materialistas, como as de Marx, mas, ao contrário de Marx, não faz disso nenhuma profetização; parece-lhe somente que nenhuma democracia nunca poderá ser instaurada nem se tornar estável se não for baseada na necessidade econômica de uma repartição entre as elites e o povo.

Mas a democracia é indispensável para o desenvolvimento?

A DEMOCRACIA, REDUTORA DE CRISES

Gostaríamos que a democracia e o desenvolvimento fossem interdependentes, diz Dani Rodrik, mas, é impossível provar uma correlação entre os dois. Rodrik, como Acemoglu, é turco; um é armênio, o outro sefardim. Este ensina no MIT, aquele na Kennedy School de Harvard, um instituto de ciências políticas. Ambos são estrelas ascendentes da ciência econômica.

A correlação entre democracia e crescimento? O Chile, no tempo da ditadura de Pinochet, desenvolveu-se mais rapidamente do que seus vizinhos latino-americanos, democráticos. A China autoritária ultrapassa hoje a Índia liberal. No que se refere ao passado, a relação não era mais clara: o Japão decolou sob o regime autoritário, a Coréia também. A Alemanha imperial, no fim do século 19, progredia tão rápido quanto a França republicana ou que a Grã-Bretanha parlamentar.

Embora a relação entre democracia e crescimento seja incerta, Rodrik refuta aqueles que crêem que o despotismo é indispensável para a decolagem econômica. Um lugar-comum diz que é graças a regimes autoritários que a União Soviética, na sua época, os dragões da Ásia, nos anos 1960, ou a China atual edificaram o seu poder econômico. Um governo forte não é indispensável para concentrar os investimentos e controlar os salários? Essa correlação não é uma explicação. Países democráticos ganham impulso também, como a Índia, o Brasil, a África do Sul ou Ilhas Maurício. Há inúmeros regimes autoritários que mantêm os povos na miséria, da Coréia do Norte ao Congo. A argumentação econômica a favor do despotismo não passa de uma escolha ideológica que a história não valida. Em um estudo conjunto com Romain Wacziarg, Rodrik mostrou que, nestes últimos vinte anos, a democratização no Leste Europeu, na África subsaariana e na América Latina não era de forma alguma nociva para o crescimento; é como se o índice de crescimento e a democracia evoluíssem em dois lugares diferentes.

Deveríamos com isso concluir que a democracia não tem nenhum impacto econômico? Rodrik identifica três conseqüências da democracia que são pouco convencionais.

A mais reconhecida é a redistribuição: da Coréia do Sul à África do Sul, a democracia redistribui os resultados do desenvolvimento de forma mais igualitária do que os regimes não democráticos. Ao contrário, a China autoritária, mesmo em desenvolvimento, é um bom exemplo de não-redistribuição.

É mais difícil compreender por que razão, em um regime democrático, um governo não consegue impor reformas que seriam benéficas. Rodrik se baseia na observação dos países africanos que, nos anos 1980-1990, tentaram aplicar uma política eficaz, comumente chamada de "consenso de Washington"; essa série de medidas liberais convidava a abrir as fronteiras ao comércio para abaixar os preços do consumo e incitar as empresas locais a se lançar numa competição produtiva. Essas medidas teriam beneficiado a maioria das pessoas. Mas, quem especificamente? Não se sabe, pois, ninguém é capaz de determinar antecipadamente quem serão os ganhadores de uma economia em crescimento. O homem político, diz Rodrik, não pode apertar a mão do ganhador de amanhã, pois, ele não o conhece. Mas, os perdedores são conhecidos: são os burocratas, os monopólios e os detentores de privilégios. Nesse jogo assimétrico, o *statu quo* é mais forte, visto que os perdedores são certos e conhecidos por eles mesmos, enquanto que os ganhadores não podem ser nem identificados nem se organizar. Essa "tirania do *statu quo*" no regime democrático (expressão de Milton Friedman), constatada na África, mostra bem também a dificuldade das reformas na Europa ocidental; não basta que sejam justificadas para que sejam aceitas, porque o seu efeito é assimétrico.

A essa teoria da democracia, Rodrik adiciona uma nota final e importante: a democracia permite superar as crises. No momento da crise financeira que sacudiu a Ásia em 1998, os governos democráticos, a Coréia do Sul ou Taiwan, rapidamente saíram do marasmo, enquanto que um regime autoritário como o da Indonésia agravou o pânico antes de afundar na revolução. A democracia permite efetivamente negociar com os parceiros envolvidos – os empresários, os sindicatos, os funcionários – uma nova distribuição dos gastos que é a condição da saída da crise; fora da democracia, esse tipo de negociação é impossível. Por extensão, em um cenário de crise que afetaria o crescimento chinês, não se pode prever como o governo conseguiria redistribuir as perdas; até o momento presente, o partido comunista só distribuiu benefícios – um exercício ao alcance de todos.

Ninguém pode afastar a probabilidade das crises; mas, as democracias sobrevivem às crises econômicas, as ditaduras raramente. Aí, sem dúvida, temos o único argumento econômico a favor da democracia. A democracia, talvez inútil para o crescimento, ultrapassa os sobressaltos; ela age como um redutor de incertezas.

O CAPITAL INTANGÍVEL

Na reflexão sobre as instituições como chaves da riqueza das nações, o Banco Mundial tentou (*Onde está a riqueza das nações? Uma medida do capital no século 21*) quantificar o valor econômico dessas instituições: o capital intangível.

Como resultado disso o estado de direito representa 57% do capital de uma nação, a educação 36%. A estimativa do estado de direito se baseia no julgamento de organizações como as agências que medem o risco que os investidores correm. A Suíça está no topo com um índice de 99,5 sobre 100, os Estados Unidos com 91,8, a Nigéria com 5,8. A média para os países da OCDE é de 90, contra 28 para a África subsaariana. As riquezas naturais que para nós durante muito tempo determinavam a prosperidade só representariam, de fato, de 1 a 3% do capital das nações. Se adicionarmos o capital intangível, instituições e educação, ao capital natural, pode-se calcular o capital real por habitante, o patrimônio indiviso sobre o qual se baseia o crescimento das nações: ele é de 440.000 dólares por habitante em média nos países da OCDE, dos quais 10.000 em capital natural, 70.000 em capital material (as empresas, as infra-estruturas, o imobiliário), e 354.000 em capital intangível. A Suíça, nessa avaliação, está em primeiro lugar com uma riqueza virtual em capital de 640.000 dólares por habitante; a Nigéria só chega a 2.748 dólares, apesar de seus recursos em petróleo. Alguns países são afetados por um capital negativo, como o Congo: suas instituições destroem os seus recursos naturais, os seus habitantes vão empobrecendo. Essas diferenças entre o capital das nações esclarecem as diferenças de rendas: é melhor, para um trabalhador dos Estados Unidos, explorar um capital de 418.000 dólares por pessoa do que, para um mexicano, um capital de 62.000 dólares (dos quais 6.000 vêm do petróleo). Mesmo se os trabalhadores fizerem esforços comparáveis em seus países respectivos, o rendimento não será igual. Essa diferenciação por capital virtual das nações explica como um migrante mexicano nos Estados Unidos produzirá, através de seu trabalho, sete vezes mais do que se tivesse ficado no México, e aumentará a sua renda na mesma medida; a riqueza das nações reside antes de mais nada no capital intangível.

Essa noção resolve alguns enigmas clássicos da ciência econômica, como o declínio da Argentina que por muito tempo nos deixou perplexos, por falta de uma explicação convincente: os argentinos não são empreendedores, instruídos, abertos para o mundo, dotados de recursos naturais consideráveis para a produção de energia e de produtos agrícolas? Como é possível que tenham passado de quinta potência econômica mundial, no início do século 20, para o meio do pelotão, com uma renda medíocre por habitante de 16.000 dólares americanos, estagnada há vinte e cinco anos? A única causa é a erosão do capital imaterial argentino: a degradação constante das instituições políticas e financeiras, o caráter caprichoso, imprevisível do Estado argentino, reduzindo o capital imaterial, minaram a produtividade do país, diminuindo o investimento e o seu retorno.

Deveríamos, então, concluir a partir dessa hipótese que nada é mais rentável do que um Estado? A resposta terá nuances, como é freqüentemente o caso na ciência econômica.

É verdade que o mercado não pode funcionar sem um agente policial que garanta a honestidade das transações. Quando a economia é de pequeno porte e as transações se limitam aos países vizinhos, os parceiros se conhecem e o agente policial não é indispensável. Num nível superior, como no caso dos magrebinos estudados por Greif, a comunidade basta para garantir os contratos. Porém, a partir do momento em que nos aventuramos em negócios de porte maior – caso dos genoveses – precisamos criar um Estado neutro para garantir que negócios feitos com desconhecidos sejam bem conduzidos. Quanto mais uma economia se desenvolve, mais ela requer um poder público independente; mas, ela tem um revés: ela é onerosa. O custo do Estado, financiado pelo imposto, é fixo; portanto, ele é mais pesado para as pequenas empresas, sendo prejudicial para o seu crescimento. Ao contrário, nos países onde o Estado não está presente, os custos são pequenos para as pequenas empresas. Em algumas circunstâncias, os empresários podem escolher entre lançar mão do Estado, a um custo fixo alto, e ficar sem ele. Esse foi o caso da Sicília durante muito tempo, onde um negociante podia ter a garantia do seu contrato pela Máfia, remunerada pela necessidade, ou pelo Estado; os empresários escolhiam entre uma proteção pública com custo fixo elevado e uma proteção privada a um pequeno custo variável. Essa situação de escolha é comum em inúmeros países onde a economia informal é importante, como no Brasil, por exemplo: o empresário informal não paga o Estado, mas, não tem o benefício de sua proteção. Essa arbitragem contra o Estado pode ser rentável a curto prazo, mas impede de crescer e de tratar com interlocutores distantes e desconhecidos. Enfim, entre esses dois extremos – o Estado a um custo fixo elevado ou a Máfia conforme o caso – nenhuma economia pertence totalmente a um campo ou outro. É por essa razão que a máfia não desapareceu de todos os países desenvolvidos. No Japão, por exemplo, os yakuzas parecem, para alguns contratos, menos onerosos e mais eficazes que o Estado. No mundo desenvolvido com um Estado oneroso, um grande número de transações, entre particulares e nas empresas, continua sendo informal, não garantido pelo Estado, mas baseado na confiança. A confiança é um elemento derradeiro do capital intangível, difícil de ser medido; alguns economistas, como Francis Fukuyama, explicam todo o desenvolvimento através do nível de confiança existente em uma sociedade. A confiança é somente de origem cultural, como diz Fukuyama? Pensaremos que a confiança é ainda mais difundida quando se sabe implicitamente que o Estado serve de avalista derradeiro no caso de uma ruptura de contrato.

Essa reflexão sobre as instituições como avalistas do desenvolvimento conduz a um novo consenso ou novo paradigma da ciência econômica: não há economia de mercado sem avalista, e o melhor é o Estado. Contudo, convém que a garantia seja a menos onerosa possível: como ajustar o custo do Estado ao serviço que presta? Quanto menor o custo, mais próspera será a economia. Esse custo não pode ser determinado em termos absolutos. Freqüentemente, ele é o resultado de relações de força e de interesse em conflito: a política econômica moderna consiste na melhor forma de aproximação desse custo justo.

CAPÍTULO III
A *verdadeira moeda*

A medicina não é a única ciência a salvar os homens; a economia também faz isso. Tomemos como exemplo a inflação. Até os anos 1980 – foi ontem – essa doença social atingia nações inteiras. Na Europa, uma alta de preços da ordem 10% por ano foi suficiente para parar o crescimento e arruinar as empresas mais frágeis. Para os detentores de capitais, a especulação se tornara mais lucrativa do que a criação de novas atividades; as taxas de juros elevadas desencorajavam o investimento; a defasagem das remunerações em relação à alta de preços empobrecia os aposentados e os baixos salários. Entretanto, havia charlatões – há economistas ruins como há médicos incompetentes – para justificar a inflação. A alta dos preços, diziam, não é um estimulante? Ela não "dinamiza" o paciente, estimulando-o para o seu bem a consumir a crédito? Ela não incita o empresário a projetar-se no futuro? Essa economia romanesca, herança das metáforas keynesianas, não se baseava em nenhum dado científico. Em alguns casos imprevistos e provisórios, a inflação e o desenvolvimento coincidiram; só isso. Da mesma forma que um paciente doente pode se curar apesar de seu médico, nações sobrevivem a economistas inaptos.

Conhecemos também casos mais graves de hiperinflação: os preços mudam todos os dias e a moeda só é papel. A hiperinflação não destrói somente o crescimento, ela aniquila a sociedade. A desordem se torna tão intolerável que o povo busca a sua salvação na ditadura: Napoleão, Hitler, Mao Tsé-Tung, os caudilhos da América Latina nasceram com a hiperinflação, mesmo que não fosse a única causa de sua ascensão. Há poucas democracias que resistiram à hiperinflação, e nenhuma economia que melhorou na época da hiperinflação.

A VITÓRIA DE CHICAGO CONTRA A INFLAÇÃO

Essas experiências infelizes parecem distantes; exceto algumas exceções, na África (especialmente no Zimbábue), o mundo vive hoje com moedas estáveis e preços previsíveis. Como no caso de doenças endêmicas que desapareceram – a varíola, a poliomielite – a nossa tendência é esquecer que existiram e que grandes esforços foram necessários para erradicá-las.

Contra a inflação, a vitória é antes de tudo o trabalho de uma escola de pensamento com base na universidade de Chicago e de seu mestre, Milton Friedman. Coube a Friedman, nos anos 1960, isolar o bacilo da inflação como numa revolução de Pasteur: ele demonstrou que a inflação não é a conseqüência da alta dos preços, é o inverso que é verdadeiro. O controle dos preços, tal como era praticado pelos governos na Europa, não podia de forma alguma eliminar a inflação. A alta dos preços, diz Friedman, sempre provém do excesso de moeda fabricada pelos Estados, e a inflação não é senão o resultado da extravagância do governo. Essa criação de moeda sem valor por um governo não pode nem estimular o consumo nem o investimento; ela nunca "relança" a demanda. Robert Lucas explicou por que razão, em 1965, na universidade de Chicago também: a sua teoria, conhecida como a antecipação racional, mostrou como os atores econômicos sabem que a inflação não é uma criação real de poder aquisitivo, mas uma ilusão monetária; os consumidores burlam a reativação e não modificam o seu comportamento, ao contrário do que os governos esperam. Essa antecipação racional explica por que as reativações não funcionam nunca, como mostrou o fracasso das políticas keynesianas nos anos 1970, quando, pela primeira vez, foram testadas na sua dimensão real nas economias ocidentais. Se fosse necessário uma prova da validade da teoria da antecipação racional, poderíamos ficar com a Argentina: cada vez que um governo em busca de popularidade "cria" poder aquisitivo através da emissão de moeda, os comerciantes exigem ser pagos em dólares americanos antecipando a desvalorização da moeda nacional.

Na verdade, a emissão da moeda só serve para financiar as despesas públicas cobrando um imposto invisível do povo; essa alta de preços recai, sem que saibam, sobre os mais pobres. O Estado é o único a se beneficiar, e também os privilegiados que vivem com moedas não nacionais como o ouro ou o dólar. Para acabar com a inflação, Friedman mostrou, basta eliminar o déficit público e não colocar em circulação mais moeda do que o necessário.

Friedman propunha também colocar moedas em concorrência para que a cotação delas deixasse de ser artificialmente determinada pelos Estados que as emitem: essa convertibilidade, segundo taxas de câmbio flexíveis, devia estabelecer moedas a seu preço justo. Se necessário, os povos poderiam se livrar da "falsa" moeda gerada por seu Estado para substituí-la por uma moeda de valor mais autêntico. Segundo essa teoria monetarista, é melhor também que a emissão de moeda fuja das mãos dos governos e que seja confiada a bancos independentes para proteger os políticos da tentação da inflação. Completando Friedman e Lucas, coube a Edmund Phelps demonstrar, no início dos anos 1960, como a inflação destruía o emprego; Friedman, Lucas e Phelps acabaram com o mito de uma regulação do crescimento e do desemprego pela manipulação das taxas de juros e a emissão de moeda.

Essa teoria que é fruto tanto do bom senso quanto da ciência foi durante muito tempo contestada, e ainda continua um pouco, por más razões. Os beneficiários da inflação, ou seja, o poder público e a sua clientela, não renunciam sem amargura ao privilégio de emitir moeda; essa resistência dos defensores da inflação sempre foi mais partidária do que científica. Os políticos que pretendiam basear o crescimento na inflação foram, de fato, abandonados por volta de 1990; mas a regulação do crescimento pela moeda subsiste como mito.

OS BONS CONSELHOS DO FMI

O desenvolvimento, presente em todos os lugares com exceção da África, diz Kenneth Rogoff, também se explica pelo triunfo da ciência econômica e da escola de Chicago. Coube a Rogoff, discípulo de Friedman e economista chefe do FMI de 2001 a 2005, convencer um por um os governos mais propensos à inflação a se juntarem à ordem monetarista.

O FMI tem duas funções: a de conselheiro técnico, geralmente admitida, e a de banqueiro para as nações em perigo, freqüentemente contestada. Como banco administrado pelos Estados membros da ONU, o FMI muitas vezes concedeu empréstimos políticos, com a esperança de salvar regimes em vigor (Gorbatchev em 1986 foi uma causa célebre), não na esperança de ser reembolsado. Esses empréstimos a fundo perdido permitiram que dirigentes diferissem as reformas que teriam sido indispensáveis para o desenvolvimento, permitindo também que esses dirigentes imputassem ao FMI as desordens que na verdade só resultavam de suas ações. Mas, a hipocrisia aliada à incompetência nunca impediu que esses tiranos pródigos obtivessem o apoio de artistas, de líderes religiosos, de chefes de Estado às vezes, para que fossem anuladas as dívidas dos países pobres: dívidas que se explicam em geral pela corrupção dos dirigentes que se apropriaram dos fundos. Rogoff observa também que essas dívidas tão criticadas, de qualquer maneira, nunca são honradas pelos países pobres: em forma de donativos ou de novos empréstimos, esses países recebem anualmente somas superiores ao que representariam as anuidades da dívida. Mas, para os países ricos, anular a dívida não custa nada, dá uma consciência tranqüila, faz crer que a dívida se encontra na origem da pobreza. É ainda mais lamentável, enfatiza Rogoff, que a anulação das dívidas perpetue a prática do desvio de fundos e que deixe de criar as instituições que permitiriam um melhor uso dos empréstimos e dos fundos.

Uma das funções do FMI, dizia um de seus antigos dirigentes, Michel Camdessus, é servir de bode expiatório para os chefes de Estado incompetentes. Por sorte, o FMI hoje quase não tem mais recursos nem clientes; o último era a Turquia, terminou de pagar as suas dívidas em 2007. Se o FMI fosse uma empresa, deveria pela lógica desaparecer, uma vez concluída a sua missão; porém, como se trata de uma burocracia, ele se perpetua reinventando outras funções não indispensáveis. Se não é inútil que subsista um FMI com função de conselho, é chocante que conserve efetivos idênticos: dez mil funcionários internacionais na sua maioria ociosos!

Antigamente, a criação praticamente universal de bancos centrais independentes, administrados de modo profissional, inspirados pelos modelos americano ou alemão, é um dos grandes sucessos adquiridos pelo FMI. Esses bancos centrais estabilizaram a moeda em muitos países pobres, o que é uma felicidade, pois, não há nada mais desestabilizador do que uma má moeda, especialmente para os pobres. Desde 2004, a inflação média no mundo caiu para 3,5% por ano, nível quase insignificante e sem precedente. Essa estabilização e essa previsibilidade da moeda poderiam explicar o novo crescimento, não insignificante, da ordem de 5% por ano, em países sem recursos e sem indústria, na África e no Oriente Próximo; a estabilização do quadro econômico foi suficiente para restaurar uma confiança no futuro que leva ao comércio e ao investimento ao invés de favorecer a especulação e a fuga de capitais.

Um banco central, acrescenta Rogoff, mesmo independente, não basta; a livre circulação de capitais é indispensável também para levar à sabedoria. Nenhum banqueiro central poderia resistir às exigências do governo local se a globalização dos capitais não produzisse pressões inúteis. O fim da inflação é, portanto, resultado da feliz conjunção ente a ciência econômica, a fundação de boas instituições e a globalização que torna a inflação impossível em economias abertas. Instaurando a concorrência entre as moedas, a globalização garante a estabilidade dos preços, até os puxa para baixo; hoje, as importações chinesas, menos caras do que as produções nacionais, ajudam no conjunto do mundo ocidental a estabilizar os preços. Graças a essa globalização, em um país como a França, durante muito tempo intoxicado pela inflação (é o sintoma de uma economia dominada pelos interesses do Estado), os preços se estabilizaram antes que o Banque de France se tornasse independente; a inflação francesa desapareceu por causa da concorrência externa, antes mesmo da criação do euro e do Banco Central Europeu (BCE) em Frankfurt.

O EURO INCERTO

Foi útil criar o BCE, cujo primeiro objetivo era lutar contra a inflação, sendo que não havia mais inflação? e sendo que a Grã-Bretanha, por exemplo, sem o euro, tampouco tinha inflação? Esse Banco Europeu, diz Rogoff, é antes de tudo um projeto político, "uma nobre experiência", um símbolo da união irreversível da Europa. A sua existência impediria de recair na inflação se a tentação do Estado voltasse a surgir? Não. Segundo Rogoff, a globalização mais do que o BCE garante a estabilidade de preços. Então, para que serve o euro? Com o tempo, a ambição é de ser concorrente do dólar, o que Rogoff acredita ser tanto legítimo quanto incerto.

Como o dólar é a única moeda de reserva universalmente reconhecida, é incontestável a vantagem substancial que os americanos obtêm com isso. A acumulação de dólares, o desejo alimentado pelos não-americanos em relação a isso, permite aos EUA realizar empréstimos e investimentos a taxas mais baixas que qualquer outro país no mundo. Rogoff avalia esse ganho em relação a Europa, em 1% de crescimento suplementar por ano. Sabendo que a taxa de crescimento anual nos países ricos gravita em torno de 2%, a vantagem do dólar representaria a metade desse crescimento; a ambição européia de substituir o dólar pelo euro é, portanto, justificada.

Mas o erro europeu, diz Rogoff, é acreditar que é suficiente criar o euro para se obter a equivalência do dólar; isso não é suficiente. Contrariamente ao euro, o dólar, dado que ele tem uma longa história, torna-se previsível; sabe-se de antemão segundo que princípios ele será gerido pelo Federal Reserve Board. Em compensação, é muito cedo para que se possa saber como o euro será administrado no futuro, tal é o grau de contestação do BCE por certos governos europeus; qualquer ataque político contra o Banco denigre o futuro do euro e dilui a vantagem que os europeus poderiam obter com ele. A força do dólar deve-se também à boa organização do mercado financeiro americano: onde as taxas são baixas porque o mercado funciona melhor do que na Europa, onde a complexidade das regulamentações nacionais e a ausência de um mercado financeiro integrado tornam as transações lentas e mais onerosas. Para financiar os investimentos na Europa a taxas baixas, seria melhor, diz Rogoff, um mercado financeiro simples e único, sem a existência do euro, ao invés de ter o euro junto com regras complexas; em nenhum caso o euro pode ser proposto como substituto de uma liberalização dos mercados.

Há uma outra desvantagem contra o euro: o euro "forte" prejudicaria o crescimento europeu. Não se sabe, objeta Rogoff, qual é o justo valor de uma moeda no mercado de câmbio. Quando o euro valia 0,80 dólares em 2002 contra 1,3 em 2007, ouviu-se dizer que o euro estava numa condição muito frágil, sem que houvesse mais argumentos do que hoje. Na verdade, o euro sobe em relação ao dólar porque o dólar baixa em relação às moedas asiáticas. Ao invés de nos perguntarmos sobre qual seria a melhor taxa de câmbio, valeria mais a pena avaliar o impacto dessas taxas de câmbio sobre a economia real. Esse impacto é fraco, quase nulo. A Alemanha, em 2007, exportou mais com um euro forte, enquanto que a França exportou menos com o mesmo euro forte; portanto, a causa do declínio francês não é o euro, mas a perda das vantagens comparativas dos produtos franceses. Tomando um período mais longo, Rogoff lembra que em trinta anos o valor do yen japonês foi multiplicado por três, enquanto que o Japão também multiplicava por três suas exportações. Isso significa que o valor da moeda é tão somente um dos componentes modestos nas exportações, especialmente nos casos dos produtos e serviços complexos.

Na realidade, as taxas de câmbio e a economia evoluem em planos diferentes; mas, no interior de uma determinada economia nacional, a evolução das taxas de câmbio certamente produz ganhadores e perdedores. A variação redistribui os lucros entre as empresas em função de sua maior ou menor dependência em relação a essas taxas de câmbio: dessa forma, quando o euro sobe, o petróleo importado cai, mas a Airbus progride. Incriminar o euro forte e o BCE porque ambos seriam nocivos para o crescimento significa, portanto, transferir as responsabilidades; devemos procurá-las na falta de competitividade das empresas ou nos excessos da regulamentação dos mercados.

Segundo Rogoff, tampouco tem fundamento acusar o BCE por privilegiar a luta contra a inflação em detrimento do crescimento. Como a inflação é essencialmente contida pela globalização, o Banco fixa suas taxas considerando parâmetros como o crescimento, a estabilidade social e as exigências dos governos europeus. Os ataques contra o BCE não são reminiscências de teorias arcaicas, escudo de interesses particulares, ou prova de ignorância econômica. Fica a nossa escolha.

Isso não impede, diz Rogoff, que alguns bancos centrais – não o de Frankfurt – sejam tão obcecados pela inflação a ponto de fixar taxas de juros excessivas, até asfixiar os investimentos; é o caso do Brasil onde, por razões históricas, a hiperinflação, como um pesadelo, povoa as lembranças.

O índice de inflação correto, diz Rogoff, não é necessariamente zero, como desejava Milton Friedman. Zero pode ser um objetivo político capaz de convencer a opinião e os atores econômicos de que os tempos mudaram. Na prática, Rogoff sugere uma abordagem pragmática enquanto uma leve alta de preços não afete o desenvolvimento real. Os fanáticos da inflação zero, constata Rogoff, prejudicam a sua causa; em seu excesso se alojam demagogos, como o economista Joseph Stiglitz, que chegam a condenar todo rigor financeiro. O excesso de uns atrai o excesso de outros. Há, entretanto, uma diferença: os fanáticos do rigor exageram, porém, os revisionistas não apresentam nenhuma prova para defender a sua tese. É impossível para Stiglitz, diz Rogoff, embora tenha obtido o prêmio Nobel de economia, dar um único exemplo de país onde a recusa da globalização e da convertibilidade das moedas tenha conduzido ao desenvolvimento econômico.

A ARTE DO FRACASSO: O DESASTRE ARGENTINO

A economia é também uma arte de execução: não basta reconhecer a virtude da moeda certa para conseguir impô-la em uma sociedade onde certas pessoas, que se beneficiam com a hiperinflação, conservam os meios políticos para fazer com que a reforma fracasse. O caso da Argentina é um exemplo dessa contradição entre o interesse geral a longo prazo, que requer a criação de uma nova moeda estável, e as máfias políticas que geram esse país.

Nos anos 1990, a Argentina quase saiu de seu longo marasmo. Um novo presidente, Carlos Menem, e seu ministro da Fazenda, o economista Domingo Cavallo, constataram que a economia do país estagnava há cinqüenta anos, por falta de instituições previsíveis, especialmente na falta de uma verdadeira moeda. Os ricos viviam com dólares americanos e não faziam retornar os lucros que realizavam no exterior graças às exportações agrícolas; os pobres viviam – cada vez pior – com a moeda local. Entre os dois, a classe média poupava em dólares, que eram colocados em bancos argentinos. A moeda nacional, o peso, era tão imprevisível que os preços eram marcados em dólares. A Argentina poderia ter adotado o dólar como moeda nacional; Cavallo pensou nessa dolarização pura e simples, depois desistiu, temendo alguma reação chauvinista, e também, como o valor do dólar era flutuante, a incapacidade que a Argentina ia ter para controlar o preço de suas trocas com a Europa ou o Japão. Cavallo optou por uma solução que pareceu genial e revelou ser fatal: ele fixou o valor do peso igual a um dólar americano, garantido por reservas em dólares. Os argentinos podiam usar sem diferença as duas moedas. Cavallo esperava dessa equivalência um retorno progressivo à legitimidade do peso; numa segunda fase que nunca se concretizou, o peso teve que se tornar uma moeda normal, podendo ser convertida e flutuante, com cotação fixada pelos mercados internacionais de câmbio. Como a confiança nesse novo peso era pequena, os argentinos continuaram a fazer os seus contratos a longo prazo – os créditos hipotecários, por exemplo – em dólares, visto que o peso era reservado para as transações a curto prazo.

Por outro lado, era em dólares também que o Banco Central argentino se endividava para garantir a paridade do peso. Mas o peso custando um dólar não era muito caro? Foi essa a principal crítica dirigida a Cavallo. As importações invadiam o país e as exportações se tornavam difíceis. Mas o peso encarecido, segundo Cavallo, deveria estimular os empresários a exportar produtos sofisticados, com maior valor agregado. Esse ciclo virtuoso poderia ter acontecido se a experiência tivesse perdurado. Infelizmente, o Estado argentino era irresponsável e esquizofrênico. De um lado, Cavallo estabilizava a moeda com sucesso; de outro, o presidente da República gastava o dinheiro público desenfreadamente. Na tradição peronista de onde provinha, para Carlos Menem, fazer política significava comprar votos com o dinheiro público; quanto mais se aproximavam as eleições, mais seu governo gastava dinheiro, particularmente nas obras públicas, nas províncias em que a fidelidade era assegurada dessa maneira. Os bancos argentinos emprestavam dinheiro aos governos provinciais sem nenhuma avaliação dos riscos. O mundo financeiro exterior, inquieto, lembrava-se que, no passado, o Estado argentino já havia falido; os empréstimos concedidos ao país se tornaram cada vez mais onerosos. Cavallo se encontrou numa situação que não havia imaginado: ele não deveria renunciar à paridade peso/dólar? Porém, todos os seus esforços para dotar o país de uma moeda legítima não teriam sucesso. Caso ele desvalorizasse a moeda, dado que a dívida argentina era constituída em dólares, o país iria à bancarrota uma vez que seria incapaz de pagá-la.

Os sucessores de Menem em 2001 escolheram a bancarrota, e acrescentaram à desvalorização o estratagema chamado de "pesoficação": os dólares depositados nos bancos pelos argentinos foram considerados como pesos "novos", com o valor fixado em 33% do câmbio antigo. Na realidade, todos os titulares de contas em pesos que haviam colocado sua confiança na nova moeda foram desprovidos de dois terços de seu patrimônio.

Mas que grande negócio para os devedores! Sua dívida foi reduzida em dois terços. A "pesoficação" ia redistribuir de maneira profunda as riquezas entre os argentinos: isso equivalia a um golpe de Estado econômico sobre o qual, algumas pessoas se perguntam desde então, se não havia sido premeditado. Acontece que os grandes devedores eram constituídos essencialmente por grandes empresas, e os governos locais; estes, da noite para o dia, foram dispensados de pagar dois terços de sua antiga dívida, dada sua reconversão de dólar para peso revalorizado. As vítimas foram aqueles que emprestaram dinheiro: no exterior, todos aqueles que haviam investido na Argentina ou emprestado aos argentinos perdiam dois terços do valor de seu crédito; na própria Argentina, os pequenos poupadores, os aposentados que haviam constituído poupança em dólares visando seu futuro, foram mais atingidos pela conversão monetária. Sofrendo de iniqüidade, a sociedade tornou-se ainda mais injusta ao final dessa manipulação.

O futuro do país tornou-se sombrio: a recusa do Estado argentino de reembolsar suas dívidas internacionais e o confisco de dois terços dos créditos dos credores no país arruinaram o pouco de legitimidade das instituições argentinas. A conseqüência mais significativa desse estado de coisas foi a diminuição dos investimentos nacionais e estrangeiros. Seriam necessários muitos anos até uma possível volta da confiança numa moeda argentina: o crescimento diminuiria na mesma proporção, permanecendo tributário da cotação das matérias-primas exportadas. Na ausência de instituições estáveis, previsíveis, independentes das preferências políticas do momento, a Argentina não poderia escapar de seu longo declínio.

Mais lamentável ainda é o fato de que esse desastre monetário não tenha produzido uma análise séria no país, com exceção dos círculos econômicos. As paixões políticas novamente preponderaram: as máfias que se encontravam na origem no golpe de Estado monetário, apoiadas pela mídia que havia tirado proveito, produziram um deslocamento das responsabilidades e incriminaram Domingo Cavallo, que se tornou o bode expiatório argentino. Visto que Cavallo assumia o liberalismo para justificar sua tentativa de dotar o país de uma moeda sadia, essa não era a prova de que o liberalismo não funcionava na Argentina? Na realidade, o liberalismo teria exigido a criação de instituições políticas e econômicas independentes, o que era o inverso do que efetivamente havia sido feito; mas os embates políticos na Argentina freqüentemente usam muito mais as paixões nacionalistas do que a serena reflexão. Conseqüentemente, a Argentina foi levada por seus dirigentes peronistas (governos de Nestor e Cristina Kirchner desde 2004) de volta para o ciclo anterior: o retorno da inflação em 2007, a deterioração das infra-estruturas, falta de investimentos, que se estagnara desde 1975, períodos de crescimento indexados à cotação da soja exportada, desemprego persistente dada a falta de investimento industrial. Ao redor da Argentina, no Chile, Uruguai, Brasil, governos de esquerda admitiram que, sem uma moeda forte, não podia existir uma boa economia. Mas as pessoas se comportavam na Argentina como se as leis universais da economia não se aplicassem à economia nacional.

O YUAN, MOEDA POLÍTICA

Falta falar da China. Deveríamos nos inquietar com o fato de que o governo de Pequim tenha acumulado um bilhão de dólares (em 2007)? Os dirigentes chineses persistem na atitude de capitalizar os ganhos advindos antes de tudo do comércio com o mercado norte americano. Esses lucros são investidos a curto prazo, com rendimentos que oferecem pequena rentabilidade mas com grande segurança, em bônus do Tesouro dos Estados Unidos. Se os dirigentes retomassem seus créditos, o dólar cairia. Quem seriam as vítimas? Os americanos deveriam restringir suas compras em função de uma alta das taxas de juros; mas os chineses se encontrariam em pior situação ainda, uma vez que sua prosperidade é dependente dos consumidores americanos. Numa segunda etapa, a baixa do dólar tornaria os produtos americanos mais competitivos no mercado mundial e os produtos chineses menos vantajosos; a isso se seguiria um novo equilíbrio comercial em detrimento dos chineses cujas exportações têm valor em função de seus preços baixos, não em razão de sua qualidade insubstituível. Na verdade, seria melhor para os chineses que investissem uma maior parte de seus ganhos em seu próprio país no lugar do mercado financeiro americano. Kenneth Rogoff com freqüência tentou explicar-lhes isso sem sucesso; ele tampouco conseguiu convencê-los a manter sua moeda conversível e permitir que o mercado fixasse o verdadeiro valor do yuan.

O yuan é artificialmente subvalorizado, como dizem os americanos que se vêem "invadidos" pelos produtos chineses baratos? As declarações contra o yuan "fraco" emanam das manufaturas pouco sofisticadas dos Estados Unidos, a indústria eletrônica de base e o setor têxtil, que sofrem a concorrência das importações chinesas; portanto, o yuan não passa de um bode expiatório fácil para dissimular o declínio nos Estados Unidos de algumas atividades ultrapassadas; essa queixa contra o yuan fraco lembra as críticas em relação ao euro forte. No sentido contrário desses chavões, Rogoff diz que o yuan estaria supervalorizado. Os poupadores chineses, diz ele, só têm o direito de investir o seu dinheiro nos bancos nacionais que rendem remunerações miseráveis; na perspectiva de uma abertura do mercado financeiro chinês, inevitável com o tempo, esses poupadores colocariam os seus recursos em outros lugares, em melhores condições. O yuan poderia vir a afundar. Não é por temor desse quadro futuro que os dirigentes chineses preferem guardar os dólares?

Por que razão de fato os dirigentes chineses se recusam a fazer do yuan uma moeda conversível como as outras? É pelo fato de o controle do yuan permitir diminuir artificialmente o valor dos produtos chineses? Rogoff não acredita em nada disso, visto que um yuan conversível poderia cair mais do que o yuan controlado. O verdadeiro motivo desse controle, segundo ele, é político: como o yuan não é conversível, os chineses não podem aplicar livremente a sua poupança, trocar a sua moeda por outras divisas, nem fazer circular seus capitais sem autorização. Através do yuan, o povo é dominado pelo partido comunista. Essa moeda chinesa, por ser uma moeda política, não atrai, e não ameaça de forma alguma a preferência pelo dólar americano. Dessa maneira, os dirigentes chineses se fecham em um modelo econômico que é benéfico a curto prazo para a maioria urbanizada, porém, sem flexibilidade; se o mercado mundial diminuísse o seu ritmo, seria a ruína da economia chinesa, com conseqüências internas e externas incalculáveis.

Se há um risco a longo prazo para os Estados Unidos, para a China e para a economia mundial, conclui Rogoff, ele não provém da acumulação de dólares pelos chineses. O déficit comercial dos Estados Unidos tampouco é um fator de risco, visto que é compensado por aplicações financeiras nos Estados Unidos. O déficit comercial americano pode ser uma fonte de incerteza, mas não é uma bomba de efeito retardado. Todavia, trata-se exatamente do caso da China: o seu futuro político e econômico é incerto. Os grandes riscos para a economia mundial nunca estão, diz Rogoff, onde normalmente esperamos.

O PERIGO DA IGNORÂNCIA

A economia mundial vive um ciclo de crescimento excepcional, sem precedente histórico, da ordem de 5% em 2007; pois bem, basta uma taxa anual de crescimento relativamente modesto de 2,5% para que em uma geração a renda por habitante seja o dobro. Isto jamais ocorreu no passado de maneira tão contínua, sustentada e quase universal. A razão principal é a adesão dos Estados a boas instituições, a uma moeda verdadeira e ao livre comércio. Essa mecânica só funciona graças ao comércio mundial; as minicrises de conjuntura, os ciclos curtos que fascinam os jornalistas e políticos, têm pouca influência nesse crescimento global. Por outro lado, uma interrupção do comércio pararia brutalmente o desenvolvimento geral.

Que fato poderia causar isso? Pergunta-se Rogoff. A guerra? O planeta certamente não está isento de conflitos, porém, historicamente, todos são locais, contidos, sem acarretar efeitos maiores no comércio internacional. Somente uma convulsão geopolítica maior poderia interromper o crescimento. Ou um risco ecológico imprevisto: uma catástrofe natural, bem real, ou uma má política econômica que supostamente deveria impedir um risco natural teórico.

Tampouco se pode excluir uma interrupção da inovação. Rogoff não tem o mesmo otimismo de Paul Romer e dos teóricos da "nova economia" que acreditam em inovações permanentes e em um crescimento infinito. No passado, diz Rogoff, o crescimento sempre foi impulsionado por inovações: a máquina a vapor, a eletricidade, as comunicações e agora as técnicas da informação; esses grandes saltos da inovação sempre funcionaram por ciclos sucessivos entrecortados por crises entre dois ciclos. Estaríamos sendo levados, no ciclo atual, à ilusão de infinitude? Romer não pensa assim, já Rogoff sim. Porém, o risco supremo não seria tanto o término do ciclo, mas sim o abandono de todos os conhecimentos acumulados pelos economistas. Infelizmente, em tempo de crise, o pensamento mágico freqüentemente ressurge e apaga a razão adquirida; o que a ciência econômica ensina, um vento mágico de pânico e a demagogia podem anulá-la.

CAPÍTULO IV
A boa globalização

É inquietante: a maioria dos economistas renomados está nos Estados Unidos, mas poucos são americanos. O fenômeno não se limita à economia; em todas as disciplinas, universidades, centros de pesquisa e empresas americanas são recrutados os melhores no mercado mundial, e sabem mantê-los. A menor insatisfação vivida por um pesquisador de renome referente às condições de trabalho, remuneração, ambiente intelectual faz com que uma outra instituição se apresse em cooptá-lo: essa pressão competitiva também é exercida no interessado, estimulando-o a ficar no topo de sua profissão, o que não exclui o risco de vir a perder seus privilégios e seu prestígio. Muitos franceses não gostariam dessas pressões, outros aderem a elas com júbilo: ficamos espantados com o número de pesquisadores e professores europeus que passam, sem muito alarde, para o outro lado do Atlântico. Podem ser achados nos centros de excelência das grandes universidades americanas tais como Columbia, Yale, Harvard ou Stanford; em Harvard, um terço dos economistas provém da Europa.

Jagdish Bhagwati é de origem ainda mais longínqua: ele vem de Gujarat, no norte da Índia. Chegou à universidade de Columbia, em Nova York, depois de haver transitado pela universidade britânica de Cambridge. Reconhecido como o economista e advogado da globalização por excelência, não fica constrangido por ter abandonado seu país no momento em que decola e precisa de seus talentos? Bhagwati não sente esses pruridos. "As pessoas superestimam o efeito negativo da fuga de cérebros." Aparentemente, ela priva a nação de origem de seus talentos, mas também suscita a criação de comunidades no exílio; essas diásporas acumulam saberes e criam redes. A Índia se aproveita disso, do mesmo modo que a Coréia ou a China; essas diásporas estocam conhecimentos que contribuem para o sucesso econômico de seu país de origem. Qualquer globalização, conclui Bhagwati, é boa, inclusive a dos homens, para que a humanidade progrida.

A ECONOMIA É UMA CIÊNCIA

Meu interlocutor tem uma reputação tão grande como porta-voz da globalização que se torna necessário questioná-lo para saber se sua abordagem é realmente científica: ela não é essencialmente o resultado do entusiasmo ideológico? A economia é uma ciência, afirma Bhagwati, procedendo, portanto, como todas as outras ciências: o economista constrói hipóteses, em seguida confronta seus modelos com a realidade social. Somente o mundo real, e não preferências pessoais, pode validar ou banir essas hipóteses. Como em todas as ciências, os modelos da economia são imperfeitos e sua verificação não é senão aproximativa. Isso não impede, continua Bhagwati, que a teoria das trocas, inicialmente proposta pelo escocês Adam Smith ao final do século XVIII, tenha deixado de ser empiricamente verificada. Adam Smith, antes de qualquer outro, havia observado que era através do comércio que dois parceiros enriqueciam, ao inverso da teoria mercantilista segundo a qual cada um lucrava às expensas do outro. Dois séculos e meio mais tarde, num regime de trocas generalizadas, revelou-se que todas as nações que participam dessa situação enriquecem juntas; não é necessário explicar por que mecanismos se chega a esse efeito, dada a quantidade de resultados positivos constatados e evidentes.

A prova *a contrario* dessa teoria do livre comércio foi trazida pelos países que preferiram a auto-suficiência no lugar do comércio, como a União Soviética, a Índia, a China em outros tempos, e ainda hoje a Coréia do Norte; nunca a recusa do comércio conduziu a um desenvolvimento durável. Esta é uma certeza recente, dado que, nos anos 1970 ainda, certos economistas preconizavam a auto-suficiência enquanto modo de desenvolvimento; esse modelo foi apreciado da URSS à Argentina, passando pela Índia ou Egito. Todos desastrosos! A experiência das nações veio ajudar a teoria: basta desenhar um quadro com duas colunas, uma destinada aos países que escolheram o livre comércio (Coréia do Sul, Japão, China, Malásia,...) e outra aos países que o recusaram (China e Índia antes de 1990, URSS, Argentina) para se constatar que o primeiro grupo decolou enquanto que o segundo estagnou.

A realidade, porém, é suficiente para sagrar a convicção? Bhagwati passou uma vida universitária inteira explicando e defendendo a globalização, pois ela não tem poder de convencimento universal.

Entre seus adversários, Bhagwati distingue os ideólogos e os ignorantes. No caso dos ideólogos, com os quais é impossível um autêntico debate, eles discernem e incriminam, por trás da globalização, o capitalismo, as multinacionais, os americanos, as forças do mercado, o pensamento liberal. Visto que todas essas coisas lhes são odiosas, eles selecionam no grande teatro da globalização a situação local, singular, espetacular, que melhor servirá ao que detestam. Frente ao ideólogo, concede Bhagwati, o economista encontra-se desarmado: enquanto este trata de fatos, aquele fala de mitos. Os mitos podem revelar-se mais persuasivos do que os fatos. O economista raciocina globalmente, através de massas anônimas e estatísticas; o ideólogo o contestará sublinhando um caso individual, patético, e esse caso mobilizará a imaginação muito melhor do que os algarismos. Diante dos mitos, os economistas não sabem criar modelos nem prever o irracional. Bhagwati prefere, portanto, dirigir-se aos ignorantes, àqueles para quem os fatos podem ser convincentes, argumentando sobre cada ponto frágil ou supostamente frágil da globalização.

GLOBALIZAÇÃO E QUEDA DOS SALÁRIOS

Não retomaremos a bateria dos argumentos favoráveis à globalização que se encontram acessíveis nas obras de Bhagwati. Nós nos ateremos aqui somente às duas críticas que lhe são constantemente dirigidas: a globalização faria baixar os salários e, além disso, destruiria o meio ambiente.

A queda dos salários nos países ricos, em razão das importações provenientes dos países baratos não seria uma conseqüência lógica da globalização? Mas, segundo os fatos, a medida dos salários médios pagos nos países que mais importam não registra tendência à queda. Isso não é surpreendente? Os fatos constatados não confirmam nem a intuição, nem a percepção. Bhagwati explica esse paradoxo aparente: num produto importado, proveniente, por exemplo, da China, o salário representa uma parte modesta do preço final, algo da ordem de 10%. Quer dizer que a concorrência tem pouca influência sobre os salários. Por outro lado, um emprego suprimido como conseqüência da globalização ou de uma deslocalização será quase sempre substituído por um outro emprego. Esse novo emprego geralmente é mais qualificado e remunera mais; a globalização também cria, nos países que se desenvolvem, novos mercados abertos para produções sofisticadas dos países ricos: a Europa vende Airbus para a China, o que gera empregos mais bem remunerados do que os que a China pega do Ocidente. A globalização suscita um ciclo econômico virtuoso.

Atrás desse debate sobre a globalização que seria supostamente responsável por diminuir os salários, Bhagwati visualiza o espectro do "perigo amarelo" que volta a surgir. Nos anos 1930 e nos anos 1980, o Ocidente se via invadido pelos produtos baratos do Japão; acreditava-se que o Japão ia destruir a relojoaria, a indústria têxtil e automobilística no Ocidente. Nada disso ocorreu: todos os participantes do processo progrediram juntos para produções mais complexas e diversificadas. O erro comum de perspectiva referente à globalização reside, portanto, em nosso olhar, que é fixo, a respeito de uma evolução que é dinâmica. Um erro que vemos também em alguns economistas: um dos mais conhecidos é o americano Paulo Samuelson. Ele explicava nos anos 1950 que a troca generalizada acabaria se esgotando, visto que cada um acabaria produzindo a mesma coisa pelo mesmo preço. Samuelson não via que as diferenças entre as nações, que são o fundamento do livre comércio, se intensificariam na mesma proporção em que se deteriorariam. Na origem da troca, as condições naturais constituíam a vantagem comparativa das nações. Este não é mais o caso: nem as condições naturais, nem mesmo os salários, não criam mais a diferença. Há outros fatores hoje que têm essa função, menos materiais, como as culturas locais. Como prova de uma diferenciação permanente, apesar da globalização, Bhagwati dá o exemplo do Japão. Os japoneses continuam sendo antes de tudo artesões de engenharia, prova disso é a perfeição constante de sua produção manufatureira; isso exige lentidão e circunspeção. Porém, no setor em que é preciso ser reativo, na gestão dos mercados financeiros, por exemplo, os japoneses são visivelmente ausentes, para a grande alegria dos americanos que dominam as profissões nas finanças. A troca Oriente / Ocidente se baseia mais na diferença e complementaridade das culturas do que nas diferenças de salários.

Isso não impede que certos salários sejam realmente baixos nos países ocidentais expostos à globalização, particularmente na produção industrial e nos serviços de proximidade. Bhagwati não nega esses fatos mensuráveis. Porém, a globalização não é responsável por isso.

Desde a revolução industrial, toda inovação provoca uma diminuição da remuneração inicial nas atividades afetadas por ganhos de produtividade. Nos períodos de transição, de um modo de produção para outro ou de um setor para outro, os assalariados sofrem uma queda de sua renda, antes de se dirigirem para profissões mais remuneradoras: uma curva "J". A globalização não é a causa dessa curva, mesmo se, às vezes, ela a acelera; porém, o que é globalmente verdade, admite Bhagwati, a decolagem na saída do ponto mais baixo, só é verdade em termos de média estatística. A curva "J" não descreve a situação dolorosa de um trabalhador ou de um setor em particular. Bhagwati nos convida, então, – isto é importante – a distinguir claramente entre a globalização que é boa para o crescimento global e seus efeitos perversos que convém tratar. Se, por ideologia, ignorância ou interesse pessoal, um governo restaurasse o protecionismo para preservar os salários de um setor exposto, haveria como resultado um declínio econômico geral que faria cair *todos* os salários. Esse tipo de adversidade atingiu os países que cederam à tentação da autarquia. Por outro lado, cabe aos Estados e atores sociais administrar as transições difíceis que afetam as profissões atingidas pelo progresso técnico, inclusive pela globalização. Bhagwati, um globalista que não é nem beato nem passivo, não confia na capacidade automática dos mercados de resolver tudo.

GLOBALIZAÇÃO E DESTRUIÇÃO DO MEIO-AMBIENTE

Sim, por causa do próprio desenvolvimento a que a globalização conduz, ela polui naturezas virgens; essa poluição será ainda mais brutal conforme as economias vão decolando, como na China, no Brasil ou na Índia. É nessa fase que elas recorrem a métodos primitivos, como o desmatamento e a energia a carvão. Todavia, paralelamente a essas depredações, aparecem classes médias sensíveis ao meio-ambiente, meios de comunicação e organizações não-governamentais que denunciam os excessos. À medida que a economia se desenvolve, graças às pressões políticas, nacionais e internacionais, por causa da rarefação dos recursos, da conscientização social, graças a uma melhor medida do custo do meio-ambiente, os modos de produção respeitam mais os equilíbrios naturais. É fato constatado – trata-se de uma constatação empírica – que a partir de 5.000 dólares de renda por habitante, os comportamentos em relação ao meio ambiente mudam; além dessa transição ambiental, energias intensivas substituem a depredação pura e simples. A globalização por si só não destrói a natureza, mas, ao introduzir o desenvolvimento em nações vastas até então pobres, ela oferece uma nova escolha entre meio ambiente e desenvolvimento. O que impõe aos economistas uma nova disciplina: a economia do meio ambiente.

A que preço deveríamos avaliar a natureza? Para um empresário brasileiro que deseja plantar soja para satisfazer o consumidor chinês, a floresta amazônica não significa nada. Ela pode ser explorada por um custo zero. Mas, um ecologista, em São Paulo ou Paris, pensará que essa floresta tem um valor infinito. Como julgar? Até o momento presente, os economistas não sabem: a floresta amazônica ainda não se encaixa em nenhuma avaliação objetiva. A questão se complica ao incorporarmos ao valor do meio ambiente riscos longínquos, como o aquecimento do planeta. É racional desmatar a Amazônia para plantar soja, conhecendo a cotação da soja, mas não a da floresta hoje e menos ainda o custo negativo do desmatamento de um possível aquecimento climático? Economistas saberão um dia responder racionalmente a essa pergunta. Nesse intervalo de tempo, as transações são pragmáticas: o desenvolvimento inicial é imposto, depois ele se torna menos brutal à medida que a opinião se preocupa com a questão. Os economistas, admite Bhagwati, se limitam a descrever o mundo real, para o desespero dos partidários do absoluto; a economia nunca fala de absoluto.

A EXCEÇÃO CULTURAL

A globalização é em geral favorável ao crescimento; entretanto, admitiremos que há exceções ao livre comércio, em particular na agricultura e na cultura?

Os produtos agrícolas são uma das principais fontes de disputas entre partidários do livre comércio e protecionistas: uma dose sábia de considerações culturais, de pânico sanitário, de independência alimentar e de interesses locais conseguiu até aqui colocar as agriculturas européias e norte-americanas abaixo da globalização. Mas a conta desses bons sentimentos e dessas más razões é alta; ela é paga duas vezes: pelos contribuintes e pelos consumidores nos países ricos, pelos países pobres cujas importações são deixadas de lado. Nos países protegidos – Europa, Estados Unidos, Japão, Coréia –, quem são os verdadeiros beneficiários dessa proteção? Minorias ínfimas que sabem administrar a sua imagem e escondem as suas vantagens atrás de grandes discursos. Os perdedores desse protecionismo agrícola? São incontáveis: o contribuinte que financia as subvenções, o consumidor que paga em excesso a sua alimentação sem ter consciência disso, o camponês africano ou brasileiro que não pode exportar. Praticamente todos os países da África subsaariana são vítimas do protecionismo dos europeus e americanos, especialmente no que se refere ao algodão e açúcar. O protecionismo agrícola, diz Bhagwati, torna os progressos técnicos lentos, dado que não são mais necessários para conquistar mercados; ele destrói o espírito empreendedor por não servir para nada em um setor protegido; ele priva as nações de vantagens comparativas que teriam com a troca. O efeito é semelhante ao de qualquer forma de proteção: ele retarda o crescimento tanto no Norte quanto no Sul.

Bhagwati, sobre esse assunto controverso, adota uma atitude menos radical e mais sutil do que a dos liberais integristas. Eles se opõem frontalmente à fortaleza protecionista. Em vão. Bhagwati prefere distinguir entre a ajuda aos agricultores e os obstáculos ao comércio. Ele acredita que cabe a um governo democrático proteger esta ou aquela categoria da população: é sua escolha. Porém, é do interesse geral que essa escolha não interrompa o livre comércio e a globalização. Bhagwati aceita que um Estado subvencione os agricultores a título pessoal, contanto que os obstáculos ao livre comércio dos produtos sejam retirados: em princípio, é nessa direção, do produto para o produtor, que evoluem as proteções na Europa e nos Estados Unidos. Como distinguir entre o que é do âmbito da ajuda aos homens e da ajuda às produções? O julgamento dessa questão, difícil, cabe ao tribunal da Organização Mundial do Comércio. Bhagwati fica feliz pelo fato de o governo brasileiro ter obtido a condenação dos Estados Unidos, em 2006, por suas subvenções ao algodão, e da Europa, em 2007, por suas subvenções ao açúcar. Porém, essa justiça é balbuciante, os magistrados são politizados; as nações condenadas não deixam de aplicar suas decisões para evitar as medidas de represália tarifárias. É um primeiro passo em direção a um direito econômico internacionalmente reconhecido.

Pois, não há boa globalização sem boas instituições; da mesma forma que os mercados internos não se auto-administram sem estado de direito, o comércio mundial não poderia funcionar sem instituições. Elas são balbuciantes, mas progridem. Bhagwati atribui à ignorância a agressividade dos antiglobalistas contra a Organização Mundial do Comércio, ao mesmo tempo em que a OMC introduz as regras que esses próprios antiglobalistas exigem.

A cultura merece o mesmo tratamento de favor que a agricultura? A noção de "exceção cultural", cara para os franceses – e para os sul-coreanos –, é incompreensível para os Estados Unidos. Não que os americanos, nessa questão, tenham má fé, porém, sua experiência não lhes permite compreender por que razão é preciso defender uma identidade cultural visto que a deles é uma assimilação de todas as culturas do mundo. Bhagwati, no que se refere a esse tema, aconselha não se aventurar em um debate filosófico sem saída: se um governo deseja apoiar a produção nacional de filmes, que o faça! Mas sem prejudicar o livre comércio. A batalha pelas cotas nacionais, por muito tempo conduzida pela França e pela Coréia do Sul, aliás, não teria mais nenhum sentido na era da internet; a globalização não é mais uma escolha, trata-se de um fato. Esse fato gera crescimento e ansiedade; não se pode negar nem um nem outro, contudo, Bhagwati insiste que sejam tratados separadamente.

UMA ANSIEDADE JUSTIFICADA

A ansiedade é justificada. Nosso interlocutor reconhece que a globalização desestabiliza ou pode daqui em diante desestabilizar todas as atividades econômicas. Na época de Adam Smith, as vantagens comparativas eram claras: o clima, as comunicações, os conhecimentos práticos eram estáveis. Um produtor de laranjas no trópico tinha certeza de que a Grã-Bretanha jamais produziria laranjas. Essa não é a situação atual onde tudo pode surgir inadvertidamente em um mercado que até então acreditávamos estar livre de uma concorrência longínqua. Sem dúvida, as diferenças subsistem, a Terra não é plana: as proteções naturais, a geografia, a cultura, a política, o conhecimento isolam os mercados, mas pouco. Não há mais renda definitiva, e a globalização acelera a destruição das empresas locais. Uma "destruição criadora", explicava, há meio século, o economista austríaco Joseph Schumpeter, visto que conduz à criação de atividades novas mais rentáveis do que as antigas. Todavia, trata-se mesmo assim de destruição... Cabe, portanto, aos governos melhorar a formação para facilitar as transições de uma profissão para outra; a imposição final da globalização é obrigar os homens e os mercados à flexibilidade.

Os americanos aceitam isso melhor do que os europeus: essa melhor adaptação à globalização produz, nos Estados Unidos, um crescimento superior ao da Europa. Bhagwati explica isso através de uma concepção diferente do trabalho entre os dois continentes. A ética americana do trabalho incita a aceitar todo tipo de trabalho, enquanto que na Europa, ele representa tanto um status quanto um emprego remunerador; enquanto o americano muda facilmente de trabalho, o europeu não aceita mudar de status.

Essa diferença entre nossos continentes explica o afinco francês em apoiar campeões industriais que a globalização prejudica. É um erro socorrer campeões nacionais? Bhagwati observa que não há um único exemplo declarado em que a proteção dada a uma empresa incapaz de resistir à concorrência internacional tenha podido, com o tempo, salvar essa empresa, ou fazer progredir a economia nacional. O fracasso dos campeões nacionais é especialmente claro quando se trata de empresas cujo mercado ultrapassa as fronteiras do Estado protetor. A situação é diferente quando se trata de um campeão interno; nesse caso, a recusa da concorrência é de fato um imposto que recai sobre os consumidores nacionais, obrigados a pagar mais caro por um produto inferior, em nome do interesse que essa empresa supostamente encarna.

Citemos um caso significativo de protecionismo aplicado em nome do interesse nacional que ficou famoso nos anais econômicos. Nos anos 1980, para estimular o desenvolvimento da Terra do Fogo, o governo argentino criou uma zona industrial para montar aparelhos eletrônicos, com vantagens fiscais internas e uma barreira alfandegária externa. Empresas se instalaram em Ushuaia para montar televisores. Como esses aparelhos custavam quatro vezes mais que o preço mundial, tornou-se vantajoso importar televisores para desmontar e montá-los de novo localmente. A aventura beneficiou durante dez anos um punhado de empresários e alguns milhares de operários; a conta foi paga pelo consumidor argentino, obrigado a comprar esses televisores, pelo contribuinte, visto que eram subvencionados, e pelos assalariados potenciais de empresas que nunca foram criadas em outros lugares, pois, os recursos eram captados pela Terra do Fogo.

Em todas as partes, nos países ricos ou pobres, encontramos exemplos semelhantes, com aparência menos caricatural, mas, aos quais podemos aplicar o mesmo tipo de análise: a do balanço global, e não somente do benefício visível. Somente o balanço global permite ultrapassar as aparências imediatas.

Apesar da ineficácia atestada dos campeões nacionais, os reflexos protecionistas perduram; mas sua lógica é política – a busca da popularidade, o temor das revoltas –, ela não é econômica. Em 1830, o economista francês Frédéric Bastiat, em um célebre panfleto, imaginara um protesto dos vendedores de velas contra a concorrência desleal do sol. "Sempre haverá vendedores de velas, concluía Bastiat, que se queixarão do sol." A função do economista diante dos vendedores de velas é informar os governantes sobre as conseqüências reais de sua escolha, não de substituí-los.

É POSSÍVEL SER ANTIGLOBALISTA?

Embora seja ponderado, Bhagwati é visto como um ideólogo do mercado, inclusive nos Estados Unidos. "Um militante do livre comércio", isso é o que dirá o economista de Harvard, Dani Rodrik, sobre Bhagwati. Pois, não faltam, entre os economistas, mesmo americanos, críticos veementes da globalização. Não é negável, diz Rodrik, o fato de que a globalização perturba as sociedades, redistribui os poderes, cria novas desigualdades (ele deveria dizer que ela substitui velhas desigualdades por novas). Seria ilógico, conclui, que em nome da ideologia globalista, os Estados fossem destituídos pela Organização Mundial do Comércio do poder de se defender contra a invasão de produtos estrangeiros.

Sim à globalização, porém, sem excesso de zelo: é dessa forma que poderíamos resumir as críticas antiglobalistas nos Estados Unidos tal como são expostas por Dani Rodrik ou Joseph Stiglitz, prêmio Nobel de economia. Porém, por serem também economistas, recorrem aos mesmos instrumentos de análise que Bhagwati; não colocam em questão o interesse geral da globalização como arma absoluta contra a pobreza. O desacordo, que não é doutrinal, se refere às modalidades do exercício. Geralmente, entre economistas, os embates ideológicos tendem a desaparecer uma vez que todos estão de acordo sobre um critério único e mensurável: o crescimento. Esse índice sintético permite classificar os políticos e as teorias não em função de sua suposta virtude, como a justiça ou a felicidade, mas por seus efeitos constatados. Essa evolução aproxima a economia das outras ciências mais duras: a economia, cada vez menos do âmbito da opinião, se torna uma *ciência do resultado*.

Afora economistas, os adversários da globalização são numerosos, porém, os seus argumentos não são econômicos. Como os sindicatos dos trabalhadores ou patronais, por exemplo, defendem os interesses de seus membros (o que é um direito deles) ou, como certos ecologistas, preconizam um retorno à vida natural, o que é um sonho dos países ricos.

Essa recusa da globalização também é um terreno propício para os lobbies, conseguem recursos importantes junto a clientes cujos interesses eles defendem, na agricultura ou na indústria. Ao mesmo tempo, chegam a se fazer passar por defensores do interesse geral brincando com as paixões nacionalistas, nostálgicas ou ecologistas. Ao contrário, para os lobbies a favor da globalização, o espaço é mais modesto, pois, os beneficiários são dispersos ou inconscientes das vantagens que obtêm. Dessa maneira, o consumidor, que adquire roupas ou eletroeletrônicos a baixo preço cujo poder de compra foi melhorado, não chega a estabelecer uma relação direta entre a globalização e seu nível de vida; é pouco provável que venha a participar de uma ação coletiva a favor da globalização. Esse mesmo consumidor que, na Europa ou nos Estados Unidos, paga pelo açúcar um preço sete vezes superior ao que seria o preço real se as importações fossem livres, não irá juntar-se a um lobby dedicado ao livre comércio; ele não conhece o custo extra do protecionismo, que é modesto para cada indivíduo porque é repartido entre milhões de consumidores. Estes não têm condições de comparar o preço de um produto protegido ao de um outro produto globalizado, dado que o segundo não chega a ser proposto pelo mercado. Para conseguir mobilizar os consumidores beneficiários do livre comércio, seria necessário, por exemplo, fazer com que, da noite para o dia, desaparecessem todos os televisores, telefones e computadores fabricados na China ou na Coréia; somente esse exercício teórico provocaria a mobilização política com a qual sonham os adeptos do livre comércio.

Embora os defensores do livre comércio se queixem das ameaças a eles infligidas pelos lobbies e pelos governos, embora os meios de comunicação influenciados por esses lobbies noticiem as mazelas da globalização com muito mais ardor do que falam de seus benefícios, a globalização progride. Através de que mistério? Gene Grossman, economista de Princeton, outro especialista do livre comércio, propõe duas explicações. Ele supõe inicialmente que os governos são capazes de resistir aos interesses particulares e que sabem, claramente ou vagamente, que o livre comércio favorece o crescimento; essa teoria, chamada de intervencionista, aplica-se à política estrangeira pela qual os governos adotam decisões de interesse geral independentemente da opinião. Uma segunda teoria vem do cálculo eleitoral: os governos se comportam como se medissem os pesos respectivos dos lobbies e concluíssem, finalmente, que os grupos antiglobalistas são minoritários.

Também vamos imaginar que a globalização se desenvolve de forma espontânea, de acordo com a iniciativa dos empresários, contanto que os governos não se oponham, chegando a contornar as proibições do Estado.

O MUNDO É NOSSO PAÍS

Essas controvérsias sobre o livre comércio não são arcaicas? O mundo econômico, diz Gene Grossman, da universidade de Princeton, mudou mais rapidamente do que seus comentaristas. Insistem em evocar trocas entre nações e entre produtos: a França compra soja do Brasil e vende carros para a Polônia. Na verdade, os Estados não são mais os atores principais das trocas, e não são mais os produtos que são trocados, mas sim as tarefas. As empresas, que se tornaram transnacionais, dependem pouco dos Estados e definem a sua estratégia sem patriotismo; não se limitam mais a importar e exportar produtos acabados (apesar de muitos conservarem essa atividade), elas distribuem tarefas no mapa do mundo em função das vantagens comparativas que nele encontram. Essas vantagens não são somente salariais: um país, uma cidade, um bairro na Suécia, no Sri Lanka ou no Silicon Valley podem oferecer uma vantagem comparativa única no mundo em função de tradições locais (o setor têxtil no Norte da Itália), da língua (os *call center* no Marrocos ou na Índia), da criatividade (Paris, Nova York), da qualidade das instituições financeiras (Londres), da confiabilidade da justiça (Alemanha), de uma tradição científica (Basiléia para a farmácia)... e dos salários. Nesse mapa mundial das vantagens comparativas, a empresa é aquela que concebe, distribui, reúne tarefas que levam a um produto ou a um serviço acabados. A nacionalidade desse produto ou desse serviço não faz mais sentido; ninguém poderia hoje dizer de que país vem um computador ou um carro, só se pode admitir que esse país é o mundo. Portanto, a boa política não significa construir muros, mas sim cultivar as suas vantagens.

SEGUNDA PARTE
O laboratório americano

A ciência econômica é americana? Na verdade, a maioria dos economistas que encontramos, quando não são americanos, passaram pelos Estados Unidos em um momento ou outro de sua formação ou de sua carreira. Mas isso não é característica da ciência econômica: em todas as disciplinas, a marca americana é forte por causa da qualidade das universidades que se encontram além do Atlântico. Estas constituem a principal vantagem americana no mercado mundial dos conhecimentos, da inovação e do crescimento. Veremos como Paul Romer acredita que o futuro econômico das nações será condicionado pela qualidade do que ele chama de terceiro setor – nem público nem privado – do ensino superior. Essa primazia da educação leva os economistas americanos, em especial Caroline Hoxby, a preconizar reformas educativas calcadas no modelo da empresa. Essa abordagem da educação é tipicamente americana? Mas, o que é americano tende a se tornar mundial, não porque o mundo se americaniza, mas porque os Estados Unidos funcionam como um laboratório experimental para o resto do mundo: o que é novo é geralmente testado lá.

Essa antecipação leva, às vezes, os economistas americanos a confundir o que é americano com o que é universal. Quando Gary Becker vê em todo indivíduo um empresário que não se vê como tal, a sua teoria da ação racional vale para todas as civilizações? As críticas dessa teoria racionalista pelos economistas do comportamento como o brasileiro José Scheinkman, o israelita Daniel Kahneman, o francês, Jean Tirole, desaprovam o fato de não levar suficientemente em conta as nossas escolhas compulsivas.

Em nome da razão pura, os racionalistas pregam a favor de um Estado mínimo; os seus críticos preferem o Estado-Providência que nos protege contra nós mesmos. Todavia, nenhum deles pensa que o que é bom para os Estados Unidos possa ser ruim para o resto do mundo.

CAPÍTULO V

A produção das idéias

Desde o início dos anos 1980, o crescimento nos Estados Unidos tende a acelerar enquanto que os economistas clássicos, de acordo com os marxistas sobre esse tema, apostavam em uma sucessão de ciclos e de crises. Parece, desde essa época, que não há mais verdadeiros ciclos, nem uma grande crise; as flutuações das cotações da bolsa, os acidentes de percurso – como os que afetaram os créditos hipotecários em 2007 – não constituem crises, mas depurações do sistema que eliminam as empresas ruins e as más dívidas. Nos Estados Unidos e no resto do mundo desenvolvido, o crescimento é lento ou rápido, mas globalmente ininterrupto. Qual é o motor desse crescimento sem fim e sem precedentes? As idéias, diz Paul Romer: uma noção que não se deve confundir com um outro parâmetro da economia, o capital humano. Este produz idéias, porém, elas se tornam objetos autônomos que têm vida própria, independente daqueles que a concebem, nada é mais simples de se copiar do que uma idéia depois de ter sido concebida.

ÀS FONTES DO CRESCIMENTO CONTEMPORÂNEO

Paul Romer pertence à geração que se uniu ao círculo dos economistas na era dos programas e da internet: uma revolução técnica de intensidade comparável, diz ele, à chegada da eletricidade. Antes de Romer, acreditava-se que o desenvolvimento era resultado da conjunção do capital e do trabalho; a combinação eficaz entre os dois produzia o crescimento. Nesse modelo conhecido como clássico, o encontro entre o capital e o trabalho, entre o dinheiro e os homens, ocorre no mercado. Esse mercado é dirigido por um terceiro que, nos tempos modernos, é o Estado. As brigas teóricas giram em torno das oposições entre capital e trabalho, entre mercado e Estado. Até que Romer publicou em 1990 uma teoria do novo crescimento com o título *A mudança tecnológica endógena*. Essa teoria introduziu no jogo econômico um terceiro fator, a inovação, e um terceiro parceiro, as instituições não lucrativas. Romer fundou dessa forma o que a imprensa chamou de "nova economia" ou "economia do conhecimento". Romer condena a mídia das metáforas, de tanto privilegiar a linguagem matemática; ardente defensor dos modelos, ele os vê como mais claros do que a palavra. O seu método é um vai-e-vem constante entre os modelos matemáticos e a realidade, aqueles e esta se enriquecendo mutuamente.

O que é uma idéia econômica? Pode ser um segredo de fabricação, uma marca, uma fórmula, um desenho, um mapa, um processo, um procedimento, uma técnica de administração, um algoritmo e a reprodução legal ou ilegal de tudo o que precede. A inovação, diz Romer, nem sempre é espetacular; não se trata sempre de um procedimento novo, nem de uma invenção revolucionária. Às vezes, é quando se alojam em detalhes banais que as idéias melhoram os resultados econômicos. Nessas conferências, Romer cita experiências modestas que lhe parecem sintomáticas da criatividade das empresas americanas: ele gosta de explicar como Starbucks chegou a criar um único modelo de tampa para três tamanhos diferentes de copos de café. Essa estandardização da tampa, comenta Romer, é uma idéia de gênio que gera economias consideráveis. Mas, a simplicidade só é aparente: como a confecção dos copos, a das tampas é uma proeza de engenharia.

O que distingue a idéia de qualquer outro fator de produção é o seu armazenamento: cabe em um programa de computador. Os outros fatores de produção, como a energia, o capital humano e os materiais, se esgotam: porém, quanto mais a idéia for utilizada, mais ela rende. Isso cria uma vantagem para os grandes mercados, como os Estados Unidos, sobre os pequenos mercados. As idéias existem em função do capital humano: quanto mais o capital humano for numeroso e com estudos, mais as idéias que dele advêm são abundantes. Em outros tempos, a inovação podia aparecer como um fator extrínseco ao crescimento; segundo Romer, agora ela se tornou o próprio fundamento do crescimento.

As idéias são bens privados ou públicos? Além da dificuldade de comercializá-las, dada a facilidade de serem imitadas, elas não surgem necessariamente no mercado privado nem no Estado. Nas sociedades liberais, particularmente nos Estados Unidos, as idéias germinam e prosperam num terceiro setor, não lucrativo e não-público; esse terceiro setor não advém nem do mundo das empresas nem do Estado, mas das Universidades e das Fundações. A replicabilidade das idéias, tanto quanto a sua origem, faz com que se situem, portanto, numa categoria à parte, nem totalmente pública nem totalmente privada.

O MERCADO MUNDIAL DAS IDÉIAS

Para que o crescimento sem fim prossiga, os Estados deveriam adotar políticas favoráveis à emergência das idéias; portanto, é essencial dar suporte ao terceiro setor não-comercial e não-público. Romer não concebe um modelo melhor do que o encontrado nos Estados Unidos; este se revela prodigiosamente eficaz se o julgarmos pelo número de patentes solicitadas, pela quantidade de prêmios Nobel ou pela qualidade dos pesquisadores do mundo inteiro que se dirigem para lá. Mesmo que não seja nem público nem privado, esse terceiro setor, produtor de inovações, funciona nos Estados Unidos de acordo com o modelo de mercado; os institutos, as universidades, os centros de pesquisa disputam entre si as verbas, o recrutamento dos professores e os estudantes. Não há dúvida alguma, diz Romer, que a supremacia americana sobre o mercado tem a ver com essa concorrência; as universidades, os estudantes, os professores, todos respondem aos estímulos econômicos. Para produzir mais idéias, seria suficiente fazer crescer esses estímulos, inclusive através de subvenções públicas; nos Estados Unidos, estas são concedidas aos projetos dos pesquisadores e não às instituições: o pesquisador de talento escolhe a instituição que o acolherá.

Esse avanço americano não pode ser considerado como adquirido; Romer constata a progressão das universidades chinesas. E na Europa? Não acontece nada de novo. As universidades alemãs e francesas, que outrora dominavam a pesquisa, parecem-lhe estagnadas, uniformes e centralizadas; nenhuma idéia maior poderia surgir dessas universidades burocráticas. Na França, começam a tomar consciência disso, tanto nas camadas superiores do Estado quanto nas empresas. A criação de pólos de excelência no meio universitário, co-financiados pelo Estado e pelo setor público desde 2006, as Redes temáticas de pesquisa, tentam reter os melhores e deter a fuga de cérebros em direção aos Estados Unidos. Na área de ciências econômicas, essa é a ambição da Fundação Jean-Jacques Laffont-Toulouse, em Ciências Econômicas, dirigida por Jean Tirole, sendo também o caso da Escola Econômica de Paris, dirigida por François Bourguignon. Mas até mesmo nos Estados

Unidos, a atração pelas profissões ligadas à área de finanças desvia os estudantes da pesquisa e da engenharia; nas ciências duras, os estudantes formados são recrutados muito mais fora dos Estados Unidos, e nada garante que os melhores lá permanecerão. O crescimento potencial da China, da Índia ou do Brasil poderia provocar um êxodo inverso de cérebros; a globalização não aconteceria mais num sentido único.

A PROPRIEDADE INTELECTUAL CONTRA A INOVAÇÃO

De tanto proteger as idéias, impede-se a sua difusão; se, ao contrário, são insuficientemente protegidas, proíbe-se – talvez, não se sabe ao certo – o seu nascimento. Certas idéias úteis exigem que sejam copiadas o mais rápido possível; é o caso, por exemplo, das idéias que salvam vidas, como os medicamentos e as vacinas. Como garantir a propriedade intelectual para que a motivação do pesquisador persista, admitindo que mais cedo ou mais tarde qualquer idéia será copiada e que é necessário às vezes que ela o seja rapidamente? A solução intermediária é uma via estreita que Romer denomina de *direito de propriedade fraco*. Nesse debate, ele não concede sua aprovação a todas as exigências das empresas capitalistas nem às políticas dos governos que as assistem; uma vez que o crescimento é a prioridade, Romer pensa que é mais útil encorajar a produção de idéias novas do que proteger excessivamente as idéias existentes. E o caso da pilhagem intelectual efetuada pela China? Isso não o choca em nada. Numa primeira fase do desenvolvimento, o não-respeito da propriedade intelectual é inevitável. A imitação dos processos, que não deve ser confundida com a cópia de marcas, favorece o crescimento chinês; acontece que esse crescimento é positivo para os chineses e também para o resto do mundo. Mas essa concorrência não é desleal? Porém, ela obriga as empresas ocidentais a inovar mais rapidamente do que os chineses, o que é excelente.

Mesmo que pareça inesperada, essa posição de Romer sobre a propriedade é partilhada pela maioria dos economistas, cuja função é favorecer o crescimento, e não proteger as empresas existentes – isso cabe aos advogados. Para os economistas, não está comprovado que a propriedade intelectual seja indispensável para a inovação, pois as patentes favorecem os monopólios e os privilégios.

Num quadro destinado a questionar a propriedade intelectual, dois discípulos de Romer, Michele Boldrin e David Levine, ilustraram como, no decorrer da história ocidental, as patentes parecem ter prejudicado a inovação mais do que favorecido. Esse paradoxo teria começado com James Watt, o inventor da máquina a vapor. Em 1769, ele obteve a proteção para o seu invento através do Parlamento de Londres que acabou lhe concedendo uma patente. Sob a proteção dessa patente, por trinta anos, Watt não precisou melhorar sua máquina; ele a comercializou lentamente, não permitiu que seus concorrentes usurpassem o seu monopólio, e impediu a si mesmo de agregar inovações úteis, que haviam sido registradas por seus rivais. Boldrin e Levine concluem que a revolução industrial surgiu trinta anos depois por causa do monopólio de Watt; as máquinas a vapor somente se desenvolveram depois do término de seu monopólio. Num outro exemplo famoso em que a propriedade intelectual se voltou contra o seu proprietário, a empresa francesa La Fuchsine, detentora do monopólio registrado dos colorantes em 1864, deixou de inovar; terminou periclitando, enquanto seus concorrentes deixavam a França para instalar-se na Basiléia, onde as patentes não tinham efeito. A Basiléia tornou-se a capital européia dos colorantes, em detrimento da França.

A indústria farmacêutica não é o setor em que as patentes são mais indispensáveis para a continuidade da inovação, em razão da importância dos orçamentos de pesquisa? Esse argumento recorrente da indústria farmacêutica parece ser contrariado pela história.

Na Itália, a indústria farmacêutica criou uma quantidade maior de medicamentos antes de 1978, data da introdução das patentes, do que depois dessa data. Hoje, a introdução dos medicamentos genéricos que nem sempre respeitam a propriedade intelectual não impede que os laboratórios americanos e europeus tenham os lucros mais elevados da indústria mundial. As patentes realmente incitam a investir na pesquisa? Boldrin e Levine demonstram que a esperança de obtenção de lucros a partir de produtos registrados orienta os laboratórios para a pesquisa de substâncias mais rentáveis, e não necessariamente as mais úteis. Nossos autores não concluem pela abolição da propriedade intelectual, mas ela não lhes parece indispensável para o crescimento. As empresas, ao inovar, beneficiam de uma vantagem comercial que não exige patente; esta só serve, como no caso de Watt, para transformar essa vantagem comercial em monopólio, o que foi uma inovação financeira.

O Watt contemporâneo, segundo Romer, é evidentemente Bill Gates. Microsoft é prejudicial para o desenvolvimento em geral? Romer está convencido disso: Microsoft abusa de seu monopólio, asfixia os seus concorrentes e proíbe a emergência de novas idéias que poderiam ser melhores do que os seus próprios programas. Parece que o período mais criativo da informática ocorreu em Silicon Valley antes que os programas fossem todos patenteados.

Também é surpreendente que a informática moderna tenha se desenvolvido em Silicon Valley, enquanto que se esperava que isso ocorresse na região de Boston, capital histórica da fabricação dos computadores. O clima não basta para explicar essa transferência para a Califórnia; razão mais provável: os direitos de propriedade intelectual são menos protegidos na Califórnia do que em Massachusetts. É possível, na Califórnia, mudar de patrão sem ter que esperar, enquanto que em Massachusetts essas mudanças instantâneas são ilegais; porém, a vantagem de Silicon Valley se deve em grande parte à mobilidade dos engenheiros e a sua recíproca fertilização.

Essa preferência pela propriedade "mole" levou Romer, no fim dos anos 1990, a apoiar a tentativa da justiça americana de romper o monopólio da Microsoft. Ele invocou o precedente, dez anos antes, do monopólio privado da telefonia ATT; foi depois de ter sido desmantelado pela justiça que surgiu a telefonia móvel, a fibra ótica e a internet. Se a Microsoft perdesse o seu monopólio, diz Romer, imaginemos o que poderia ser criado por seus concorrentes sufocados! Nos Estados Unidos, essa ação fracassou na justiça, porém, a Comissão Européia passou a desempenhar esse papel condenando, em 2007, a Microsoft por abuso de posição dominante.

A DESTRUIÇÃO CRIADORA

Em uma economia desenvolvida, as leis que favorecem a inovação, conclui Romer, são determinantes: o resto é menos importante.

A nostalgia na economia é, portanto, uma má conselheira. Os europeus, mais nostálgicos do que os americanos, pagam esse preço pela estagnação: na Europa, as empresas dominantes são quase todas antigas, muito antigas. Ao passo que os Estados Unidos são um cemitério de empresas que desapareceram ou em vias de desaparecimento: Pan Am na aeronáutica, Wang na informática, Chrysler comprada. Ao contrário da Europa, o mercado americano é dominado por firmas da nova economia – Google, Microsoft, Amazon – que não existiam há vinte anos e que não têm equivalente fora dos Estados Unidos. A IBM? O velho gigante só sobreviveu passando da antiga economia – a construção de computadores, cedida para o chinês Lenovo – para a nova economia: a concepção de sistemas.

Todo governo, lastima Romer, tende a proteger as empresas existentes; porém, cada vez que um Estado intervém para salvar a Chrysler nos Estados Unidos, Bull ou Thompson na França, ele congela a inovação. Ele satisfaz quem? Antes de tudo, os acionistas dessas empresas. Os assalariados? Seria melhor pensar que os homens, mais do que as empresas, são os campeões nacionais; e seria melhor investir na formação dos homens do que na salvação dos acionistas.

A formação, explica Romer, é o único fator real de luta contra o desemprego e o aumento de salários. Queremos que os salários aumentem? É preciso secar a fonte de trabalhadores sem formação: quanto menor for o número de trabalhadores sem formação, mais as empresas deverão inovar para somente utilizar trabalhadores bem formados e mais bem pagos. Somente a elevação do nível de educação contribuiu historicamente para o aumento dos salários.

O QUE É BOM PARA OS ESTADOS UNIDOS

Quer se trate do papel da inovação, quer da independência das universidades, as análises de Romer valem fora dos Estados Unidos? Se a teoria for universal, ela explica a diferença da Europa em relação a um *optimum* de crescimento; se a teoria não passar de uma fotografia dos Estados Unidos, ela implica que a Europa e os Estados Unidos estão engajados em trajetórias distintas. Se as duas hipóteses forem recebidas de forma variável segundo os países europeus, a teoria de Romer não deixa de explicar a vantagem comparativa dos Estados Unidos. O poder do terceiro setor não lucrativo representa uma massa crítica de pesquisadores e de inovações potenciais sem equivalente em nenhum outro lugar. Que esses estudantes e pesquisadores sejam americanos ou não, por enquanto, não importa para os Estados Unidos; a maioria deles fica nos Estados Unidos e suas patentes também, visto que é nesse país que a propriedade intelectual é mais bem protegida. Nos Estados Unidos também se encontram as melhores perspectivas para comercializar a inovação.

Antes que a China, a Índia ou a Europa possam alcançar os Estados Unidos – se é verdade que essa corrida entre as nações faz sentido –, seria aconselhável que os retardatários edificassem uma infra-estrutura em matéria de educação, de pesquisa e de desenvolvimento equivalente à dos americanos: como explica Romer, as idéias não surgem do nada, mas de um meio que favorece a sua emergência e aplicação. Nesse intervalo de tempo, uma nova Microsoft que enterraria a velha não pode surgir amanhã em Pequim, Bombai ou Paris, visto que a Microsoft não apareceu por passe de mágica, mas, como a tradução concreta de uma efervescência de cultura existente; se, amanhã, a Microsoft tivesse que deixar o trono, provavelmente isto ocorreria pela ação de uma outra empresa americana.

Os governos europeus levam em conta suficientemente essa natureza da nova economia? O que chamamos de política econômica na Europa se limita a mecanismos já gastos como a política monetária e a política fiscal. Na ausência de uma infra-estrutura capaz de produzir inovação competitiva, os outros países são condenados a seguir os Estados Unidos, a imitar mais do que inovar, e no máximo, a aperfeiçoar.

Essa situação só descreve a economia, ou seja, a produção de riquezas materiais e seu possível crescimento. Podemos preferir valores não quantificáveis, como a solidariedade social ou a cultura nacional, supondo que esses valores materiais não precisem de nenhum fundamento material – o que é duvidoso. Seria ainda mais incoerente buscar o crescimento seguindo caminhos que não levassem a ele. Esse é o aprendizado principal da ciência econômica, objetiva e fria, que, todavia, condiciona o nosso destino.

CAPÍTULO VI
A empresa educação

Caroline Hoxby, autoridade em economia da educação, é também uma das raras economistas de renome de sexo feminino, e afro-americana. Para ela, a educação é uma empresa como as outras. Liberando-a de todo romantismo e consideração política, ela se pergunta se esse empreendimento é rentável. Já que os fundos investidos na educação são consideráveis, ela diz, a pergunta não é ilegítima. Mas, como avaliar a sua produtividade?

Calcular o investimento na entrada é relativamente simples; como para qualquer atividade, não se trata de dinheiro. Mas, na saída, o que essa empresa produz e como avaliar? No âmbito de uma nação, essa produção é de capital humano; desse capital humano, em quantidade e qualidade, dependerá o desenvolvimento econômico. Contudo, não há instrumento de medida preciso desse capital. Teoricamente, seria aconselhável conhecer o custo da formação de cada indivíduo, depois, aproximar esse investimento inicial da produção do mesmo indivíduo durante toda a sua vida. Como é impossível, os economistas se limitam a apreciar a produtividade do sistema educativo pelos resultados escolares médios obtidos pelos alunos na saída da "empresa". Nos Estados Unidos, um teste nacional baseado essencialmente no domínio da língua e do cálculo permite comparações através do tempo: na saída do *high school*, equivalente ao colegial na Europa, há uma tendência à queda. Um outro índice é preocupante: o dos estudantes que abandonam os estabelecimentos, os desistentes.

Na França, não há instrumentos de avaliação comparáveis; o índice de sucesso no *baccalauréat*[1] que poderia servir de indicador, não é de fato uma

---

[1] N. do T.: Exame realizado no fim do segundo grau que dá acesso à formação de nível superior.

medida, pois, não permanece homogêneo ao longo do tempo. Não se sabe se o nível dos alunos sobe ou se o do *baccalauréat* cai. Nos Estados Unidos, essa queda do nível escolar é uma fonte de preocupação nacional. Ela também é uma sombra que paira em relação ao futuro da economia americana; quanto mais uma economia se baseia na qualidade do capital humano, mais o seu futuro depende dela.

O NÍVEL CAI?

Os testes nacionais constituem um índice imperfeito, mas, significativo; ele permite prever com certeza suficiente o que será o itinerário pessoal e a produtividade econômica dos alunos. Maus alunos poderão se tornar empresários excepcionais, porém, normalmente, esse não é o caso. O mercado reconhece essa relação provável entre o nível escolar e a eficácia econômica, dado que os salários no início levam em conta, sobretudo, os diplomas obtidos. Essa recompensa pela educação não pára de progredir nos Estados Unidos à medida que a economia depende mais da massa cinzenta; se, de fato, a recompensa não fosse justificada pelos resultados obtidos, é claro que os salários cairiam.

O capital humano é decisivo, visto que o índice de crescimento é verificável na sua evolução. Mas quem é responsável por isso? O indivíduo, em função de suas capacidades intelectuais, ou o sistema educativo? Sem dúvida nenhuma, segundo Caroline Hoxby: o sistema educativo. Quando, na saída da escola, os resultados nacionais tendem à queda, não é o sinal de uma erosão da inteligência da população, mas de uma queda da produtividade do sistema como um todo. O nível cai quando o nível da escola cai; isso é verdade em geral sem ser necessariamente verdade para um indivíduo em particular. Portanto, há escolas ruins, mal administradas, e professores ruins; pode-se agir com mais facilidade em relação a eles do que em relação às crianças, que são como são. Cabe aos economistas da educação propor reformas da empresa educativa para melhorar a produtividade. Não é uma tarefa fácil. Em um mundo em que tudo muda, só a escola fica paradoxalmente imutável: não é por não haver imaginação e soluções, explica Caroline Hoxby, porém, as resistências são consideráveis.

Primeiro obstáculo? A nostalgia. Nos Estados Unidos como na Europa, idealiza-se o passado, os bons professores de outrora e a escola municipal ou republicana. Uma idealização sem motivo, diz Caroline Hoxby. Os fundos investidos outrora na educação eram pequenos, os alunos pouco numerosos, o impacto da formação nas economias pré-industriais ou industriais desprezível. Também era mais fácil recrutar professores de qualidade com salários baixos, pois, a consideração social pelo status de professor era uma motivação suficiente; a economia era menos competitiva e as pessoas com diplomas, especialmente as mulheres, eram menos solicitadas por atividades mais rentáveis nas empresas. Esse mercado do emprego mudou totalmente. Hoje, um diploma pode levar, conforme a escolha, ao ensino ou à empresa; esta, em regra geral, paga mais e recompensa melhor a eficácia e as iniciativas. Nas escolas americanas (até a universidade), as remunerações, como na Europa, são medíocres, e a evolução se dá de acordo com o tempo de carreira, não com o mérito. Nada mais garante que os melhores se dirigirão para o ensino, e menos ainda que permanecerão no ensino; a problemática não é diferente nos dois lados do Atlântico. É conveniente, portanto, melhorar a produtividade da empresa dedicada à educação através de estímulos econômicos, sem conceder muito espaço para as tradições. O esforço prioritário deveria visar as *high schools* mais do que a escola primária, acredita Caroline Hoxby, pois, nos Estados Unidos as *high schools* constituem o elo fraco da cadeia.

E a escola primária? É muito mais uma creche, diz ela, do que um espaço de ensino. Um pouco de disciplina e algumas noções de vocabulário e de cálculo não requerem uma reflexão econômica aprofundada nem uma reforma de amplitude. As crianças não se ausentam das escolas primárias, enquanto que nas *high schools* o absentismo tornou-se considerável. Estas fazem toda a diferença: é no final das *high schools* que se constata a queda do nível de ensino. Outra prova de sua ineficácia: enquanto que o número de estudantes que entra na universidade cresce, o número dos que terminam seus estudos diminui percentualmente. O nível alcançado no final da *high school* se tornou insuficiente para que um grande número de pessoas passe para o ensino superior. Neste ponto, Os Estados Unidos e a França se assemelham.

O CHEQUE-EDUCAÇÃO

Como tornar as *high schools* produtivas? Teoricamente, não há nada mais fácil do que isso. Pode-se encontrar, no mercado de idéias, uma única proposta que Caroline Hoxby defende, originalmente imaginada por Milton Friedman nos anos 1970, o *voucher system*, conhecido em francês como cheque-educação. Dada a personalidade controversa de seu inventor, o cheque-educação tem a reputação de ser "ultra-liberal", como se fosse uma forma de irrupção do capitalismo no serviço público. Ele não tem nada a ver com isso. O cheque-educação é compatível com o serviço público, inscreve-se no interior do ensino público, e não tem a menor intenção de privatizá-lo. É um tipo de terceira via, diz Caroline Hoxby, que se destina a tornar mais produtivo o serviço público em relação à educação, não se destina a livrar-se dele.

O princípio é simples: O Estado, os governos ou as coletividades locais, responsáveis pelo serviço público de educação, atribuem a cada família e a cada criança, sem levar em conta a renda, um cheque-educação válido para qualquer escola pública ou privada contratada. A partir dessa livre escolha dos pais (ou da própria criança), espera-se que os interessados acabem selecionando os melhores estabelecimentos. Milton Friedman considera que os "consumidores" de educação sabem o que é bom para eles; eles escapam assim da obrigatoriedade da carteira escolar, que, nos Estados Unidos, é imposta aos pais. Para os estabelecimentos de ensino, o cheque-educação representa a totalidade ou uma parte de seus recursos orçamentários. Quando a escola é escolhida ela prospera; caso contrário, ela é descartada, periclita e pode desaparecer. Espera-se com essa situação que os estabelecimentos de ensino entrem em competição para atrair os alunos. Eles deveriam chegar a esse ponto, recrutando os melhores professores e adotando as melhores práticas pedagógicas; o que supõe remunerá-los em função de sua qualidade. Portanto, o cheque-educação somente pode funcionar prevendo-se uma total liberdade de gestão por parte dos estabelecimentos de ensino; teoricamente, ele produz um ciclo virtuoso onde as escolas se comportarão como empresas em busca de otimização.

Os sindicatos de professores nos Estados Unidos são unânimes contra o cheque-educação; eles alegam que o sistema funciona de modo discriminatório ao levar os pais a agrupar seus filhos em função da etnia (fato que já é uma realidade, em razão dos agrupamentos populacionais que freqüentemente ocorrem nos bairros homogêneos). Acreditam que nem os pais nem as crianças têm condições de discernir quais seriam as melhores escolas, deixando-se levar por argumentos falaciosos. (Na realidade, a publicação dos resultados por escola constitui um bom indicador da qualidade do estabelecimento.) Mesmo que o projeto do cheque-educação esteja disponível há quase trinta anos, os sindicatos de professores têm conseguido opor-se a ele com sucesso em quase todos os lugares; quando houve um referendo exemplar sobre esse assunto, na Califórnia em 1987, o cheque-educação foi rejeitado pela população. Os pais abdicaram de uma reforma que *a priori* lhes era favorável. Com que argumento os sindicatos conseguiram ganhar a convicção popular? Essencialmente através da nostalgia: os anúncios na televisão financiados pelos sindicatos apelaram para a nostalgia daquilo que é chamado, tanto nos Estados Unidos quanto na França, de "escola republicana". Essa noção é ainda mais sensível nos Estados Unidos – tal como na França – uma vez que, num país de imigração, a escola é o lugar onde se constitui a cidadania.

Apesar dessa resistência sindical e popular, o cheque-educação conseguiu impor-se em alguns lugares, particularmente na Flórida e, sobretudo, em Milwaukee.

UMA EXPERIÊNCIA CONVINCENTE

A partir dessas experiências, é possível verificar a validade da teoria de Milton Friedman.

O caso da Flórida, como reconhece Caroline Hoxby, é somente parcialmente convincente. Sua principal virtude é política: visto que a Flórida está dividida equitativamente entre os partidos republicano e democrata, o cheque-educação foi aceito por todos para tentar aumentar o nível fraco das *high schools*. O cheque-educação não seria, portanto, nem de esquerda nem de direita. Mas ninguém o utiliza, pois, representa somente uma ínfima fração dos orçamentos escolares. Sua simples ameaça teria, entretanto, levado os diretores de estabelecimentos de ensino a refletir em termos de produtividade: o cheque-educação como instrumento pedagógico?

A experiência de Milwaukee é mais convincente; para os economistas, ela é quase perfeita. O cheque-educação foi instaurado em 1998, em seguida anulado em 2002, após uma mudança de maioria municipal, depois, restabelecido em 2004. Foi possível, segundo Caroline Hoxby, calcular os efeitos da situação, antes, durante e depois. Milwaukee, ainda por cima, tem uma minoria hispânica importante, na sua maioria imigrantes mexicanos, com resultados escolares medíocres; antes do cheque-educação, esses alunos eram designados, por um mapa escolar rigoroso, para escolas de bairros constituídos por guetos. O cheque-educação concedido a todas as famílias de Milwaukee redistribuiu os alunos em todas as escolas da cidade; os pais hispânicos fizeram a sua seleção em função dos resultados publicados pelos diversos estabelecimentos.

Ao cabo dessa experiência de dimensão real, Caroline Hoxby avaliou os resultados verificáveis; constatou-se uma melhora variando entre 5 e 10% do número total dos alunos de Milwaukee, com uma progressão mais importante para as crianças hispânicas do que para a população de origem local. A liberdade de escolha dos pais levou, como previa a teoria de Milton

Friedman, a um ganho de produtividade para o sistema como um todo, com um benefício mais nítido para os desfavorecidos.

Esse progresso não parece espetacular, mas, mudará a vida daqueles que se beneficiaram com ele, e terá efeitos induzidos positivos para a economia como um todo. Caroline Hoxby também pensa que a criação do sistema por si só provocou uma dinâmica de mudança nos estabelecimentos escolares como um todo, quer estivessem ligados ou não ao cheque-educação: uma melhora do equilíbrio geral. Encontramos aí a virtude pedagógica citada na experiência da Flórida.

Apesar das virtudes demonstráveis do cheque-educação, ele se limita, em todos os lugares em que foi experimentado, às mesmas reticências corporativistas. Dessa forma, no Chile, país muito influenciado pelas teorias de Milton Friedman, o cheque-educação é a regra; porém, os resultados são medíocres, porque os governos (de esquerda desde a saída do general Pinochet em 1990) se recusam a financiar os cheques a um nível suficiente para ter acesso às escolas particulares, mais onerosas do que as escolas públicas; dentro do próprio ensino público, os pais não podem escolher de forma transparente, pois, os diretores de escola se recusam a publicar os seus resultados. Essa aplicação medíocre do cheque-educação, embora seja aceito em seu princípio, é nocivo para os mais pobres que estão nas escolas públicas ruins, enquanto que os privilegiados freqüentam as escolas particulares. O corporativismo dos professores da rede pública reforça, portanto, a discriminação social que o cheque-educação poderia teoricamente reduzir.

AS ESCOLAS SOB CONTRATO

Apesar dos benefícios incontestáveis, o modelo Milwaukee não desencadeou uma onda de competição; o cheque-educação nos Estados Unidos continua sendo uma teoria marginal, mais recusada do que refutada. Todavia, isto pode ser o esboço de uma estratégia de reforma. Há uma outra, mais modesta ainda, na qual Caroline Hoxby encontra as suas esperanças: as *charter schools*, escolas sob contrato. Estas mal representam 1% do mercado do ensino secundário, porém o seu crescimento é rápido, mais do que o cheque-educação, sem dúvida porque o conceito corresponde melhor às aptidões e costumes dos americanos. Uma *charter school* é uma escola secundária criada por uma empresa particular, lucrativa (a mais importante é a Companhia Edison, dirigida por um antigo presidente da Universidade de Yale, Benno

Schmidt), ou por uma fundação particular não lucrativa. Essas empresas têm com as autoridades locais um contrato detalhado sobre o conteúdo de seu ensino, seus métodos pedagógicos e seu modo de gestão. Dentro desse contrato, a escola tem a liberdade no recrutamento e remuneração dos professores; em geral, esses estabelecimentos são menos caros para a coletividade do que as escolas públicas, sem dúvida porque são mais bem administradas. Para as crianças, a escola é gratuita, como as escolas particulares francesas; contudo, as *charter schools* americanas têm mais liberdade e, ao contrário do que acontece na França, não se trata de estabelecimentos confessionais. (Há nos Estados Unidos escolas religiosas, totalmente particulares, porém, são completamente financiadas pelos pais dos alunos e não têm contrato com a coletividade pública.)

A originalidade das *charter schools*, que as insere na tradição americana, se deve ao fato de pertencerem a uma "cadeia". Os modos de gestão e ensino seguem padrões, cada estabelecimento se beneficia com a experiência de todos os outros; para os administradores e professores, é possível ter uma carreira dentro da cadeia. Essa cadeia é uma marca que permite que os pais identifiquem e conheçam antecipadamente as características do produto oferecido. Para uma população móvel em um território vasto e habituada a padrões, o mercado do ensino oferece dessa maneira as mesmas garantias que qualquer outra marca.

Essa lógica de marca influenciará o mundo do ensino mais do que o cheque-educação? Caroline Hoxby acredita que sim, sem que isso faça surgir uma revolução. O próprio sucesso das *charter schools*, nos lugares em que existem, limita paradoxalmente a sua expansão. As coletividades públicas que financiam essas escolas sob contrato têm dificuldade de aceitar que empresas capitalistas tenham lucro na educação; quando uma *charter school* começa a funcionar muito bem, em detrimento das escolas públicas concorrentes, e apesar de serem menos caras, o governo ou a prefeitura tendem a reduzir a subvenção pública. A companhia Edison, anteriormente citada, nunca chegou a ter lucros ou a remunerar os seus acionistas, justamente em função de seu sucesso. Isso não impede que a produtividade educativa em alta nessas experiências, o cheque-educação e as escolas sob contrato tornem progressivamente aceitável, aos olhos da opinião pública, e dos administradores públicos a própria idéia de produtividade educativa. As verbas destinadas ao ensino têm uma dimensão que fará com que os representantes eleitos se perguntem mais cedo ou mais tarde se existe ou não uma relação positiva entre os fundos públicos investidos e os resultados comumente não medidos.

AS MELHORES UNIVERSIDADES DO MUNDO

Que a opinião pública nos Estados Unidos seja tão reticente diante da concorrência no ensino secundário é surpreendente, visto que ela é a regra no ensino superior. Ao contrário da Europa continental, ninguém nos Estados Unidos se choca com a total liberdade que as universidades americanas têm em sua seleção, ensino e financiamento. Caroline Hoxby tenta compreender a razão pela qual esse princípio de concorrência não vai das universidades para o ensino secundário. Trata-se, sem dúvida, da função de integração republicana dos estabelecimentos de ensino secundário; as universidades, por selecionarem as elites, parecem fugir desse critério republicano. Também é verdade que as universidades americanas, públicas ou privadas, realizaram grandes esforços para não parecerem discriminatórias, conservando a sua natureza elitista; isto se chama "diversidade".

Desde os anos 1960, os critérios de admissão nas universidades não pararam de evoluir no sentido de permitir que o corpo de professores e os alunos refletissem a diversidade da sociedade americana. Essa busca da diversidade, assim como as bolsas e os empréstimos concedidos aos estudantes pobres ou oriundos de minorias, não encontram explicação, segundo Caroline Hoxby, na obrigação jurídica conhecida como *affirmative action*. Tampouco por altruísmo. Quanto às cotas, são proibidas por serem discriminatórias. A produtividade econômica é suficiente para fazer compreender a diversidade. A partir de seus trabalhos sobre os percursos dos estudantes, ela mostrou que os candidatos escolhem mais facilmente as universidades mais diversificadas; é bom que um estudante se confronte, durante os seus estudos, com a sociedade real, à sociedade que deverá administrar quando, com o seu diploma, se tornará provavelmente um administrador de empresa. Levando em conta a diversidade, estudantes e universidades se comportam, sem serem obrigados por leis, de maneira economicamente racional.

A lógica econômica explica também por que razões, o acesso às universidades americanas se torna cada vez mais oneroso. Antigamente, as universidades eram locais e recrutavam localmente. Depois entraram em concorrência no plano nacional, o que as fez investir em disciplinas mais onerosas e a recrutar com salários crescentes os melhores professores. Eis que agora essas universidades estão em concorrência no mercado mundial, pois, estudantes do mundo inteiro desejam ingressar nelas e professores do mundo inteiro desejam ensinar nelas. Conseqüentemente, os preços sobem, as especializações se acentuam; os professores se beneficiam com isso. Os estudantes também se beneficiam já que seu investimento em estudos onerosos lhes trará posteriormente uma vantagem salarial tendendo à alta no mercado de trabalho. A gratuidade do ensino superior tal como é praticada na França ou na Alemanha não é, portanto, um elemento ao qual o mercado é sensível: muitos estudantes preferem uma universidade particular onerosa, que financiarão através de endividamento, mais do que uma universidade pública gratuita se a primeira for mais prestigiosa e garantir melhores remunerações posteriores. Esse raciocínio vale para os estudantes estrangeiros que sondam o mercado mundial segundo os mesmos critérios; verificamos facilmente nesse mercado que a gratuidade das universidades francesas ou alemãs não lhes confere vantagem comparativa. Além disso, a gratuidade empobrece as universidades deixando-as na dependência dos Estados que são os únicos que as financiam. Entre os continentes, a distância se torna maior: na Europa investem-se 500 euros por ano por estudante, contra 40.000 nos Estados Unidos.

Para as universidades não-americanas que não entraram nessa competição mundial, o perigo é grande de perder seus melhores alunos e seus melhores professores: uma espiral com tendência à queda e, com o tempo, uma erosão do capital nacional. Consciente desse risco para a França, Jean Tirole observa que a partida de um pesquisador para os Estados Unidos conduz a uma perda de capital humano que vai além desse único pesquisador: também é uma geração inteira de estudantes que não se beneficiará com o seu ensino, e as inovações produzidas por ele mesmo ou por seus discípulos serão uma perda para o país de partida. O progresso americano se tornará inalcançável, se os Estados Unidos conservarem o maior número dos estudantes formados em suas universidades. É, por enquanto, a situação que prevalece que não ameaça ainda o retorno para o seu país de origem estudantes chineses, indianos ou outros; a balança das trocas intelectuais continua a ser favorável nos Estados Unidos. No futuro, não se pode excluir que esse êxodo mundial de cérebros para os Estados Unidos também atingirá o ensino secundário; é comum, entre as elites asiáticas, africanas ou do Oriente Médio, enviar seus filhos para que estudem nos Estados Unidos antes da universidade para, em seguida, facilitar-lhes o acesso nas universidades. É de se imaginar que esse mercado mundial da educação já desenhe o mapa econômico de amanhã.

CAPÍTULO VII
A racionalidade integral

"As idéias, anuncia Gary Becker, têm pouca influência nas escolhas políticas. O verdadeiro motor das sociedades são os interesses materiais." Tanta modéstia, para o mais liberal dos economistas contemporâneos e um dos mais influentes, surpreende. Porém, a teoria conhecida como "ação racional" que Gary Becker fundou na Universidade de Chicago, esclarece a sua visão de mundo. Segundo essa escola, só agimos para maximizar nossas vantagens materiais, como um empreendedor que procura otimizar os seus lucros; esta é a razão pela qual, diz Becker, escolhemos fazer o que fazemos.

Esse "nós" coletivo não permite qualificar o comportamento de um indivíduo em particular; mas, em geral, em uma determinada coletividade, tudo funciona como se a busca do *optimum* econômico fosse a base de nossas escolhas. Estas podem ser conscientes ou inconscientes: Becker se recusa a recorrer à psicologia dos indivíduos ou a analisar as culturas. Ele se limita a constatar que nós nos comportamos como se fôssemos racionais; o fato de sermos ou não não muda em nada o resultado final. Em uma família, por exemplo, (a economia da família foi o ponto de partida, muito controverso em sua época, dos trabalhos de Becker), há escolhas que seriam as de uma empresa se estivéssemos falando de uma empresa em busca de um *optimum* econômico. Ao aproximarmos um modelo teórico de empresa que funciona em um mercado e comportamentos de família, tais como o número e a educação dos filhos, a idade do casamento e o divórcio, Becker verifica a semelhança de estratégias e resultados; ele conclui que as nossas ações, globalmente, são racionais. A economia de mercado seria, portanto, o reflexo da natureza humana e, contrariando-a demasiadamente, os partidários da intervenção pública se expõem a conseqüências diferentes das que esperam.

O DETERMINISMO DOS INTERESSES

Esse determinismo pelos interesses contradiz uma famosa profecia de John Maynard Keynes que, em 1930, na conclusão de sua *Teoria Geral*, escreveu: "As cabeças práticas que pensam que estão livres de qualquer influência intelectual são em geral escravas de alguns economistas que já se foram cujo nome ignoram". São as idéias, e não os interesses adquiridos, que são perigosos, para o melhor ou para o pior."

Os intelectuais, especialmente os economistas, gostariam de acreditar em Keynes no que se refere a esse ponto, todavia, a sua teoria é indemonstrável, enquanto que a de Becker, quer lamentemos ou não, se baseia em trabalhos estatísticos. Na verdade, é mais fácil demonstrar que as escolhas políticas são determinadas por relações de força entre grupos de pressão do que por uma avaliação de idéias econômicas. Becker ilustra essa supremacia dos interesses sobre as idéias através da história do livre comércio. Desde o século XVIII, há uma certa unanimidade entre os economistas sobre a sua utilidade; porém, foram necessários três séculos para que a superioridade do livre comércio fosse aceita, mesmo permanecendo incessantemente refutada por medidas políticas que ditam interesses particulares.

Se, a longo prazo, diz Becker, certas idéias se impõem, é pelo fato de coincidirem com interesses novos, por exemplo, após mudanças nas relações de força. A idéia é evocada para cobrir esses novos interesses, mas, muito mais como uma roupagem do que cumprindo o papel de motor das novas políticas. Seguindo nesse ponto Friedrich Von Hayek, de quem foi um discípulo, Becker tem muito apreço pelas idéias indispensáveis em caso de crise. Quando um sistema político ou econômico cai por terra, é bom ter à mão um sistema de troca, o que Hayek chamava de "utopia de substituição".

Essas precauções contêm uma dose de ironia, e fazem de Gary Becker, em função de seus ensinamentos, seus livros e seus artigos, já há cinqüenta anos, o maior militante em prol de sua teoria da "ação racional". Essa teoria não se limita a analisar e preconizar o que comumente chamamos de políticas econômicas. Becker introduziu o *homo economicus* em dimensões que em outros tempos se limitavam à sociologia ou à psicologia. Isto foi constatado com a economia da família; esse imperialismo econômico desagrada aos sociólogos, particularmente aos que são antiliberais. Estes denunciam a teoria da "ação racional" como um simples discurso ideológico. Mas, em detrimento dos sociólogos, é preciso admitir que a economia é uma ciência cujos resultados são mensuráveis, o que não é o caso da sociologia.

Seguindo os passos de Becker, uma nova geração de economistas passa pelo crivo da ação racional os nossos comportamentos comuns ou desviantes, mostrando certa predileção por esses últimos. Os criminosos, as prostitutas, os drogados não estariam em busca de um lucro máximo, ou pelo menos não agem dessa forma? Nessa mesma via, em nome da racionalidade, Becker foi (juntamente com Milton Friedman) um dos primeiros economistas a preconizar a legalização de todas as drogas: um exemplo perfeito de idéia sem qualquer influência exterior.

A LEGALIZAÇÃO DAS DROGAS

Se autorizássemos as drogas, explica Becker, sua produção e seu comércio seriam geridos por empresas privadas comuns. Elas entrariam em competição sem que fosse necessário recorrer à violência; as máfias e os cartéis não teriam mais razão de ser, o que representaria um considerável progresso em direção à paz civil e à paz internacional. Dada a própria lógica do mercado, drogas de melhor qualidade, de boas marcas, reduziriam o número de acidentes sanitários. O preço das drogas cairia, o que pressionaria menos os drogados a cometer atos repreensíveis – roubos, crimes e prostituição – para obter drogas.

A queda dos preços não levaria a um aumento do consumo? Becker acredita que sim. Mas, através de impostos, seria possível conter a demanda. Do mesmo modo, no caso do tabaco, conhecemos a relação entre os preços e o consumo: a alta reduz a tentação do primeiro cigarro nos jovens, os quais, conseqüentemente, não se tornarão dependentes da nicotina. A alta de preços também reduz o consumo dos *habitués*. O fumante de tabaco (ou o usuário de drogas) comporta-se, portanto, como um consumidor racional tal como um outro que reage aos sinais do mercado; o reflexo econômico prevalece sobre a dependência biológica. Não deveríamos, portanto, aumentar os preços, através dos impostos, até eliminar todo o consumo? Não, pois um aumento dos impostos muito forte levaria ao contrabando: a criação de um mercado negro do tabaco torna-se interessante desde que a margem entre o mercado legal taxado e o mercado negro gere lucros superiores ao risco corrido pelo traficante. O traficante, que é um empreendedor racional, calcula o custo das multas e o risco de prisão. Se seu lucro sobre o tabaco se tornar considerável, ele assumirá esses riscos.

O mesmo raciocínio valeria para o caso das drogas pesadas se fossem legalizadas; uma taxa bem ajustada permitiria gerir a demanda num patamar tolerável, tomando o cuidado para não cair na ilegalidade e violência, caso essa taxa ficasse muito elevada. Becker propõe um último argumento para que o imposto sobre o tabaco ou, em último caso, sobre as drogas, seja moderado: esses impostos recaem sobre as classes mais desfavorecidas, que são os maiores consumidores. Um excesso de imposto sobre o tabaco, que atinge especialmente os mais pobres, é desproporcional e injusto.

Essa legalização das drogas exigiria, de forma a moderar o seu consumo, a punição severa dos atos cometidos sob a influência da droga. A droga não isenta a pessoa da responsabilidade pessoal: está provado que conduzir o carro em estado de embriaguez diminui, em todos os países, quando as sanções são mais graves. Um condutor, mesmo embriagado, se comporta de maneira relativamente racional; da mesma forma, um drogado em um mercado livre ficaria menos irracional do que é normalmente em um regime de proibição.

A lógica de Becker contraria as idéias preconcebidas? Sim, porque não contém nem mitos culturais, nem preconceitos sociais. Porém, seus exemplos não são visões da mente; ele só as coloca num terreno balizado por estudos de comportamento; ele não dá a sua opinião, relata fatos quantificáveis. Estes são verdadeiros, só a conclusão a que chega é original, até mesmo desconcertante. Outros podem concluir de uma forma diferente e dar outras recomendações; porém, as políticas que contradizem a natureza humana, nos lembra Becker, conduzem a resultados diferentes daqueles que elas anunciam.

A IMIGRAÇÃO CONTABILIZADA

Segundo uma lógica comparável, lembremos as propostas de Becker em matéria de imigração: ele nos traz aqui também uma solução econômica para um problema social.

Considerando o imigrante como um empreendedor, Becker constata que este – e ainda mais se for clandestino – investe para chegar ao país de destino. Ele remunera os passadores de fronteiras, corrompe funcionários, corre riscos pessoais achando que com o tempo seu lucro justificará o seu investimento. Becker conclui que a melhor maneira de gerir os fluxos migratórios não seria regulamentar a imigração, mas fazer com que seja paga: a distinção entre imigrantes legais e ilegais deveria desaparecer para ser substituída pela distinção entre pagantes e fraudadores. Os preços impostos na entrada variariam em função do lucro descontado respectivamente pelo candidato e pelo país acolhedor. Este obtém uma vantagem econômica da imigração, contudo, arca também com custos sociais; isto é avaliado e deveria determinar a tarifa de uma imigração que é de fato escolhida. Novamente, a abordagem de Becker parecerá provocadora, mas, nesse campo, ele é um pouco aprovado nos Estados Unidos: um investidor importante consegue automaticamente um *green card*. Em 2007, George W. Bush propôs (em vão, é verdade) que os imigrantes ilegais obtivessem sua regularização pagando um imposto; era uma maneira de admitir implicitamente a validade da teoria de Becker.

O CRIME COMPENSA

As propostas de Becker até o presente momento não exerceram nenhuma influência na política em matéria de drogas, e somente exerceram pouca influência em matéria de imigração; não é o mesmo em matéria de legislação criminal. Para retomar o seu modo de análise, novas alianças de interesses (as vítimas, os proprietários) viram como vantajoso reunir os seus projetos racionalistas.

Desde os anos 1960, Becker quantificara o método econômico dos criminosos; quando as leis se tornavam mais permissivas, os juízes mais tolerantes e os policiais ineficientes, o crime se mostrava como uma atividade mais lucrativa, porque o risco diminuía. Quando há tantos criminosos, diz Becker, é que o crime compensa. A sua demonstração é válida para a pena de morte? Esta parece ser pouco dissuasiva, mas, segundo Becker, pelo fato de não ser aplicada ou por ser pouco, mesmo onde seria aplicável. Pois bem, o criminoso não decide em função das leis existentes, mas, age a partir da realidade que constata: o crime é de fato punido onde é cometido, em seu entorno e em sua zona de ação? Os índices de crimes sem punição, de penas não aplicadas e de liberações antecipadas são os verdadeiros sinais, muito mais do que as leis, que incitam ou não à atividade criminosa. Portanto, é legítimo, conclui Becker, opor-se à pena de morte por razões morais, porém, não refutando a sua eficácia dissuasiva. A partir dos anos 1980, nos Estados Unidos, essa interpretação do crime, chamada de "utilitarista", impôs-se à opinião pública; ela se traduziu por legislações e práticas policiais mais severas. Ao mesmo tempo, a criminalidade caiu. Por ser menos lucrativa? Esse é o argumento de Becker a favor do que também se conhece como "tolerância zero": haveria uma relação direta entre a queda do crime nos Estados Unidos e a tolerância zero. Nessa lógica de Becker, o aumento do número de prisioneiros, característica contestada da sociedade americana, seria um sinal utilmente dissuasivo dirigido aos candidatos à criminalidade.

A dissuasão pela repressão, observa Becker, age também nos crimes passionais ou violências aparentemente sem controle como rixas em bares: com base em estudos estatísticos comparativos entre os países, está provado que, mesmo sob o domínio da paixão ou do álcool, a violência é temperada por uma avaliação do risco. O delinqüente, dominado pelo álcool ou pela paixão, é racional e age – ou não age – como se o fosse.

No caso comprovado da queda da criminalidade nas grandes cidades americanas, há explicações diferentes das de Becker: citaremos, por exemplo, a transição, nos meios delinqüentes, de uma droga que excita, o crack, a uma outra que acalma, a heroína. Esta, substituindo-se à cocaína, parece ter diminuído o crime. Alguns acreditam que a tendência à queda do preço da cocaína induziria a menos violência, dado que seria menos difícil consegui-la. Essas alternativas, diz Becker, não contrariam a teoria da ação racional, elas a enriquecem. O abandono do crack se deve ao risco elevado que essa droga inflige ao consumidor? Este se deslocou racionalmente para uma outra substância. Longe de renunciar a sua hipótese, Becker propõe modelos mais complexos que incorporam um número maior de fatores.

Um dos seus discípulos, José Scheinkman, economista brasileiro, completou a teoria beckeriana do crime, surpreendendo-se com a dispersão dos crimes no território americano; aparecem e desaparecem no tempo e no espaço sem relação clara com a cultura ou a renda, como é de se esperar. Sheinkman evidenciou dessa forma – porém, quantificando – um fenômeno conhecido pelos sociólogos: a imitação. O crime se expande por imitação nos meios em que é reconhecido como aceitável. A observação seria banal se Sheinkman não o tivesse, a partir de estatísticas, organizado em um modelo matemático que torna o aparecimento do crime previsível. Torna-se possível, graças ao modelo de Scheinkman, prever, a partir de que densidade de população em um meio com tendência ao crime (imigrantes sem raízes, por exemplo) que este vai provavelmente se manifestar. Esse modelo ilustra como a economia quantitativa, sem tomar o lugar da sociologia, pode, em certos casos, fazê-la passar da observação empírica a uma relativa previsibilidade matemática.

ÀS ORIGENS DA VIRTUDE

Se a racionalidade explica o crime, ela esclarece também a virtude; muitas virtudes chamadas de "burguesas" evoluem em função dos sinais econômicos. Becker mostrou como os impostos estimulavam ou não o casamento e o divórcio: os ricos se divorciam menos, pois, têm mais a perder com isso do que os pobres. Becker também mostrou o quanto as leis contribuíam de maneira negativa ou positiva em relação a cuidar de seus filhos, pagar ou não uma pensão alimentar, abandonar ou não a sua esposa. As intervenções do Estado nunca são, portanto, neutras em relação ao que acreditamos ser um valor. Valores e intervenções públicas seriam antinômicos? Becker cita Tocqueville que, em *De la démocratie en Amérique*, observava: "Como o Estado, nos Estados Unidos, interfere pouco, os cidadãos são mais responsáveis e até tomam iniciativas."

Segundo Becker, os argumentos a favor de uma economia pouco regulamentada obedeceriam não somente ao princípio da eficácia, mas também ao que se estipulou chamar de moral. Trata-se de uma moral burguesa cuja racionalidade parecia, até a época contemporânea, evidente e útil para a ordem econômica e social. Quando existe essa necessidade, observa Becker, cada indivíduo se torna mais econômico, desenvolve bons hábitos e se responsabiliza por si mesmo; ele perde esses hábitos quando o governo se encarrega muito do que deveria ser de sua responsabilidade individual.

À virtude explicada pela racionalidade, os sociólogos e os moralistas opõem a noção de altruísmo. O altruísmo não é economicamente irracional, prova que obedecemos a outras motivações que não são materiais? Becker não deixou de rejeitar esse argumento aparentemente irrefutável, mostrando que além da família, o altruísmo era mais ou menos insignificante. Nos Estados Unidos, diz Becker, dá-se muita importância às doações; mas, o que representam realmente, e para quem são dadas? Esse altruísmo só representa 2,5% da renda das famílias, o que é pouco; a metade dessas quantias, diz Becker, é dada às igrejas que em troca devem se encarregar de alguns serviços: missas, casamentos, funerais. Como essas doações para as igrejas não são totalmente altruístas, não sobra muita coisa. Por outro lado, não se pode negar que nas famílias o altruísmo seja constante. Isto, segundo Becker, reforça e não enfraquece a teoria da ação racional, pois, esse altruísmo entre as famílias é feito baseado em cálculo. A forma mais comum e importante é a união dos recursos; ela pode ser explicada pelo amor conjugal, mas, mesmo sem amor, é evidente que a reunião dos recursos é economicamente vantajosa. Um casal otimiza dessa maneira os seus recursos.

Becker refuta, segundo o mesmo método, uma outra objeção levantada por Jean Tirole e Roland Bénabou, em relação à generosidade. É bastante racional, perguntam os dois economistas franceses, dar a organizações humanitárias das quais não se espera nada em troca? Porém, Tirole e Bénabou também mostraram através de experiências em laboratório que as pessoas eram mais generosas quando a doação era visível: a generosidade se mostra mais facilmente do que se esconde, e o doador anônimo é a exceção. No anonimato absoluto, a doação tende a ser inexistente, o interesse material é mais forte. Becker deduz a partir daí que a generosidade é freqüentemente motivada por uma recompensa esperada, pelo reconhecimento dos outros, até pelo amor de si mesmo; dessa forma, a armadilha da racionalidade se esconde em um humanismo aparente.

Os adversários de Becker, sociólogos e economistas, denunciam nessa forma de raciocínio um "imperialismo econômico". Mas, a vivacidade dos ataques não ofende Becker; a refutação, diz, é a própria natureza da abordagem científica.

ASCENSÃO DO IRRACIONAL

Em 2007, perguntei a Gary Becker que elementos recentes mais perturbaram a sua teoria do comportamento racional. "Os mártires do Islã", respondeu sem hesitação. Ele conhece bem o Islã, a sua mulher é de origem iraniana, contudo, ele não consegue integrar ao seu modelo os "kamikazes", esses candidatos ao suicídio. Limite da teoria de Becker, ou limite da economia em geral? A ciência econômica encontra como obstáculo a realidade dos mitos coletivos.

Becker também confessa a sua desesperança em relação ao movimento ecologista. "Não sabemos com certeza se há aquecimento do clima, mas, é evidente que não se pode discutir esse tema de forma racional." Becker acredita que, se riscos climáticos forem verificados, soluções técnicas poderão ser encontradas. Porém, ele constata que o debate é praticamente religioso, e que duvidar é se expor à maldição dos integristas "verdes".

A ciência econômica está ameaçada pelos mitos; às vezes sim, ela cai na banalidade. Becker se tornou inadvertidamente o padrinho do que se chama nos Estados Unidos de *freakonomics*, do título do best-seller de um de seus alunos de Chicago, Steven Levitt. A *freakonomics*, ou a economia da marginalidade, passa pelo crivo de seus modelos dos fenômenos e comportamentos marginais: por que os esportistas enganam, como uma prostituta calcula os seus preços, que preço um fã de futebol está disposto a pagar ao cambista? Esses estudos tentam demonstrar que os indivíduos, por calcularem, são autônomos em relação às normas da sociedade em que vivem e à cultura que deve condicioná-los: todos são racionais em todas as civilizações, e todos os comportamentos se explicam por essa racionalidade.

Para ilustrar como a busca do *optimum* econômico esclarece os comportamentos mais inesperados, até mesmo os menos explicáveis, Steven Levitt publicou um estudo intitulado *Pourquoi les dealers de drogue habitent-ils chez leur mère?* (Por que os traficantes de droga moram com suas mães?). Baseado em dados colhidos junto aos interessados, ele calculou que a renda média de um traficante em Chicago, num mundo de concorrência, equivalia ao salário de um empregado não qualificado, como garçom no McDonald's. Portanto, o traficante só tem meios de morar com a sua mãe; se continuar a ser traficante, apesar de correr um risco mais alto do que se tivesse uma atividade legal com a mesma remuneração, é por sonhar em progredir no mundo do crime. Com o tempo, Levitt constatou, porém, que depois de fazer todos os cálculos, quando o preço da droga cai, as comissões para os traficantes também caem e o traficante acaba indo para a economia legal. Os traficantes são empresários racionais.

CAPÍTULO VIII

Os limites da razão pura

O que é científico, explicava Karl Popper, pode ser demonstrado como falso ou "falsificável", ao contrário, as ideologias ou as religiões são irrefutáveis visto que, por natureza, podem incorporar as críticas. Pode-se deduzir a partir daí que a teoria da ação racional tal como foi concebida por Gary Becker é eminentemente científica, já que não pára de ser refutada. Proporemos aqui duas refutações. A primeira diz respeito à especulação, que parece ser a atividade econômica menos racional. A segunda, conhecida como economia comportamental (*behavioral economics*) ou neuroeconomia, chega a contestar a própria capacidade dos indivíduos a dar prova de racionalidade; todos nós seríamos neurologicamente inconseqüentes, incapazes de distinguir entre nossos interesses e nossas pulsões. O leitor em busca de absoluto não encontrará em suas dissertações nenhuma resposta definitiva para suas interrogações: assim evolui a ciência.

A LÓGICA DAS PAIXÕES

Cabe a José Sheinkman, economista brasileiro professor nos Estados Unidos, explicar que lógica conduz especuladores tomados pela paixão do jogo ou do dinheiro a participar de aventuras especulativas de aparência irracionais. As bolhas especulativas, nota Scheinkman, são tão antigas quanto a história econômica, desde a paixão holandesa pelos bulbos de tulipas no século 17 até a recente bolha da internet de 2000. Como nasce a especulação? Quer se trate de bulbos de tulipas ou de aquisições sem freio de qualquer nova empresa da internet presente no mercado de ações, os mecanismos são idênticos e podem ser imitados.

No início desses fenômenos, há um fato real, uma descoberta, uma inovação: os bulbos importados na Holanda eram uma novidade que todos queriam adquirir; a internet era uma inovação técnica e econômica. Contudo, a inovação não é suficiente: dessa forma, especula-se com o ouro, o que não é novo. É bom, então, que um terceiro personagem intervenha para produzir a paixão. Scheinkman chama esse personagem de "conselheiro". Este pode ser um especialista reconhecido, um consultor financeiro, um jornalista, um comentarista, um crítico de arte. O conselheiro administra antes de tudo a sua própria reputação, que é o seu negócio; trata-se de um empresário como qualquer outro. Se por ventura uma inovação ou um nicho escapam dele, ele perde a sua reputação e os seus clientes. É assim que temos um conselheiro à espreita; assim que identifica ou acredita ter identificado a inovação, vai exagerar a sua importância da melhor forma possível segundo seus interesses; esse excesso contribui para sua reputação de conhecedor e lhe traz novos clientes.

A conjunção da inovação e de sua exaltação pelo conselheiro está na origem do fascínio pelas tulipas, pela arte contemporânea ou pelas ações da bolsa. É através do número de transações especulativas que identificamos o nascimento da bolha especulativa. Na bolsa, uma ação normal é trocada cem vezes em um ano; se ela for trocada cem vezes por semana, temos aí uma bolha. Todas as bolhas que Scheinkman identificou seguem o mesmo percurso aritmético e podem ser configuradas em modelos.

O que caracteriza a bolha, além de seu ritmo, é o desaparecimento de qualquer relação entre o valor da aquisição e o valor da empresa ou os benefícios esperados. O adquiridor se tornou irracional? Não totalmente, pois o especulador não compra na espera de dividendos; ele compra com a esperança – ou o excesso de certeza – de que a especulação continuará e que poderá revender a uma cotação superior. Esse especulador não é irracional, mas é influenciado, diz Scheinkman, por um traço psicológico banal: o excesso de confiança em si. Os atores da especulação estão convencidos de que sabem mais do que os outros e que podem ganhar do mercado; como em uma loteria, alguns conseguem, o que reforça o excesso de confiança. Portanto, não é absurdo cavalgar na especulação enquanto ela dura. Sheinkman imagina o dilema de um administrador de fundos de investimento: ele sabe que a bolha é especulativa. É lógico ficar longe dela? Se ele agisse dessa forma, ele pareceria ter um comportamento correto, mas, ele não o seria necessariamente, pois, seus clientes o criticariam por deixar passar oportunidades de muito lucro. O nosso administrador, por ser muito clarividente, corre o risco de perder os seus clientes que o abandonariam para investir em concorrentes mais temerários; embora esteja correto, o administrador deverá juntar-se à legião de especuladores. Em uma especulação, o que é racional não é necessariamente lógico.

O modelo de Scheinkman, que, em sua versão matemática, se constrói sobre dados empíricos, se aplica em campos tão diversos quanto o mercado de arte contemporânea ou os investimentos na China – investimentos diretos no território chinês ou compras de ações na Bolsa de Shanghai.

A China é uma bolha? As cotações não têm relação com o valor das empresas (que ninguém de fato conhece). Conselheiros recomendam muito a China: se você não investir na China, os seus clientes ou acionistas o deixarão! O número de transações no mercado chinês, juntamente com as características precitadas, confirma que se trata de uma bolha. Temos interesse ou não em ficar nessa bolha? Em outras palavras, pode-se prever quando a bolha estourará? Não. Com o modelo de Scheinkman é possível identificar a formação da bolha e o seu desenvolvimento, porém, não o seu fim, embora este seja certo. Como estoura uma bolha? O prazo de expiração é imprevisível, porém, as razões são banais: o mercado vai por água abaixo quando as ofertas ultrapassam em número a demanda. Os valores caem até refletir o preço real (ou insignificante) das empresas ou dos objetos que suscitaram a especulação. Na espera do próximo frenesi e a repetição idêntica do modelo de Schinkman...

Pode-se tirar daí uma lição política, um princípio qualquer de precaução? Não. A especulação, ao mesmo tempo racional e irracional, reflete a natureza humana sobre a qual não é possível agir. A teoria que segue, a neuroeconomia, vai nos conduzir ainda mais profundamente na contradição entre essa natureza humana e a razão econômica.

"EUS" INCONSEQÜENTES

David Laibson pergunta a sua cobaia se preferiria receber cem dólares imediatamente ou cento e dez dólares em um mês. A resposta é cem dólares imediatamente: a sua escolha é economicamente absurda. Em uma experiência comparável, pergunta-se à pessoa se ela preferiria comer chocolate imediatamente ou frutas. Ela prefere chocolate. Dali a uma semana, ela preferiria frutas ou chocolate? Frutas. Em chocolate ou em dólares, a pessoa escolhe, portanto, a gratificação imediata ao invés de seus juros a longo prazo: de fato, seria melhor, a longo prazo, comer frutas, melhor para a saúde, do que o chocolate, e receber cento e dez dólares com uma taxa de juros excepcionalmente vantajosa. A pessoa adota, portanto, uma posição a curto prazo, sobre a qual ela tem consciência que é nociva a longo prazo. Se a pergunta for sobre algo a curto prazo ou longo prazo, não são as mesmas partes do cérebro que entram em ação; isso é mostrado no escâner que fotografa o cérebro da cobaia no laboratório. Laibson, pioneiro em Harvard da neuroeconomia e da economia comportamental, obteve o resultado que esperava e previa. Todas as experiências desse tipo feitas até aqui com indivíduos ou grupos corroboram a hipótese fundadora da economia do comportamento: o *homo economicus* não é tão racional quanto diz a economia clássica.

Foram dois economistas israelo-americanos, Amos Tversky e Daniel Kahnneman, que fundaram, em 1979, essa nova abordagem da economia que faz a fusão das contribuições da ciência econômica com as da psicologia e, mais recentemente, da neurologia. Essa nova economia foi recompensada pelo prêmio Nobel atribuído a Kahneman em 2002. No começo, encontramos nos fundadores e discípulos como Laibson uma insatisfação de caráter filosófico em relação à economia clássica, especialmente em relação à teoria da "ação racional, formalizada por Gary Becker. Os modelos clássicos baseados em conjuntos estatísticos não mostram de que maneira os indivíduos fazem as suas escolhas econômicas. Como repete freqüentemente Becker, "tudo acontece como se", para uma população média, essas escolhas fossem racionais. O "como se", comenta Laibson, não nos satisfaz; os economistas comportamentais preferem se perguntar como realmente escolhemos. Essa realidade observada os levou a duvidar sobre a racionalidade dos indivíduos.

Nós ficamos, diz Laibson, divididos entre exigências e pulsões contraditórias no imediato, e mais ainda ao longo do tempo. No imediato, cada pessoa pode ficar dividida entre desejos opostos: fazer o bem ou o mal, cuidar de si mesmo ou dos outros, investir ou gastar. Resumindo, o eu instantâneo é constituído por vários. Com a observação ao longo do tempo, todos os "eus" que existem em mim são ainda mais diferentes. Comendo chocolate, tenho prazer no momento imediato, porém, provavelmente faço mal ao meu eu futuro. Fumar me dá prazer imediato, e ao longo do tempo é nocivo para a minha saúde. Vou parar de fumar? Sim, mas, amanhã: esse comportamento é dominante em todas as formas de dependência. Mas, amanhã, eu adiarei para depois de amanhã, porque o tempo presente conta muito mais para mim do que o tempo futuro: somos impacientes quanto ao presente e pacientes quanto ao futuro.

Esses comportamentos contraditórios não são levados em conta pela economia clássica, o que nos permite supor que os atores são racionais ou agem como se fossem racionais a todo instante. Os economistas do comportamento propõem um modelo alternativo que leva em conta a preferência pelo presente e o desinteresse pelo futuro: essa curva de inconseqüência temporal parece teórica, porém, ela não é. Os economistas comportamentais falam de práticas observáveis.

Ao cabo de experiências realizadas em empresas americanas, David Laibson pôde quantificar a distância entre o comportamento racional tal como é imaginado pelos economistas clássicos e o comportamento real. Na realidade, somos levados a fazer escolhas irracionais que são desfavoráveis para nós; jogamos mais ou menos contra os nossos interesses em função de como as ofertas nos são apresentadas. Em uma experiência famosa de Daniel Kahneman, pergunta-se a um indivíduo se ele aceita apostar jogando cara ou coroa, sabendo que vai receber cento e cinqüenta dólares se ganhar, e que vai perder cem dólares se perder. Seguindo uma boa lógica, para o jogador é vantagem aceitar. Todavia, praticamente todos os jogadores recusam. Nossa tendência a evitar o risco, traço psicológico forte, é mais forte do que o cálculo racional: o jogador joga contra ele, eu jogo contra mim mesmo.

Laibson dedicou-se a experiências comparáveis com grupos de assalariados de empresas americanas que propõem planos de aposentadoria muito vantajosos; ele constata que os assalariados só aderem ao plano em função da apresentação da escolha. Quando um plano de aposentadoria é automático, exceto para aqueles que manifestam um desejo pessoal, 95% dos assalariados aderem ao plano: 5% decidem não aderir, o que é um direito deles. Ao invés disso, quando é necessário manifestar a vontade de aderir a esse mesmo plano, 50% optam por aderir, 50% não se mobilizam. Em uma terceira hipótese quando os assalariados são obrigados a escolher entre aderir ao plano de aposentadoria e não aderir (temos a liberdade de escolher, mas, é preciso escolher), 75% aderem ao plano, 25% recusam. Para que as experiências sejam válidas, Laibson os leva para uma mesma empresa, em tempo real, repartindo os assalariados em grupos comparáveis.

Se aplicássemos nessa empresa a teoria da "ação racional", 100% dos empregados deveriam aderir a um plano de aposentadoria vantajoso: isto seria o *optimum* lógico. Porém, na vida real, as escolhas evoluem entre 50 e 95% em função da formulação. Essa distância entre o *optimum* e a realidade traduz as nossas inconseqüências temporais: quanto mais o futuro estiver distante, mais o eu presente entra em conflito econômico com o eu futuro. É preciso pensar também que, em um mundo complexo, os assalariados se recusam a exercer o seu julgamento pessoal e se entregam à recomendação dos dirigentes: talvez não muito liberal, porém, suficientemente racional...

A preferência pela gratificação imediata descrita por Laibson, sem ser imitada ou quantificada, é conhecida por todos os comerciantes. Oferecer não pagar nada na compra no primeiro mês ou no primeiro ano é uma técnica garantida para a venda de carros ou de produtos de seguro. Nos Estados Unidos, a crise do crédito hipotecário, que eclodiu em 2007, foi a conseqüência direta desse método: os clientes pouco solventes tinham sido seduzidos por ofertas de crédito sem reembolso imediato ou sem nenhuma taxa no primeiro ano. Um adepto da "ação racional" conclui a partir daí que os clientes, sabendo o que fazem ou comportando-se como se soubessem, correram um risco calculado. Porém, economistas comportamentais como Laibson denunciam um abuso da parte dos seguradores que sabem o quanto o cliente é irracional, e, portanto, manipulável.

UMA REABILITAÇÃO DO ESTADO

As duas teorias, ação racional ou passional, têm conseqüências políticas distintas. Se a primeira estiver correta, é importante não regulamentar o mercado de seguros. Todavia, se aderirmos à tese de Laibson, convém proibir as ofertas irresistíveis, muito tentadoras para serem verdadeiras. Deduz-se a partir daí que Laibson é um adepto da estatização da economia? Se for verdade que somos irracionais, não convém que o Estado nos proteja contra os nossos impulsos? O Estado não deveria gerir em nosso lugar o nosso futuro protegendo os nossos interesses? Os regimes de aposentadoria obrigatórios, muito antes que a economia do comportamento fosse formulada, previam a nossa irracionalidade. Porém, a nova teoria não se baseia na intuição: ela quantifica a nossa irracionalidade e a liga a um certo determinismo neuronal. Vamos dessa forma da intuição para a ciência. Tirar como conclusão que a economia comportamental deveria conduzir ao estadismo seria abusar da teoria, pois, esta denuncia a irracionalidade de todos os atores econômicos, inclusive o Estado. Os atores do Estado, diz Laibson, também manifestam uma preferência (eleitoral) pela gratificação imediata, e minimizam o longo prazo; como essa irracionalidade do Estado é mais perigosa do que a dos indivíduos em função de seu poder, que é mais considerável, é melhor limitar o poder do Estado, visto que ele também é irracional.

Nas questões em que os teóricos da "ação irracional" defendem a causa dos mercados totalmente livres e o desaparecimento quase total do Estado, os da economia comportamental se mostram favoráveis ao Estado-Providência, porém, sem excesso.

Encontraremos esse mesmo convite à prudência em um célebre economista americano, George Akerlof, que entrou para os anais científicos através de uma história muito simples acerca de carros usados, publicada em 1970. A economia de mercado seria perfeita, diz Akerlof, se todos os atores econômicos dispusessem das mesmas informações; acontece que esse não é o caso. Quando um comerciante de carros usados propõe um negócio a um cliente, o comerciante dispõe de informações que o cliente não dispõe: sua informação é assimétrica. O mesmo acontece num outro famoso exemplo de Akerlof: no mercado imobiliário, os agentes dispõem de informações que o comprador potencial não tem. Para comprovar a existência dessa informação assimétrica, Akerlof mostrou que nos Estados Unidos os agentes imobiliários adquiriam seu próprio imóvel a um preço médio inferior ao preço de mercado; eles não podem explorar sua informação assimétrica contra si mesmos. Akerlof conclui assim que o mercado deve obrigatoriamente ser supervisionado por um terceiro. Mas esse terceiro não é necessariamente o Estado; uma marca ou uma etiqueta também podem restabelecer a eqüidade das informações. Em todo caso, Akerlof assim como Laibson advertem contra o excesso de zelo: nenhum ator é perfeito, nenhum sistema é desprovido de vício.

OS CRITÉRIOS DE TIROLE

Como traçar uma linha entre a proteção do consumidor pelo Estado e o risco de paternalismo totalitário? Jean Tirole entende que o critério deveria ser a demanda social. Ele cita duas circunstâncias em que essa demanda se manifestou e onde é legítimo, segundo ele, que o Estado resguarde os indivíduos contra suas próprias paixões. O caráter de dependência do tabaco e o desejo da maior parte das pessoas, fumantes ativos e passivos, de deixar o fumo sem fazer isso voluntariamente, dada a intensidade com que o desejo de gratificação imediata prepondera, esses elementos justificam, segundo Tirole, a intromissão do Estado. De modo semelhante, as demandas de crédito para o consumo conduziram a um número tão grande de problemas de pagamento e de contrição manifestos que se tornou legítimo que o Estado tenha imposto (na França tanto quanto nos Estados Unidos) um prazo de retratação; os termos ingleses – *cooling off period* – revelam muito bem que se trata de permitir que se resfrie a paixão instintiva.

Tirole se distancia, portanto, de Gary Becker, que acredita que o estímulo através do preço do mercado é suficiente para gerir os comportamentos da melhor maneira: para Becker, é preciso vender o tabaco a seu justo preço, enquanto que Tirole sugere que impostos sejam cobrados para forçar os consumidores a alcançar maior lucidez. Becker ignora a paixão, Tirole volta a introduzi-la no mercado. Tirole se distingue ao mesmo tempo de Laibson, considerando-o como demasiadamente intervencionista. Durante a crise dos créditos hipotecários nos Estados Unidos, o desejo da maior parte das pessoas de aceder à propriedade justifica, segundo Tirole, que a liberdade de mercado seja mantida; a falência de uma minoria de compradores não constitui uma demanda social que pediria uma sanção do Estado.

Um caminho intermediário freqüentemente se constituirá na obrigação de informar: como a economia comportamental revela uma propensão das pessoas a estarem pouco informadas acerca das conseqüências futuras de uma escolha imediata, a informação pode forçar o consumidor a tomar consciência das implicações que acompanham sua escolha. Ainda assim, é preciso que essa obrigação de informar não se torne muito burocrática.

Esses critérios de Tirole não são mensuráveis em todas as circunstâncias, mas esboçam uma via intermediária – própria do espírito francês, como seríamos tentados a dizer – entre o absolutismo do mercado e o paternalismo do Estado. Na economia as coisas são assim: tanto na teoria quanto na prática, não existem soluções perfeitas, mas soluções menos ruins.

TERCEIRA PARTE
A convergência das nações

Um terço da humanidade permanece mergulhado na miséria, mas dois terços conseguiram sair dela: o que significa um progresso sem precedentes na história. No curso dos últimos trinta anos, quinhentos milhões de seres humanos, particularmente os que vivem na China e na Índia, se engajaram na via do desenvolvimento. Com o tempo, todas as nações deveriam convergir para o bem-estar e adotar um modo de vida comparável ao das nações mais prósperas. Ao longo da história da humanidade, essa convergência é rápida: com uma taxa de crescimento de 6% ao ano, comum nas economias que decolam, o nível de vida dobra a cada doze anos.

Esses sucessos constatados e essa experiência universal são em grande parte obra dos economistas: entre as teorias confirmadas e as experiências constatadas, tornou-se possível traçar o caminho correto que conduz da pobreza à riqueza das nações. Foi comprovado, em cada momento da história, que os recursos naturais não eram indispensáveis para o enriquecimento, que a ajuda internacional não era a chave do desenvolvimento, que a planificação e a estatização da economia eram contra-produtivas, mas que a liberdade de empreender e de comerciar constituía a receita correta em qualquer cultura. Os dragões da Ásia, desde os anos 1960, depois disso a Índia, a China e o Brasil demonstraram que a convergência das nações era previsível em todas as latitudes já que a política econômica aplicada era a correta. Isso é o que nos explica o economista espanhol Javier Sala-i-Martin, autor da teoria da convergência, e também o que provam as experiências que prosseguem na Ásia e na América Latina. Resta a África, que deu a partida em último lugar, mas onde o crescimento também é o único futuro desejável e possível.

CAPÍTULO IX
O fim da pobreza das massas

Se houvesse nascido vinte anos antes, Javier Sala-i-Martin teria permanecido em Barcelona onde teria estudado as crises do capitalismo. Mas, em uma geração, tornou-se evidente que a economia de mercado não estava em crise; ela excluiu o socialismo, a autarquia e a planificação. A economia de mercado parecia restrita ao mundo ocidental e a alguns "dragões" da Ásia? Ela se espalhou por todo o planeta; o crescimento tornou-se mundial. Sala-i-Martin passou à ação; o dever de um economista, diz ele, é de aderir ao seu tempo e servir seus contemporâneos. Tal postura o conduziu à Universidade de Colúmbia, em Nova York, e o tornou um especialista reconhecido no desenvolvimento dos países pobres.

OS DOIS CRESCIMENTOS

Para os economistas do desenvolvimento, há dois tipos de crescimento: o extensivo e o intensivo. O crescimento é extensivo quando a população aumenta e quando a produção cresce na mesma velocidade que a população – por exemplo, graças à abertura de novas terras – mas com a utilização de técnicas constantes. O crescimento torna-se intensivo a partir do momento em que a produção por habitante aumenta substancialmente. Essa decolagem pode ser qualificada de smithiana (segundo Adam Smith) visto que é uma conseqüência do livre-comércio; graças à divisão do trabalho e à especialização, o comércio melhora a riqueza dos dois agentes. Cedo ou tarde, esse crescimento através do comércio se esgota se ele não for tomado pelo "crescimento prometéico", que é uma expressão de Eric Jones: esse crescimento fundamenta-se na inovação. Desde o fim do século XVIII, primeiro na Grã-Bretanha, depois na Europa e nos Estados Unidos, o crescimento tornou-se rápido e aparentemente indefinido, em razão de seu caráter prometéico. E as crises? Alguns anos não são tão bons quanto outros; certos países são menos dinâmicos, porém, todos progridem. Nenhuma nação engajada na economia de mercado estagna; nenhuma regride. As crises mundiais de 1930 ou de 1973 que haviam freado a Europa e os Estados Unidos parecem longínquas. Mas se não existem mais crises, pergunta-se um jovem economista catalão, Javier Sala-i-Martin, para que serve estudar seus mecanismos?

A passagem da Catalunha para os Estados Unidos, no caso de Sala-i-Martin, se deu sem dificuldade; os olheiros das universidades americanas percorrem o mundo para localizar os melhores estudantes e propor-lhes ofertas irresistíveis. Por que razão permanecer no papel de um universitário pobre na Espanha, pergunta Sala-i-Martin, quando se pode atingir a prosperidade e a notoriedade nos Estados Unidos? A quase totalidade dos prêmios Nobel de economia e das outras disciplinas científicas correspondem a americanos ou a estrangeiros instalados nos Estados Unidos. Nos Estados Unidos, diz Sala-i-Martin, as universidades obrigam cada indivíduo a ser o melhor; a perfeição intelectual e a pesquisa obedecem aos mesmos estímulos que qualquer outra atividade humana. Se as universidades européias abrem mão disso, segundo ele, isso significa que recusam a seleção e a competição.

TEORIA DA CONVERGÊNCIA

O renome de Javier Sala-i-Martin tomou impulso, em 2005, com a publicação de um estudo sobre a redução da pobreza no mundo. A partir do exame das estatísticas de renda nacional de cento e trinta nações (excluindo o Congo-Zaire por falta de dados), ele mostrou que desde 1970 a pobreza absoluta estava em regressão absoluta. Sala-i-Martin chama isso de "convergência geral das nações". Adotando o critério de pobreza do Banco Mundial, quer dizer um dólar por dia e por pessoa (ou o equivalente em termos de poder de compra local a um dólar por dia), o número de pobres foi dividido por três no curso dos últimos trinta anos: quer dizer que 428 milhões de indivíduos saíram da miséria. Na origem dessa fortuna econômica encontram-se a globalização através do comércio e a generalização da economia de mercado; tanto uma quanto outra metamorfosearam civilizações que só conheciam a indigência. Sala-i-Martin deduz a partir daí que as nações convergem e que todas se aproximam do modelo dominante, quer dizer, o dos países ricos da OCDE.

Os pobres acabarão alcançando os ricos? É provável, pois, a imitação custa menos do que a inovação; esse custo menor explica como os países pobres progridem mais rapidamente do que os ricos e se aproximam deles. Mas, à medida que se torna menos rentável copiar, o crescimento dos países pobres se torna lento e se alinha com o crescimento dos ricos. A longo prazo, pode-se concluir disso que todas as economias em desenvolvimento progredirão no mesmo ritmo que os países que comandam a inovação; os países menos desenvolvidos permanecerão atrás dos mais desenvolvidos, a menos que se tornem, por sua vez, pioneiros da inovação.

Essas conclusões de Sala-i-Martin contradizem as idéias estabelecidas acerca desse assunto: não é verdade que os países pobres se tornarão cada vez mais pobres e os ricos cada vez mais ricos. Os ricos continuam a enriquecer, mas os pobres são menos pobres e convergem em direção aos ricos. Mesmo que fundamentada sobre dados verificáveis, essa convergência não tem a unanimidade dos economistas. Outros economistas (particularmente Lan Pritchett, de Harvard) reivindicam a divergência.

Como se chega a conclusões opostas a partir de uma mesma realidade observável? Modificando os critérios. Ao invés de tomar como base a renda nacional, como fez Sala-i-Martin, Pritchett, que inclusive é hostil em relação à globalização, pois ela banaliza as civilizações, denuncia a divergência fundamentando-se nas rendas declaradas pelas famílias; as pesquisas de opinião revelam freqüentemente rendas inferiores àquelas mostradas pelas estatísticas contábeis. Mas não é verdade que existe o interesse, em todos os regimes, de subestimar sua renda declarada?

Um outro desacordo separa os partidários da convergência dos simpatizantes da divergência: seria adequado incluir as despesas públicas na renda nacional? Sala-i-Martin faz essa inclusão, considerando que a escola ou a saúde pública são elementos da renda que aliviam a pobreza. Seus adversários respondem que as despesas públicas incluem despesas militares ou gastos suntuosos que em nada beneficiam os pobres. Esse é um procedimento ruim, segundo Sala-i-Martin, pois, qualquer comparação no tempo e no espaço só é válida a partir de critérios constantes e comparáveis: desde 1960, não existe nada além do que o produto interno bruto das nações. Antes desse ponto, existiam somente conjecturas: ninguém tem a menor idéia se o nível de vida dos chineses em 1600 era superior ou não ao dos europeus. Contudo, como os dados contemporâneos são incontestáveis, a convergência é certa.

CONTESTAÇÃO DA TEORIA

Ao invés de comparar as rendas nacionais por Estado, não deveríamos comparar as rendas dos indivíduos sem levar em conta sua cidadania? Lant Pritchett se distingue nesse caso das instituições internacionais que tratam do desenvolvimento: a única coisa que conta para ele são os indivíduos, e não a geografia. A melhor política de desenvolvimento seria a que enriquece os indivíduos, sem levar em conta sua pertinência a uma nação em particular. Acontece que não existe nenhum método mais rápido de enriquecimento para um ser humano do que emigrar de um país pobre para um país rico. Pritchett sugere, portanto, aos países ricos, Estados Unidos, Europa e Japão, que acolham em massa migrantes por um período temporário, graças a programas de "trabalhadores convidados".

Teoricamente, responde Sala-i-Martin, Pritchett não está errado; mas seria um progresso arrancar um trabalhador de sua comunidade de origem, explorá-lo e mandá-lo de volta para casa? Na prática, o projeto de Pritchett não tem nenhuma chance de se realizar, seja em razão da recusa dos países que acolhem esses trabalhadores, seja em função do ceticismo dos países fornecedores de mão-de-obra. A polêmica é estimulante, mas Sala-i-Martin, mais realista, deseja antes de tudo demonstrar a eficácia das boas políticas econômicas contra as más. Dado que as políticas são sempre nacionais, somente a comparação entre nações produz resultados úteis para lutar contra a pobreza.

Será que a regressão da pobreza, que é uma situação muito objetiva, desagrada alguns que não encontram nisso vantagens particulares? Sala-i-Martin denuncia os economistas marxistas: longe de haver desaparecido das universidades americanas, incuráveis, sempre em busca de uma crise do capitalismo, eles sonham com os pobres do mundo enquanto revolucionários. Ele também critica uma categoria ainda mais influente: os profissionais da assistência internacional, as organizações internacionais como o Banco Mundial e as grandes ONGs do tipo da Oxfam. Dado que a pobreza é a sua razão de ser, qualquer má notícia é bem-vinda quando ela lhes permite levantar fundos.

As querelas entre economistas não são imunes à ideologia, mas alguns deles são mais rigorosos do que outros: sem esconder seu engajamento liberal, Sala-i-Martin está enraizado na economia real, e não no desejo político. Ele lamenta que nem todos os economistas apóiem os modelos que foram provados; ele lembra que durante o século 20 as más políticas fizeram mais vítimas do que as epidemias e as guerras – ver a esse respeito o caso dos fazendeiros ucranianos nos anos 1920, o Grande Salto à frente da China em 1960, o socialismo árabe em 1970, até chegar às nacionalizações no Zimbábue em 2007. "Morre-se com mais freqüência em razão dos erros econômicos do que de AIDS", diz Sala-i-Martin.

DIVERGÊNCIA DA ÁFRICA

A convergência é geral, mas não é uniforme; graças à China e recentemente à Índia o número de pobres diminui em massa. Mas trata-se de uma revolução: há trinta anos, a pobreza era um fenômeno essencialmente asiático. Em 1970, 27% dos pobres viviam na Ásia do leste e do sul, enquanto que hoje a pobreza tornou-se um problema africano: 68% dos pobres vivem na África, contra 19% na Ásia. A África permanece fora da convergência, mas a convergência fora da África mostra que é possível sair da pobreza – com a condição de seguir uma política econômica que funciona ao invés de uma política econômica que não funciona. Não existe mais uma interrogação teórica acerca do desenvolvimento, uma vez que o caminho correto daqui em diante encontra-se balizado e é tomado pelos mais variados povos. A questão do desenvolvimento, diz Sala-i-Martin, tornou-se não mais a questão do desenvolvimento em geral, mas a questão da África em particular.

É necessário admitir também uma outra nuance em relação à teoria da convergência: a verdadeira convergência entre as nações não acontece sempre em seu interior. Na China, na Rússia, mas também nos Estados Unidos (mas não no Brasil nem na Tailândia), a distância entre os ricos e os pobres, em níveis variáveis, se acentua; mas essas divergências locais tendo como fundo o crescimento generalizado não chegam a impedir a convergência global. Em outros termos, todos os indivíduos enriquecem, mas de um modo mais ou menos rápido. Nos países onde a desigualdade aumenta a despeito do crescimento geral, Sala-i-Martin não questiona a globalização, que é justa, mas as políticas nacionais mais ou menos democráticas, a desigualdade de acesso ao ensino, ou a pilhagem dos recursos pelos burocratas, tal como acontece na Rússia e na China. Seria ruim, diz ele, que as imperfeições locais colocassem em dúvida um modelo global que permanece essencialmente progressista.

Sala-i-Martin tem grande dificuldade em aceitar que suas conclusões não sejam abraçadas com entusiasmo. Nós o ouvimos acusando os *a priori* ideológicos e os interesses materiais. Mas, por trás dessa impopularidade dos economistas, sejam eles liberais ou não, podemos adivinhar outras razões referentes à própria natureza dessa disciplina: ao reduzir a existência humana a cifras e toda a individualidade a conjuntos estatísticos, o economista se condena a uma certa impopularidade. Quanto vale a frieza das estatísticas sob a ótica da mídia e a medida da compaixão que suscita o olhar de uma criança esfomeada? A assimetria entre a pseudo-objetividade do economista e a emoção beneficia aqueles que, movidos pela sinceridade ou mal informados, entram no jogo da compaixão ou da revolta. Cada um com seu registro: o economista trata dos grandes conjuntos com a esperança de ao elevar as massas, a boa economia, com o tempo, conferirá a cada indivíduo um destino melhor.

DO CRESCIMENTO À FELICIDADE

Há poucos destinos pessoais, diz Sala-i-Martin, que não sejam mais ou menos ditados pela prosperidade econômica. Não se sabe medir a felicidade. Isso não quer dizer que os elementos que contribuem para a felicidade sejam condicionados pela renda disponível.

Isso é verificável? Na Universidade Erasmus de Rotterdam, na Holanda, Ruut Veenhoven criou uma base de dados que classifica a "felicidade nacional bruta" de noventa e cinco nações. Ao contrário do produto interno bruto, essa noção não é objetiva, porém, baseada em pesquisa de opinião. Os resultados não nos trazem surpresas: os países em que as pessoas declaram em geral ser mais felizes são os que são mais ricos, onde a economia é competitiva, a sociedade é democrática e bem governada. Organizações internacionais para as quais o interesse pela economia de mercado é pouco difundido – a ONU em particular – inventaram outros critérios não econômicos para medir o progresso das nações; o que se aceita mais é o índice do desenvolvimento humano do PNUD (Programa das Nações Unidas para o Desenvolvimento). Esse índice leva em conta a educação e a expectativa de vida. De novo, nenhuma surpresa: a classificação obtida não é diferente da que se obtém com o PIB. Este liga a expectativa de vida à educação; se a economia não é responsável pela felicidade, ela contribui para que exista.

A maioria dos problemas sociais, pensa Sala-i-Martin, acabam se resolvendo com o desenvolvimento. Consideremos dois exemplos clássicos: o meio ambiente e a democracia. Sabe-se que na fase inicial do desenvolvimento, a natureza é maltratada; contudo, acima de 5.000 dólares por habitante (o nível atual da Tailândia ou da Malásia), a produtividade assume preponderância, o crescimento intensivo se torna menos devorador de recursos naturais. Da mesma forma, os países ricos tendem a se tornar democráticos e a permanecer na democracia, enquanto que os países pobres raramente o são ou continuam na democracia. Há uma correlação entre democracia e renda? Há consenso em pensar que a economia de mercado suscita ao mesmo tempo o crescimento, o desenvolvimento de uma sociedade civil e a criação de instituições: a democracia é praticamente uma conseqüência natural desse processo. Sala-i-Martin constata essa situação, não a explica; trata-se de um fato e isso é o bastante. Da mesma forma, ele constata que a globalização e o crescimento progridem paralelamente; onde não há globalização, trocas e capitais, como na África subsaariana, não há crescimento. É um outro fato comprovado: perguntar-se sobre a relação entre a globalização e o desenvolvimento, como a constatação é evidente, não merece, segundo Sala-i-Martin, que dediquemos a essa questão muito tempo.

Essa concomitância entre o aumento da renda material e as outras formas de bem-estar responde também à famosa objeção do economista anglo-indiano Amartya Sem; ele introduziu na estimativa do desenvolvimento critérios não quantificáveis que chama de "liberdades instrumentais": liberdade política, facilidades econômicas, oportunidades sociais, garantias de transparência e previdência protetora. Porém, o crescimento produz esses valores intangíveis, enquanto que a ausência de crescimento não leva a esses valores; a suposta contradição entre o desenvolvimento clássico e o desenvolvimento qualitativo de Amartya Sen por mais que tenha dado matéria para um debate interessante, de fato não existe.

COMPLEXIDADES

A via do desenvolvimento parece retilínea; bastaria copiar as condições que são próprias da economia ocidental: a inovação, o espírito empreendedor, a propriedade privada, uma boa educação, um estado de direito, instituições sólidas. A experiência destes últimos trinta anos provou que essas instituições podiam funcionar nas mais diversas civilizações, cristãs, confucionistas, budistas ou muçulmanas (Turquia, Malásia). Afirmando isto, o que é correto e comprovado, deixamos, entretanto, de lado mil circunstâncias locais que não dominamos; as nações que se desenvolvem aderiram de fato ao modelo ocidental, porém, adaptando-o às suas práticas culturais e políticas. Ao longo dessa adaptação, houve surpresas: nenhum economista ocidental imaginou que a China se desenvolveria com o capitalismo e a concorrência, mas, sem a propriedade privada. Nenhum especialista chinês, confessa Sala-i-Martin, teria aconselhado esse caminho. As circunstâncias específicas da China, o papel tradicional que a burocracia tem nesse país, explicam provavelmente essa síntese chinesa; a experiência não é reproduzível (exceto no Vietnam pelas mesmas razões) de tão singular que é. A China se situa, portanto, à margem da teoria liberal, sem, no entanto, negá-la; ela só se desenvolve respeitando as normas da economia de mercado, e antes de tudo, o princípio da concorrência. Esse sucesso relativo da China não deixa de tornar os liberais perplexos.

Adaptar às exigências locais o modelo universal do desenvolvimento? Se sabemos mais ou menos o que fazer, não sabemos muito bem como fazer. Os especialistas estrangeiros são os menos bem preparados para conseguir essas adaptações. Sala-i-Martin dá como prova disso o Banco Mundial: há quarenta anos, saiu de um modo e foi para outro sem nunca ter feito nenhum desenvolvimento significativo. Segundo as épocas, a sua burocracia (18.000 funcionários) exigiu dos países pobres investimento nas infra-estruturas, investimento no capital humano, equilíbrio do orçamento público, boa administração, luta contra a corrupção, e, agora, a criação de boas instituições. Na África, onde o Banco concentra os seus esforços, nada funciona nunca. Pelo fato de os conselhos virem do exterior? Ou porque se quer acreditar no Banco que a ajuda é a chave do desenvolvimento? Não é desconcertante que os países do hemisfério norte pensem que a ajuda (ou o abandono dos créditos) possa constituir a base do desenvolvimento, enquanto que nenhum desses países do Norte – nem de outro lugar – nunca se desenvolveu graças à ajuda? Por acaso não seria a ajuda que debilita a África?

A ÁFRICA VÍTIMA DA CARIDADE

A África seria responsável por seus próprios males? Ou os africanos seriam vítimas dos outros? Pergunta Sala-i-Martin. Na origem da pobreza, não podemos negar as responsabilidades locais: as guerras, o tribalismo, a pilhagem dos recursos naturais são obra dos dirigentes africanos. Consideremos a Nigéria, bom exemplo de um país com recursos abundantes, saqueado por suas elites: de 1965 a 2000, a renda por habitante na Nigéria não aumentou, enquanto que o país acumulou 350 bilhões de dólares de renda proveniente do petróleo. 2% da população se apoderou dessa renda e essa parcela da população não tem nenhum interesse que haja a instauração de um modelo econômico mais justo. Há trinta anos, os países africanos, com exceção de Botswana, declararam guerra a seus vizinhos ou a seus próprios povos.

A África seria uma vítima? A África também é vítima, embora não seja somente isso. Sala-i-Martin incrimina o protecionismo europeu. Ele qualifica de "obscenas" as subvenções agrícolas na Europa, Japão e Estados Unidos; além de bloquearem o comércio, essas subvenções desencorajam os africanos a empreender. Porém, entre todos os erros cometidos pelos africanos ou pelos ocidentais, o mais desastroso seria a recusa de ver os africanos como empreendedores potenciais.

Os ocidentais, diz Sala-i-Martin, ao querer produzir tudo eles mesmos, não deixam nenhum espaço para as empresas africanas. Com a ajuda, purgamos os nossos pecados históricos, porém, relegamos os africanos a uma condição de auxiliados. A ajuda, acrescenta, é necessariamente ineficaz por obedecer a uma lógica inversa daquela da economia de mercado: no mercado, o produtor tenta satisfazer um consumidor, enquanto que na ajuda se tenta satisfazer o doador. O objetivo não revelado da ajuda não seria o de fazer a ONU, o Banco Mundial e os mecenas felizes?

As melhores intenções conduzem, na África, aos piores resultados. Consideremos o "comércio eqüitativo", que tem na Europa uma excelente reputação: em nome da cooperação, algumas organizações humanitárias ou empresas ocidentais adquirem produções africanas a cotações superiores às do mercado. O resultado constatado? Os produtores africanos identificam o achado, correm para fazer o que o Norte procura; em seguida há uma superprodução, os estoques se acumulam e os preços desmoronam. Com o tempo, o produtor se arruína. A única ajuda legítima, segundo Sala-i-Martin, consiste em oferecer soluções médicas para erradicar a tuberculose, a malária e a AIDS; sozinhos os africanos não conseguem.

Na África, lamenta Sala-i-Martin, não dão ouvidos aos economistas. Ou não são os bons economistas que são ouvidos. Sala-i-Martin se irrita com o público de seu colega de Columbia, Jeffrey Sachs, em campanha permanente para levantar fundos para a África com o apoio do cantor Bono. O argumento popularizado por Sacks em seu livro *The End of Poverty* (O Fim da Pobreza) é que se a ajuda não contribuiu para o desenvolvimento, é porque ela é insuficiente; se os Estados Unidos aceitassem quadruplicar a sua ajuda e a Europa dobrasse a sua, a África decolaria. Para dar a prova disso, Sacks e seus seguidores financiam vilarejos-modelo na África, denunciados por Sala-i-Martin como vilarejos Potemkine, só que com sol. Sacks é acolhido como uma estrela pelos chefes de Estado africanos e pelos dirigentes das grandes instituições de ajuda ocidental. Estaria ele buscando a popularidade mais do que a verdade? Sala-i-Martin não ousa ver a coisa dessa forma. Falsa inocência: Columbia recrutou Jeffrey Sachs tanto por seu carisma quanto pela qualidade de suas pesquisas. Na competição a que se entregam para atrair professores, estudantes e financiamentos, as universidades sabem dosar seus recrutamentos: aos pesquisadores rigorosos, elas acrescentam aqueles que mobilizam a atenção da mídia.

Com o tempo, é nos chineses que Sala-i-Martin deposita a sua esperança. Os chineses? Desde que as suas empresas desembarcaram na África, os ocidentais concluem que vão saquear as matérias-primas do continente. No imediato, as cotações aumentam, porém, esse suplemento de recursos raramente beneficia os povos. A intervenção chinesa tem, porém, uma outra face que poderia desencadear um desenvolvimento mais autêntico: chineses se instalam como empresários, recrutam a mão-de-obra local e produzem localmente, a custos mais baixos do que na China. Teríamos aí o esboço de uma industrialização da África?

É freqüente, nos países pobres, que o espírito empresarial venha de minorias sem apego às tradições e imposições locais. Os chineses na África serão o equivalente do que foram os protestantes na Europa, os gregos na Turquia, os libaneses no Brasil? Enquanto isso, Sala-i-Martin reconhece uma grande virtude nesses chineses: sem má fé, olham a África de uma maneira objetiva, identificam o mercado e os trabalhadores, raciocinam em termos de empresa e não de assistência. É disso que os africanos precisam; a África caminhará nessa direção se adotar as regras do crescimento pela industrialização.

TEORIAS MUITO GERAIS

Sala-i-Martin tem razão, mas a razão tem um efeito no desenvolvimento? Pergunta-se Avinash Dixit quando lhe perguntamos sobre a teoria da convergência. Americano de origem indiana, é também economista do desenvolvimento, porém, em Princeton, Dixit é conhecido por suas análises irônicas de toda a literatura publicada desde os anos 50 sobre o assunto. Ele identificou os seus modos, que repartiu em três fases: nos anos 1960, a necessidade de acumular capital sob a tutela de Estados planejadores; nos anos 1980, a promoção de boas políticas econômicas baseadas em privatizações e equilíbrio orçamentário; nos anos 2000, uma preferência por boas instituições que seriam a condição *sine qua non* do desenvolvimento. Atrás dessas teorias sucessivas que determinam a ajuda ocidental, Dixit adivinha as influências ideológicas do momento: o socialismo dos anos 1960, o liberalismo dos anos 1980 e o que poderíamos chamar de democratismo dos anos 2000. Porém, essas teorias sempre são elaboradas com atraso em relação à realidade: tantas tentativas para explicar o fracasso anterior ao invés de ditar regras para o futuro. Também são gerais o bastante para descrever situações globais, porém, não são suficientemente operacionais para ditar atos concretos. Dixit não conclui que essas teorias incertas sejam inúteis, porém, as coloca na sua verdadeira dimensão: mais explicativas do que prescritivas. Também vê nelas uma grande virtude preventiva: elas alertam a respeito do que não se deve fazer. Um teórico do desenvolvimento, diz Dixit, pode explicar aos praticantes que se desejarem chegar num determinado ponto, é melhor não partir de um outro.

François Bourguignon, um outro economista do desenvolvimento, teórico e praticante, depois de muitos anos no Banco Mundial, também tem um julgamento reservado sobre a teoria da convergência. A seus olhos, o que é global esconde o que é essencial; pois bem, o essencial, segundo Bourguignon, está nos detalhes. Dessa forma, o progresso geral constatado por Sala-i-Martin se explica antes de tudo pelo papel fundamental da Índia e da China: a teoria da convergência está ligada, portanto, à estagnação dos mais pobres. Contestando a categorização da África como um conjunto uniforme, Bourguignon prefere pensar por país, ou até por regiões. Na África, treze países, que Bourguignon chama de G13, estão envolvidos em um ciclo de crescimento que não é de se desprezar, de 5% por ano em média. Porém, esse G13 africano peca, por sua vez, por excesso de otimismo e de generalização: mistura nações pouco africanas, como Maurice, ou bem dotadas em minerais, como Botswana, com Gana onde o progresso é bem real e o Benin onde ele é mais aleatório. Bourguignon também contesta todo julgamento muito radical sobre a ajuda internacional: tanto o entusiasmo de Jeffrey Sachs quanto o revisionismo de Sala-i-Martin. A verdade, novamente, residiria nos detalhes. Não se pode saber, diz Bourguignon, o que teria acontecido na África sem a ajuda: a miséria não seria ainda pior?

Além dessas controvérsias, um consenso reúne Sala-i-Martin, Dixit e Bourguignon. Todos estão de acordo sobre a passagem necessária pela industrialização e a urbanização para fugir da pobreza; nenhuma economia rural nunca terá capacidade de absorver o excedente da mão-de-obra nem integrará uma juventude numerosa nas atividades remuneradoras. Pois bem, a industrialização da África se mostra como particularmente difícil. Por causa dos preconceitos que Sala-i-Marin denuncia? Por causa do atraso acumulado durante a era colonial? Porque os Estados africanos são mal administrados? Porque a corrupção desvia os fundos públicos para o consumo ou refúgios externos? Todas essas razões, admite Bourguignon, estão certas. Mas também a África está chegando tarde, enquanto que a China e a Índia já se apoderaram dos mercados a custos baixos. Além disso, as regras da concorrência impostas pela Organização Mundial do Comércio proíbem doravante que se recorra a subterfúgios, antigamente clássicos, como as subvenções para a exportação e o fechamento dos mercados internos; mas, esses métodos permitiram a decolagem industrial da Ásia ou do Brasil. Deveríamos fazer uma exceção para a África? Os não-africanos, por sua vez, pediriam um tratamento preferencial, com o risco de desorganizar o mercado mundial.

Não é a hipocrisia que proíbe a África de progredir? Todos admitem que nada, nas culturas africanas, representa um obstáculo para o desenvolvimento; todos sabem que a ajuda nunca poderá se tornar o substituto do desenvolvimento. Mas, a questão da industrialização da África não é prioritária nos debates internacionais, enquanto que nada pode substituir essa industrialização como motor do crescimento. É preciso, como diz Sala-i-Martin, contar com os chineses para industrializar a África? O projeto parece teórico, mas, nós devemos nos lembrar que há cinquenta anos ninguém imaginava que os "dragões" da Ásia, a Coréia em primeiro lugar, se tornariam sociedades industriais.

CAPÍTULO X
Dragões da Ásia

Escolham um país particularmente pobre, mal localizado, rodeado por inimigos, anteriormente colonizado, saqueado por guerras internacionais e civis, povoado por camponeses analfabetos, dominado por uma aristocracia reacionária, e privado de recursos naturais. Dividam esse país em dois com uma linha arbitrária, a quadragésima-segunda paralela, por exemplo, interrompendo as trocas, cindindo províncias, dividindo famílias. Como as condições mais desfavoráveis para todo progresso estão reunidas, apliquem no norte e no sul dessa nação aniquilada duas políticas econômicas diametralmente opostas. Deixem passar meio século. Comparem.

A renda por habitante da Coréia do Norte, trata-se evidentemente da Coréia, chega a 7.000 dólares; na Coréia do Sul, a 20.000 dólares. Após a retenção pública, a diferença entre a renda disponível para o consumo é ainda mais espetacular: da ordem de 300 dólares por ano no Norte e de 15.000 no Sul. O sucesso do Sul e o fracasso do Norte hoje são incontestáveis; não foi sempre assim. Depois da divisão da Coréia entre soviéticos e americanos em 1945, agravada pela guerra civil de 1950 a 1953, a Coréia do Norte levava vantagem: ela tinha carbono, e indústrias já haviam sido instaladas pelos colonizadores japoneses nos anos 1930. O Sul era ligeiramente agrícola. É preciso dizer ainda que nos anos 1960, o regime comunista, no Norte, aplicava a estratégia que na época era recomendada pelos economistas do desenvolvimento: uma industrialização pesada, planejada pelo Estado, com fronteiras fechadas. Inspirado pelo precedente soviético, esse modelo de "substituição das importações" parecia racional, e, a curto prazo, não era ineficaz. Depois da União Soviética de Stalin, a China aderira ao modelo, assim como alguns outros países em busca de desenvolvimento, como a Argentina, a Índia e, é claro, a Europa sob a dominação soviética. Visto de fora, apressadamente, esse modelo podia impressionar o visitante: fábricas eram construídas, o povo trabalhava. Um olhar mais atento era capaz de perceber que uma grande parte da produção, de má qualidade ou sem escoamento, era jogada fora; os salários não davam para o consumo, pois, não havia nada que pudesse ser consumido. Toda essa situação, que agora é conhecida, durante muito tempo foi ignorada. Uma ignorância às vezes deliberada: a recusa do capitalismo, a propaganda marxista, sonhos de terceira via, nem capitalista nem comunista, por muito tempo obscureceram a ciência econômica.

Nos anos 1970, na Europa, na França, o ensino da economia tratava da mesma forma a economia planejada socialista e a economia liberal capitalista, a Estratégia de substituição das importações e a sua alternativa, conhecida como a Promoção das exportações. Em *Sciences-Po* e na *Ecole Nationale d'Administration*, era norma considerar de forma igual essas estratégias como se os povos tivessem a escolha e como se todas essas vias levassem ao desenvolvimento; essa equação imbecil, que ignorava os resultados, deixou vestígios na mente de uma geração de burocratas e políticos formados – ou deformados – nessa época.

Só o caso das duas Coréias, laboratório exemplar, permitia compreender, desde 1970, que havia boas e más estratégias que conduziam ou ao desenvolvimento ou ao subdesenvolvimento. A geografia, o clima, os recursos naturais, a cultura, a religião: todos esses fatores aos quais se tentava ligar o desenvolvimento, desde as origens da ciência econômica, não tinham nenhuma incidência decisiva. A Coréia basta: ela prova que uma política econômica é boa ou má. É aconselhável que essa política boa possa ser escolhida e aplicada; como a Coréia do Sul conseguiu?

ECONOMISTAS NO PODER

"Nós fomos beneficiados, diz Il Sakong, por um conjunto de circunstâncias favoráveis e não necessariamente reproduzíveis!" Il Sakong, formado em Berkeley, nos Estados Unidos, analista e ator essencial desse desenvolvimento coreano, reconhece que "a Coréia teve sorte". A sorte não foi politicamente correta. Em 1962, o general Park Chung-Hee tomou o poder; era um ditador, mas, esclarecido. A Coréia do Norte ameaçava, o Sul só sobrevivia graças à ajuda americana. Como preservar a independência, se não for através do desenvolvimento? Park, que não era economista, constatou que o Japão, Taiwan, Hong Kong cresciam mais de 10% ao ano. É o tipo de constatação a que aderirão outras partes do mundo com ditadores que não eram mais inteligentes do que Park, mas com uma mente tão prática quanto a dele: Franco na Espanha, Pinochet no Chile.

Era necessário um ditador na Coréia para impor uma boa estratégia econômica? De uma forma mais geral, um poder forte é indispensável para o desenvolvimento das nações pobres? Il Sakong, que serviu sucessivamente ditadores e democratas, concluiu que o despotismo não é necessário: a Índia democrática não aderiu ao modelo liberal? O importante, na experiência, não é tanto a natureza do regime, é muito mais a sua escolha estratégica e a capacidade de fazê-la funcionar: a liderança. Com Park, a Coréia do Sul tinha essa liderança. Como o país não tinha nenhum recurso energético, como a ajuda americana estava destinada a desaparecer, a única solução era exportar. Park reuniu ao seu redor, para aconselhá-lo, uma equipe de economistas, o Instituto de Desenvolvimento Coreano (KDI). Constituído por especialistas formados nos Estados Unidos e na Alemanha, o KDI determinou os planos de desenvolvimento da Coréia. Não foram planos imperativos como os soviéticos, mas, catálogos de objetivos a atingir, semelhantes aos planos executivos franceses da época. Naquele momento, lembra-se Il Sakong, os planos indianos eram considerados, em sua concepção, como os mais perfeitos do mundo, porém, nenhum objetivo nunca foi alcançado; na Coréia, foi o contrário.

Uma economia nacional concebida e dirigida por economistas parece uma coisa banal, porém, trata-se de uma exceção asiática. O KDI só tinha equivalente comparável no Japão – o MITI (Ministério do Comércio Internacional e da Indústria) – e em Taiwan. Há nos Estados Unidos um conselho de economistas junto ao Presidente, porém, o seu papel é menos importante, como foi antigamente o Comissariado do Plano Francês.

Il Sakong explica essa confiança atribuída aos especialistas pela tradição administrativa da Coréia clássica. Inspirados no modelo imperial chinês, os soberanos coreanos recrutavam a sua administração através de concurso; os melhores letrados juntavam-se à administração pública. Na Coréia dos anos 1960, o costume persistia; hoje isso existe menos, pois, as empresas privadas oferecem carreiras mais atrativas do que a função pública. Todavia, uma característica dos governos coreanos ainda é de ter muitos universitários, freqüentemente economistas.

CONFÚCIO E A EMPRESA

Eis a Coréia do Sul dos anos 1960 com um líder voltado para o desenvolvimento, com uma equipe de especialistas de formação internacional, inspirada no modelo que deu certo no Japão: a promoção das exportações. Basta exportar. Mas, a Coréia tem empresários? Pergunta banal, mas errada, diz Il Sakong. A literatura econômica, até um momento recente, não deixou de se perguntar sobre o espírito empresarial: ele existe ou não em todas as civilizações? Se não existe, cabe ao Estado tomar o lugar de empresários fracos? O sociólogo alemão Max Weber pode ser considerado como responsável por essa problemática: ao explicar as origens do capitalismo (A *Ética protestante e o espírito do capitalismo* foi publicado em 1904) pela existência de um grupo social impregnado pela ética protestante, Weber apregoou um determinismo cultural do espírito empresarial. Nos anos 1920, ele explicava que a Ásia não poderia se desenvolver nem adotar o modelo capitalista por causa de sua cultura confucionista. Esta incitava, ele escrevia, ao conformismo, à repetição, ao comunitarismo, valores contraditórios ao individualismo indispensável para o espírito empresarial. É em parte em nome desse determinismo cultural que os dirigentes soviéticos privilegiaram o papel motor do Estado: o espírito empresarial estava ausente da mentalidade russa! Nos anos 1960, uma literatura abundante publicada nos Estados Unidos, onde Max Weber tem inúmeros discípulos (em particular Peter Berger em Boston), ainda explicava pelo confucionismo a pobreza inelutável da Ásia e a impossibilidade do desenvolvimento na China e na Coréia. Dez anos mais tarde, a mesma corrente de pensamento idealista produzia obras exaltando as virtudes econômicas do confucionismo no Japão, na Coréia e em Taiwan! Outros, também idealistas (Serge-Cristophe Kolm na França), pensaram que a decolagem desses "dragões" da Ásia se devia mais ao budismo e aos seus valores.

Se a Coréia não se desenvolveu por causa do confucionismo, depois, ela se desenvolveu graças a ele, que influência pode haver do confucionismo nos comportamentos? Economistas do desenvolvimento atribuíram atitudes de submissão – recusa do individualismo, conformismo, repetição. Porém, esses valores são reversíveis: o conformismo confucionista seria prejudicial para o espírito empresarial, mas, seria útil para a indústria padronizada, o que explicaria o gosto coreano pela montagem.

Na verdade, esses traços de caráter estão presentes na maioria das sociedades rurais tradicionais sem que seja necessário recorrer a Confúcio. Um outro erro de perspectiva: o confucionismo na Coréia não é a única tradição religiosa; ele compete com o budismo e o cristianismo, ambos totalmente individualistas. É preciso pensar que a concorrência entre as crenças conduz à concorrência entre as empresas? Essa hipótese do pluralismo necessário se aplicaria também na Europa, onde a rivalidade entre católicos e protestantes certamente contribuiu para o incremento do capitalismo ocidental. Ao contrário, nos lugares onde reina o pensamento único – caso de certos países árabe-muçulmanos ou cristão-ortodoxos –, a burguesia tem dificuldade para abrir o seu caminho.

A relação entre a religião e a democracia é tão complexa quanto entre a economia e a religião. Dessa maneira, na Coréia, nos anos 1960, quando estudantes e operários se revoltaram contra os regimes militares, eles o fizeram animados pelo confucionismo? Os líderes eram freqüentemente cristãos, mas, Confúcio também incita à revolta contra os dirigentes se forem incompetentes e corruptos. Na mesma época, massas de operários conscienciosos, debruçados sessenta horas por semana sobre o seu tear ou suas máquinas, eram confucionistas ou não? Provavelmente, eles se empenhavam para sair da miséria econômica. As normas autoritárias que reinavam na época e cujos vestígios subsistem na Coréia contemporânea se deviam, parece-me, pela pobreza mais do que por Confúcio, a uma certa submissão camponesa e ao autoritarismo dos patrões e dos dirigentes políticos. Recorrer sempre a Confúcio significa aventurar-se em um terreno pseudo-cultural que, na melhor das hipóteses, fotografa uma sociedade, porém, não explica a sua trajetória.

DO FEUDALISMO AO CAPITALISMO

O espírito empresarial pode ser encontrado, portanto, na Coréia como em todas as civilizações sem exceção; são as regras do jogo em vigor que vão orientar ou não esse espírito empresarial para atividades rentáveis para o conjunto da coletividade, ou que não vão dar em nada.

Até a ocupação pelo Japão, depois pelos Estados Unidos, a Coréia do Sul estava nas mãos de uma aristocracia proprietária de terras cuja renda financiava o lazer e o refinamento. Nessa sociedade injusta e pouco produtiva, o estímulo para inovar e produzir era fraco, tanto para o proprietário de terras quanto para o arrendatário; esse equilíbrio da pobreza foi destruído pelos japoneses entre 1905 e 1945, depois pelos americanos.

Embora o assunto seja tabu na Coréia, é inegável que a modernização do país começou com a ocupação japonesa: os japoneses introduziram a eficácia industrial. Todavia, o desenvolvimento autônomo começou de fato sob o impulso dos Estados Unidos. Animada por uma vontade de igualdade social e pela eficácia econômica, a administração americana (moldada na época pelos princípios intervencionistas do *new deal*) impôs desde 1945 na Coréia (como no Japão e Taiwan) uma reforma da propriedade de terras radical; as grandes propriedades foram desmanteladas e as terras redistribuídas. Antes, os americanos calcularam o valor das propriedades para inculcar nos coreanos as noções contábeis da economia de mercado.

Essas reformas agrárias na Ásia do leste nunca foram medidas anticapitalistas, mas operações pedagógicas que tinham como objetivo instaurar o capitalismo. Ao contrário das reformas de inspiração marxista (na Coréia do Norte e na China, a propriedade de terras foi abolida), os proprietários sul-coreanos despossuídos foram indenizados; os camponeses tiveram que adquirir a sua parcela de terra com a ajuda de créditos bancários vantajosos. Dessa nova nação de pequenos proprietários, os americanos esperavam que surgisse uma sociedade justa e empreendedora. Nos lugares em que os americanos não impuseram reforma agrária – este é o caso das Filipinas –, a economia permaneceu feudal. No Japão e em Taiwan, a reforma agrária permitiu que os camponeses saíssem da miséria e que os antigos proprietários passassem a exercer atividades empresariais não agrícolas. Na Coréia, esse cenário foi perturbado pela inflação e pela guerra, que não permitiram uma transição fácil da aristocracia proprietária de terras para novas empresas. Isso não impossibilitou que os futuros empresários coreanos viessem de meios muito modestos (o fundador da Hyundai foi um trabalhador agrícola), situação que a antiga organização de propriedade de terras não teria permitido.

O VALOR CULTURAL AGREGADO

Nos anos 1950-1960, pegos pela guerra e pela inflação, os empresários coreanos maximizaram os seus lucros através da especulação e da escassez; importavam produtos de consumo de primeira necessidade, os estocavam esperando que os preços subissem, e os revendiam por preços mais altos. Esses empresários eram racionais, se forem vistos a partir de sua ótica; porém, o resultado para a coletividade era negativo. Dessa forma, não faltavam empresários na Coréia, mas faltava uma boa política econômica para canalizar a sua energia para atividades mais úteis e rentáveis. Quais? O mercado decide, responde Il Sakong: há cinqüenta anos, os empresários coreanos foram para os setores em que a demanda internacional os atraía. As obras públicas, a indústria têxtil, a construção naval, a eletrônica, a indústria automobilística: essa foi a sua curva ascendente para atividades cada vez mais sofisticadas.

No começo, a mão-de-obra coreana era abundante e barata; era rentável utilizá-la em obras de construção (no Vietnam e na Arábia Saudita). Depois a mão-de-obra começou a ficar escassa, o nível da educação progrediu; as empresas se transformaram através da pesquisa e da inovação para vender mercadorias e serviços com maior valor agregado. Ao mesmo tempo, outros países aderiram ao modelo coreano, como a China, a Malásia, a Turquia; essa concorrência levou a Coréia a um patamar superior e mais adiante no caminho da inovação.

A evolução da marca *Made in Korea* é representativa dessa trajetória: na origem, ela designava um produto barato e de qualidade medíocre; hoje, ela implica um design e uma tecnologia de ponta (Hyundai, Samsun). O último sucesso, a Coréia exporta a sua cultura: cinema, música; uma "onda coreana" submerge a Ásia e atinge os Estados Unidos. Entre todas as exportações possíveis, os "produtos" culturais oferecem o maior valor agregado, e são por definição os mais resistentes à imitação. De forma mais geral, a imagem de uma nação reflete o seu sucesso econômico e contribui para que ele seja possível. No começo de sua ascensão, a Coréia não tinha imagem, somente arcaica (o "País da manhã calma") ou como fabricante de produtos baratos. À medida que a Coréia foi ficando bem conhecida e que as suas exportações se tornaram mais sofisticadas, a sua imagem evoluiu até se tornar a de uma civilização singular: *Made in Korea* faz sentido e permite que o exportador aumente a sua margem de benefício graças a um tipo de valor cultural agregado. As grandes marcas internacionalmente conhecidas contribuem para essa evolução da imagem: Samsung é a Coréia nova.

Em geral, se classificássemos as nações em função da percepção cultural que o mundo tem e do número de marcas reconhecidas, a sua hierarquia coincidiria mais ou menos com o seu desempenho econômico. Sem dúvida essas percepções são feitas de estereótipos (a França é o luxo, a Alemanha a técnica), porém, os estereótipos fazem vender e se baseiam também em realidades.

UM CAPITALISMO DE "AMIGOS"

Essa epopéia coreana não poderia ter sido escrita sem o comum acordo – alguns dizem a colusão – entre o Estado e os empresários (*crony capitalism*), em particular com os patrões dos conglomerados que dominam a economia coreana, os Chaebols. Esses Chaebols – os Hyundai, Samsung e outros Daewoo – nunca poderiam ter se tornado os gigantes nacionais, depois mundiais, sem o apoio do Estado.

Essa característica do desenvolvimento coreano se explica através da história nacional. A Coréia do Sul saía da colonização e da guerra civil, a nação estava fascinada pela independência e pelo espírito de recuperação. A lógica econômica, a que prevalece hoje nos países em desenvolvimento, teria privilegiado a incitação aos investimentos estrangeiros: é a via chinesa atual. Porém, como os coreanos temiam que os japoneses voltassem através de investimentos, os seus líderes escolheram um outro caminho, o do endividamento. O presidente Park visitou os governos e as instituições sensíveis a seus argumentos anticomunistas – isto nos anos 1960 – particularmente nos Estados Unidos e na Alemanha. Eram os anos da inflação; as pessoas se endividavam inescrupulosamente, convencidas de que devolveriam o dinheiro em moeda desvalorizada. O Estado se tornou o único verdadeiro banqueiro coreano. O governo, que podia financiar os empresários de sua escolha, selecionava os futuros ganhadores dando-lhes empréstimos com juros negativos. Em princípio, diz Il Sakong, que participou dessa política, a seleção se baseava no critério da eficácia: o patrão que tinha sucesso em um setor era financiado pelo governo para reforçar as suas posições no mercado mundial ou aventurar-se em novas profissões promissoras. Assim se constituíram os Chaebols que, nos anos 1980, chegaram a controlar 30% de tudo o que se produzia na Coréia do Sul, e 80% de tudo o que se exportava de lá. Essa seleção não podia excluir nem as colusões, nem a corrupção, nem os erros; nenhum Chaebol fez o melhor uso dos fundos emprestados. No momento de um vencimento especialmente importante, em 1998, pareceu que alguns desses conglomerados financiavam seus investimentos a longo prazo com o dinheiro de curto prazo, ou que tinham se aventurado em especulações imobiliárias de caráter inflacionista. Os Chaebols desapareceram, alguns patrões foram condenados e presos (o fundador da Daewoo, em especial); outros superaram essa "crise asiática" de 1998 especializando-se e inovando mais.

É possível julgar os comportamentos disparatados dos Chaebols? Em termos de estrita utilidade econômica, com toda a moral colocada de lado, observaremos que a economia coreana progrediu a um ritmo médio de 12% entre 1960 e 1980, velocidade que a China hoje ainda não atingiu. Sem os Chaebols, a Coréia do Sul nunca teria conseguido.

Porém, a experiência está terminada; Il Sakong acredita que ela não é reproduzível, pois, as regras do jogo mudaram tanto no mundo quanto na Coréia.

Quando, nos anos 1960, os Chaebols saíram em busca de mercados externos, a concorrência era pequena e a demanda gigantesca; a própria idéia de se proteger contra a invasão dos produtos coreanos não passava pela cabeça americana ou européia. O mercado mundial, consumidor de produtos baratos, não era regulamentado como ele se tornou desde a criação da Organização Mundial do Comércio. A maioria das práticas coreanas da época, como o *dumping*, os empréstimos e subvenções do Estado para os Chaebols, seriam hoje proibidas em nome do respeito das regras da concorrência. Os exportadores chineses se confrontam agora com obstáculos que, sem dúvida, superam, mas, que os coreanos não conheceram; o comércio internacional era paradoxalmente mais simples antes de entrarmos na era da globalização.

A outra mudança vem de dentro da Coréia do Sul: a democracia.

A INCERTEZA DEMOCRÁTICA

Sem muita violência, por etapas, os governos militares sul coreanos cederam o poder político a partidos eleitos; a Coréia do Sul se tornou, desde 1988, um regime de alternância entre a esquerda e a direita, certamente mais democrático do que o Japão vizinho e que todos os outros regimes da região. Os debates públicos são vivos; o que a imprensa escrita, em grande parte controlada pelos Chaebols, tenta dissimular, temos na rede. A democratização não modifica somente as instituições políticas: a sociedade é transformada por ela, as atitudes no trabalho são menos submissas, a disciplina menos rígida dentro das empresas, das famílias, dos estabelecimentos de ensino, dos casais, das igrejas. Ao deixar para trás uma moral confucionista que era considerada como a mais rígida na Ásia, os coreanos se tornaram tão individualistas quanto os americanos; eles são mais do que os chineses ou os japoneses. Sem dúvida sempre o foram, mas, antes eram oprimidos por instituições autoritárias. A economia também muda; o seu ritmo diminuiu consideravelmente, de 4 a 6% segundo os anos, ou seja, duas vezes menos do que no tempo da ditadura, mas, duas vezes mais do que nas economias mais desenvolvidas da Europa ou dos Estados Unidos.

Responsabilizaremos a democracia por essa diminuição de ritmo, ou isto só traduz uma nova fase de desenvolvimento? Il Sakong incrimina não a democracia em si, mas a ausência de estratégia dos governos de esquerda no poder de 1992 a 2007. Uma esquerda pouco socialista, pois, a Coréia do Norte é suficiente para desautorizar o marxismo, porém, redistribuidora, menos respeitadora do poder do patronato, menos fascinada pelos Estados Unidos, mais atenta às reivindicações dos sindicatos. Nesse novo regime, o crescimento não é mais a prioridade absoluta que foi: os salários sobem e os protestos sindicais quebram o ritmo de produção sem que o governo tenha que se meter nisso. As margens das empresas se reduzem, os investimentos diminuem ou vão para países de salários mais baixos: Filipinas, Tailândia, China.

Deveríamos considerar, juntamente com Sakong, a esquerda como a única responsável por essa banalização do modelo coreano e, conseqüentemente, por seu menor dinamismo? O seu julgamento, sem dúvida, é parcial, pois, o crescimento a um ritmo menor também se explica pela multiplicação de concorrentes que se substituem aos coreanos. Essa ameaça exterior é virtuosa; ela faz a Coréia entrar no ciclo da inovação onde está atrás do Japão, mas diante da China. É o próprio sucesso da Coréia que a obriga à destruição criadora: livramo-nos do antigo para propor o novo, como faz a Samsung, e para entrar nas profissões do futuro em que a Coréia poderá se destacar, como as biotecnologias. Nesse ciclo ascendente, a educação terá um papel decisivo; mas, o limiar qualitativo ainda não foi alcançado. O que resta de confucionismo na Coréia do Sul se refugiou nas escolas e universidades; a educação autoritária ainda faz uso da participação e da criatividade dos alunos. Como os Estados Unidos estão nesse campo bem mais à frente, os melhores estudantes coreanos vão para lá; freqüentemente, ao contrário dos chineses ou dos africanos, não voltam. Continuam sendo coreanos, mas coreanos diferentes, "globalizados".

O desenvolvimento da Coréia do Sul se explica também por um fator não quantificado, raramente mencionado pelos economistas: a garantia militar americana. Se o exército americano, presente no território coreano, no Japão e nos mares vizinhos, não preservasse a sua segurança, os sul-coreanos estariam mais preocupados com a sua defesa do que com o seu enriquecimento. Além da Coréia, a observação vale para o conjunto da região, inclusive a China. Os fluxos comerciais entre a América do Norte, a Europa e a Ásia, que fundam a prosperidade regional e mundial, não são duráveis por causa dessa proteção militar e marítima americana. Da mesma maneira, no século XIX, em uma menor escala, a marinha britânica havia permitido a primeira globalização. Se por acaso os Estados Unidos deixassem de ser o guarda global, o modelo econômico no qual prosperamos poderia desaparecer.

CHINESES LIVRES E EMPREENDEDORES

As explicações culturais do desenvolvimento estão fora de moda, porém, de tanto teorizar, os economistas às vezes dão uma olhada nas circunstâncias locais. As normas sociais, se não explicam o desenvolvimento, contribuem mesmo assim a orientá-lo: uma mesma estratégia pode levar a resultados diferentes porque a civilização e a história mascaram os princípios gerais. Dessa forma é costume, na literatura econômica, reagrupar em uma mesma categoria os "dragões" da Ásia: há quatro que decolaram ao mesmo tempo, com a mesma rapidez e segundo os mesmos métodos, privilegiando o espírito empresarial e a exportação. Mas a Coréia do Sul, Hong Kong, Singapura e Taiwan, no fim dessa estratégia comum, só se parecem por ter alcançado um nível de vida comparável. Em uma geração, todos saíram da pobreza e foram para a prosperidade, porém, embora "asiáticos", continuam bem diferentes. A diversidade cultural na Ásia é mais sensível do que na Europa; um coreano parece menos com um taiwanês do que um francês com um alemão, e entre Hong Kong e Singapura a distância é tão grande quanto entre Roma e Estocolmo.

Vejamos brevemente a situação de Taiwan que é, de fato, um Estado independente desde 1949, ano de sua secessão com o regime comunista de Pequim. Segundo a teoria econômica, Taiwan seguiu o mesmo caminho que a Coréia: economia privada distinta do Estado, e prioridade dada às exportações. Em comum com a Coréia, Taiwan, até 1945, foi uma colônia japonesa; a ajuda americana, econômica e militar, foi considerável até 1965. Porém, a Coréia é dominada por grandes dinastias industriais que foram inicialmente selecionadas pelo Estado; Taiwan, ao contrário, tem um monte de pequenas e médias empresas. A Coréia se especializou nas produções com grande valor industrial agregado e investimento elevado, como os estaleiros navais ou a indústria automobilística. Em Taiwan, preferem explorar os nichos da indústria têxtil, da biotecnologia e da informática. Os coreanos são industriais; os taiwaneses são mais comerciantes, administradores e intermediários financeiros. Quando se visita uma empresa coreana, há uma hierarquia visível, um estilo de administração quase militar; em Taiwan reinam mais o jeitinho e uma hiperatividade um pouco desordenada. Os taiwaneses são mais móveis que os coreanos; nos Estados Unidos e na China continental, encontram os primeiros investidores. Como diz Wu Rong-yi, presidente da Bolsa de Taipei, Taiwan é uma rede mais do que uma nação. Os coreanos, ancorados em seu território, são patriotas, enquanto que um taiwanês encontra uma certa dificuldade para se definir através de sua nacionalidade. Quando uma empresa coreana se encontra em dificuldade por causa da concorrência mundial, os seus administradores procuram os bancos, o Estado; os sindicatos coreanos fazem manifestações para preservar a sua empresa e emprego. Em circunstâncias comparáveis, o empreendedor taiwanês muda de profissão, até de país.

Sabemos o rancor inexpiável que os coreanos têm em relação ao Japão que os colonizou: ultrapassar o Japão, para os coreanos, é um dos motores do ativismo econômico. O antiamericanismo também é florescente. Os taiwaneses gostam dos Estados Unidos; vão para lá estudar e freqüentemente se instalam na América. Ainda mais surpreendente, o Japão é o país preferido dos taiwaneses. Porém, mesmo tento iniciado a modernização da Coréia, os coreanos nunca o reconhecerão. Os próprios colonizadores japoneses modernizaram as infra-estruturas, a agricultura e as indústrias taiwanesas; os taiwaneses têm uma profunda gratidão em relação a eles, acreditam que essa colonização foi positiva. Não se tem conhecimento de outro caso em que colonizados tenham tal reconhecimento em relação ao seus ex-colonizadores.

Essas divergências de comportamento, com renda idêntica, não se devem muito a estratégias econômicas comparáveis, porém, evidentemente se explicam através de histórias nacionais e culturais distintas. A Coréia do Sul é herdeira de um reinado nacionalista e do confucionismo mais rígido que existe na Ásia. Os taiwaneses são migrantes que deixaram a China continental no século XVIII para escapar do imperador: nessa ilha sem Estado, se tornaram pescadores, piratas, comerciantes. Desde o século XIX, Taiwan exportava com benefícios seus produtos agrícolas para o Japão. Quando, em 1947, o exército nacionalista de Tchang Kaï-chek, derrotado por Mao Tsé-Tung, se isolou do continente para Taiwan e se constituiu em governo local, os taiwaneses negaram toda legitimidade a esse novo Estado e se refugiaram na esfera econômica. Esse Estado taiwanês, em 1997, se tornou democrático, porém, a sua autoridade permanece fraca, dividido entre os independentistas taiwaneses e os "continentais" que continuam fiéis à "grande China"; um Estado desse tipo tem pouco controle em relação aos empresários. Para estes, Taiwan, como uma pátria mãe, é um território no mapa do mundo; um taiwanês é antes de tudo um *homo economicus* de civilização chinesa, freqüentemente de língua inglesa. Um coreano é um patriota para quem a economia é mais um meio do que um fim. Conseqüentemente, os "dragões" da Ásia continuam multiformes, pois, nem o desenvolvimento econômico nem a globalização negligenciam as culturas; ao contrário, conferem a elas os novos meios de sua realização.

CAPÍTULO XI
O despertar da Índia

Durante muito tempo a Índia ficou imobilizada e os dirigentes indianos satisfeitos consigo mesmos. Desde a independência, em 1947, até o fim dos anos 1980, o ritmo de crescimento do país gravitou ao redor de 3% por ano, um índice que mal é superior à progressão demográfica. O aumento da renda real é praticamente inexistente, uma situação aparentemente tão natural que os economistas da Índia e de outros lugares decretaram sem ironia que 1% era o índice de crescimento hindu por habitante: é mais um fato de civilização do que uma aberração. Essa estagnação suscitava poucas críticas, a Índia se beneficiou com outras vantagens não quantificadas, porém, apreciáveis: uma democracia mais ou menos estável, uma relativa paz civil, a coabitação não violenta de línguas, culturas e religiões diferentes. No fundo, a Índia é inconcebível sem a democracia: a cidadania une esses povos tão diversos que não têm em comum nem Deus, nem a língua, nem a escrita. Essa democracia indiana não impediu a estagnação, o que ilustra o quanto a democracia e o desenvolvimento podem evoluir em planos distintos. A pobreza seria menos insuportável para os indianos por serem livres? Porém, o desenvolvimento presente se produziu na Índia sem que a democracia fosse alterada: a tirania não é uma passagem obrigatória entre a estagnação e o crescimento.

A ESTAGNAÇÃO POR CONSENSO

Nesse período em que governaram Nehru e depois sua filha Indira Gandhi, a auto-satisfação era tão comum que seus dirigentes tinham o sentimento de estar de acordo com as idéias dominantes em sua época; o consenso entre economistas do desenvolvimento e grandes instituições internacionais era na época favorável à social-democracia, à planificação e à auto-suficiência. Isso era chamado de doutrina Prebisch, nome do economista argentino autoridade nesse assunto. Essa doutrina era uma síntese entre o socialismo britânico, a teoria de Keynes, o modelo soviético e o nacionalismo do terceiro mundo que acabava de ser descolonizado. A Índia seguia essa receita. Por trás das fronteiras fechadas, sua indústria era estritamente nacional; isso concedia vantagens para um punhado de grandes industriais privados, os Tata, os Birla, que haviam dado suporte para a luta pela independência. Em retribuição, eles se beneficiavam com monopólios e privilégios no mercado nacional. Tata produziu, durante um longo período, o único automóvel comercializado na Índia, o Embaixador, cópia de um Austin britânico de 1950. O Embaixador, pesado e oneroso, o veículo dos burocratas por excelência, persistia como um emblema da Índia antártica; em 2008, a mesma empresa Tata lançou o Nano, veículo leve e barato, para satisfazer a nova classe média dos executivos e dos empresários.

Nehru, que admirava a União Soviética em razão do suporte que ela havia dado à descolonização e também por seu aparente poderio industrial, se inspirou na idéia de Lênin segundo a qual o Estado devia controlar os "escalões dominantes" da economia. Os setores de estrutura – a indústria, a energia, os transportes – foram nacionalizados e geridos à maneira soviética. A produção era cara, tecnicamente ultrapassada, mas nacional. Os economistas indianos, moldados pela Grã-Bretanha trabalhista, tinham grande reputação pela excelência de sua planificação: por seu refinamento e sua complexidade, o plano suscitava a perplexidade e admiração dos profissionais. Mas esse brilhante exercício estava longe da realidade concreta; nenhum dos planos indianos jamais atingiu seus objetivos proclamados.

Nessa Índia socialista, o pior foi evitado porque os dirigentes renunciaram à nacionalização da terra; provavelmente essa população de camponeses não teria aceitado isso. Graças a eles, a Índia não morreu de fome. Mais ainda, a agricultura se beneficiou, nos anos 1970, com uma notável "revolução verde": um agrônomo americano, Norman Bourlag (um prêmio Nobel da paz merecido em 1970), e seu discípulo indiano, M.S. Swaminathan, introduziram novas sementes de trigo, e mais tarde de arroz, que em dez anos duplicaram a produção. A Índia, que havia sido o subcontinente da fome, tornou-se um país com excedentes e exportador. Apesar disso, até os anos 90, havia economistas marxistas lamentando que a "revolução verde" havia introduzido desigualdades entre os camponeses; de fato, graças a essas novas sementes, alguns deles, mais empreendedores do que outros, enriqueceram mais rapidamente.

A despeito dessas críticas, o principal resultado da "revolução verde" foi que uma população duas vezes mais numerosa no ano 2000 do que em 1947 teve acesso a duas vezes mais calorias por habitante. Malthus estava errado: os meios de subsistência crescem mais rapidamente do que a população, e a demografia se reduz à medida que os meios de subsistência aumentam. Essa "revolução verde" também reduziu ao silêncio os economistas que preconizavam a redução dos nascimentos – à semelhança da China – como condição do desenvolvimento. Na verdade, era o desenvolvimento que se revelava como um contraceptivo mais eficaz do que a esterilização forçada que Indira Ghandi havia tentado impor em 1974. Em todos os lugares do mundo, quando tem início o desenvolvimento, os pais reduzem espontaneamente o número de filhos.

O REINO DAS LICENÇAS

A instituição mais original dessa Índia imóvel foi a licença: até o fim do século 20, a Índia era o reino das licenças. A licença, mais ainda do que a autarquia e as nacionalizações, contribuiu para o não crescimento. Com Raj, nenhuma empresa, por menor que fosse, podia ser criada sem autorização administrativa; essa licença era ainda mais difícil de ser obtida se a empresa fosse ambiciosa. Era necessário, em algumas circunstâncias, chegar até o ministro; em todos os níveis político-administrativos, a corrupção era florescente. O direito de abrir uma loja ou uma fábrica era negociado através de propinas e de votos eleitorais. Evidentemente, esse regime das licenças era proibido pelos dirigentes com argumentos aparentemente racionais: o objetivo não era distribuir de forma igual o trabalho entre todos os indianos e todas as regiões da Índia? Sem licenças, o espírito empresarial de uns e a passividade de outros não teriam levado a desequilíbrios sociais e regionais? Esses argumentos pareciam legítimos; na prática, organizavam a prevaricação e destruíam o espírito empresarial. A diáspora indiana, considerável no Canadá, nos Estados Unidos e na Grã-Bretanha, foi em grande parte constituída por "refugiados econômicos", exilados voluntários do reino das licenças, que foram empreender em outros lugares.

O reino das licenças afundou em 1991, ano fundador do desenvolvimento da Índia. Como pôde durar tanto tempo? Os dirigentes indianos, me responde Montek Singh Ahluwalia, estavam intelectualmente isolados.

Eles viam que algumas nações emergiam, como a Coréia, Taiwan, Singapura e Hong Kong. Porém, esses "tigres" asiáticos eram vistos por eles como pequenos países e simples clientes dos Estados Unidos; ninguém vislumbrava na classe dirigente indiana que fosse possível se comparar com aqueles anões. A União Soviética? Ela vivia um momento de sucesso, até o dia em que caiu de uma só vez. A China? Ela é a verdadeira rival da Índia, mas, até 1980, ela se desenvolveu menos rápido ainda.

É a decolagem da China, diz Montek Singh, que de fato nos acordou.

Isso foi o que Rajiv Gandhi, Primeiro-Ministro de 1984 a 1989, compreendeu antes que os líderes políticos. Ao contrário de seus predecessores, esse Gandhi era um cosmopolita; chegou ao poder por acaso, após o assassinato de sua mãe, não era um homem político de verdade. Havia passado a sua vida longe de seu país. De volta à Índia, detestava que nada funcionasse; não se podia nem mesmo telefonar. Rajiv Gandhi colocou ao seu lado economistas formados à americana, Manmohan Gingh e Montek Singh Ahluwalia – liberais. Eles liberalizaram o transporte aéreo: a Indian Airlines perdeu o seu monopólio, as companhias particulares se multiplicaram. Deu-se a prova de que na Índia também o liberalismo era eficaz. A esquerda indiana e a burocracia não ficaram maravilhadas com isso. Quando a União Soviética caiu, essa esquerda perdeu o seu modelo de referência. A União Soviética tinha fornecido petróleo para a Índia, na base da troca, enquanto que os novos russos exigiam dólares que a Índia não tinha. A Índia que não tinha mais escolha, teve que se abrir para os investidores estrangeiros e permitir que seus próprios empresários exportassem para fazer entrar divisas. Dessa forma acabou o reino das licenças e começou o desenvolvimento. Essa revolução liberal não foi ditada somente pelas circunstâncias; Manmohan Singh e Montek Singh, que haviam antecipado a catástrofe, guardavam pronto um modelo econômico de reposição.

OS LIBERAIS NO PODER

Economistas liberais estão, desde então, no poder: Manmohan Singh, ministro das finanças de 1991 a 1996, é Primeiro-Ministro desde 2004; Montek Singh Ahluwalia, seja qual for o partido dominante, dirige a Comissão do Plano que é um tipo de Ministério da Economia da Índia. Manmohan Singh é um primeiro-ministro inesperado: frágil, com uma voz fraca, as pessoas se perguntam como ele pode dirigir uma nação tão complexa, dotada de um governo vagamente social-democrata onde convivem liberais e comunistas.

Porém, a sua autoridade é intelectual; foi ele que salvou a economia indiana da falência em 1991 e foi ele que foi designado por Sonia Gandhi, a imperatriz escondida da Índia, para representar o partido do Congresso. Se Manmohan Singh cultiva o estilo britânico, o seu cúmplice Montek Singh Ahluwalia é de uma descontração muito americana, sempre disposto a argumentar e convencer sobre a adequação da liberalização indiana. Pelo visto, ele está mais disponível para o visitante estrangeiro que está de passagem do que para os insistentes reivindicadores que ficam horas em sua sala de espera. Pois, por mais que a economia indiana tenha mudado, os hábitos públicos não mudam: conta-se sempre com a intervenção dos poderosos para se livrar da selva burocrática ou de problemas pessoais. Nas antecâmaras, o tempo não conta; o reivindicador espera dias inteiros e volta no dia seguinte. O Estado, na Índia, vai mais rápido do que a economia.

Montek Singh e Manmohan Singh ambos são sikhs: trata-se de uma coincidência? A cultura sikh é favorável ao enriquecimento, o que não é o caso da tradição bramânica de onde saiu a maioria dos dirigentes socialistas, em particular Nehru. Porém, com exceção dessa elite bramânica, os indianos, em geral, são favoráveis ao espírito empresarial: na Índia, o capitalismo é legítimo. Os indianos da diáspora (*Non Resident Indians*: NRI) tiveram um grande papel nessa legitimação do capitalismo; vistos como heróis positivos, deixaram a Índia para empreender; e voltam para lá, com a fortuna feita graças ao seu trabalho. Tornar-se o patrão de uma pequena empresa, é a ambição da maioria deles e, graças à liberalização, esse sonho é possível; a Índia, em alguns anos, se tornou um universo de pequenas e médias empresas.

Esse impulso do capitalismo, espontâneo e descentralizado, freqüentemente longe do Estado, é diferente do modelo chinês ou coreano; no Extremo Oriente, trata-se de um capitalismo de amigos, diz Montek Singh, onde o Estado designa os ganhadores. Foi assim na Índia socialista, isso é praticamente inexistente na Índia liberal. Enquanto que no Ocidente somos tomados pelos investimentos espetaculares, como Mittal na siderurgia, Montek Singh acredita que é mais significativa a miríade de projetos modestos que contribuem à modernização da economia indiana. Essas pequenas e médias empresas foram conquistar o seu mercado interno e o do resto do mundo exportando, às vezes comprando empresas estrangeiras, para se familiarizar com os mercados distantes e as tecnologias contemporâneas. Um bom indicador dessa globalização da economia indiana é o respeito pela propriedade intelectual. Quando o país estava fechado, a imitação era a norma: depois que a Coca-Cola foi proibida na Índia, um produtor local propôs a Campa-Cola, a sua garrafa e logo eram cópias do concorrente eliminado.

Foi o mesmo com os medicamentos. Porém, as empresas indianas criam agora suas próprias marcas e desejam vendê-las no mercado mundial; sejam medicamentos, produtos agrícolas ou programas de computador, descobriram o valor da propriedade intelectual.

Estimulado por sua rivalidade com a China e com índices de crescimento que a seguem de perto (10% contra 11% em 2007), o desenvolvimento da Índia parece mais lento: o observador estrangeiro *vê* o desenvolvimento chinês, enquanto que na Índia esse desenvolvimento é invisível ou quase, as cidades ainda são tranqüilas, as infra-estruturas sempre são deterioradas. Essa diferença de visibilidade faz acreditar em um dinamismo chinês superior ao da Índia: porém, essa percepção é superficial. Na China, o Estado central e os governos das províncias são poderosos, a sociedade civil é praticamente inexistente. A escolha chinesa é, portanto, a da concentração dos investimentos em pólos de crescimento urbanos e em infra-estruturas espetaculares. O que não se vê na China? A miséria rural. Na Índia, o Estado central tanto quanto os governos das províncias são relativamente fracos e não têm os meios para concentrar os investimentos em grandes projetos públicos. No essencial, o desenvolvimento é o resultado do trabalho de pequenas empresas dispersas; isso reflete a sociedade indiana e a sua democracia.

"Eu não escondo, diz Montek Singh, que fico com inveja dos dirigentes chineses." A modéstia do Estado indiano freia a realização de infra-estruturas que seriam indispensáveis para o progresso industrial.

O ÊXODO RURAL, LEI IMPLACÁVEL

Montek Singh tem a mesma convicção comum dos economistas do desenvolvimento sobre a necessidade do êxodo rural; o desenvolvimento indiano passará também pela urbanização e a industrialização. Ele refuta um certo romantismo econômico freqüente nos intelectuais, que idealizam uma Índia rural que se tornaria milagrosamente próspera, e cidades inteiramente voltadas para serviços de alta tecnologia: um modelo que criaria o impasse nas manufaturas e passaria por cima da fase de industrialização. Montek Singh acredita ainda menos nisso sabendo que os camponeses indianos vivem dispersos entre milhões de povoados, o que torna impossível que todos tenham serviços públicos adequados; o reagrupamento desses povoados em vilarejos que possam ter água corrente, escolas e centros de saúde lhe parece um mínimo imprescindível.

O sucesso inesperado da indústria da informação (IT, *Information Technology*) na Índia não é, entretanto, o indicador de uma estratégia original, incomparável com a que seguiram até agora a Europa, o Japão e a China? A penetração de Wipro, Infosys ou Tata nos serviços de informática é mais significativa no plano simbólico do que no econômico, enfatiza Montek Singh. Esses serviços representam apenas de 2 a 3% da produção indiana, e pela exportação menos do que a indústria têxtil. Ouve-se dizer e lê-se freqüentemente na Índia que os indianos seriam geneticamente talentosos para a informática; é absurdo! A epopéia da informática só foi possível por uma série de circunstâncias favoráveis: o domínio do inglês pelos diplomados indianos, a diferença de horário em relação aos Estados Unidos, que fez com que os americanos terceirizassem durante a noite o seu trabalho diurno, contratando um grande número de matemáticos indianos provenientes de boas universidades, porém, desocupados. Graças à sua pujança, essas empresas de Bengalore, Hyderabad ou de Bombai chegaram a inscrever a economia indiana no mapa do mundo, porém, não empregarão jamais milhões de camponeses sem emprego. Para o futuro, diz Montek Singh, será necessário competir com as empresas chinesas e mostrar-se tão capaz quanto elas para fabricar e montar no campo da eletrônica, da indústria têxtil e automobilística para o mercado mundial. Porém, a democracia torna lenta essa integração necessária da Índia no mercado mundial.

A DEMOCRACIA TORNA O CRESCIMENTO LENTO?

Não podemos pensar sobre a economia indiana sem nos perguntar sobre a relação entre a democracia e o desenvolvimento. Dado que a situação de aceleração do crescimento é sem dúvida a sua obsessão, Montek Singh é sensível à democracia como freio. A democracia na Índia, explica, se baseia menos na representação do que na contestação; tudo é objeto de controvérsias incessantes. Há de fato poucas nações livres onde a mídia seja mais crítica, as associações de defesa disto ou daquilo mais numerosas e ativas do que na Índia. Todo projeto de equipamento é freado em nome do meio ambiente, da paisagem ou do respeito pelas culturas tribais. Onde o governo chinês decide, passa à ação e ignora as reticências da população, na Índia argumenta-se. Uma barragem hidroelétrica na China (as Três Gargantas) deslocará milhões de habitantes de vilarejos e afundará sítios históricos sem ouvir qualquer protesto. Na Índia (barragem da Narmada), a transferência de uma tribo vai mobilizar a opinião pública, a justiça, a mídia, os estrelas de Bollywood e os intelectuais de esquerda; a barragem só será concluída anos mais tarde, menos ambiciosa do que no começo. Sem questões e por cálculo, os investidores estrangeiros, cujo papel é determinante para o desenvolvimento da Índia ou da China, preferirão esta; não é certo que o futuro lhes dê razão.

Mesmo que a lentidão democrática pese sobre as infra-estruturas e a industrialização, ao mesmo tempo ela garante a perenidade do desenvolvimento. Desde 1991, é admirável que os mais variados partidos tenham se sucedido no poder, da direita nacionalista até uma coalizão social-democrata incluindo os comunistas, sem que nenhuma dessas alternâncias tenha modificado a estratégia global de maneira significativa: a abertura para o mundo e o espírito empreendedor como fundamentos da nova economia indiana. Deve-se reconhecer que a direita é mais desconfiada em relação aos investimentos estrangeiros, e a esquerda mais apegada ao setor público, mas essa diferença marginal não chega a afetar o consenso. Os comunistas, que detêm o poder em Calcutá há meio século, se tornaram, como observa Montek Singh, os mais ardentes na prospecção dos capitais estrangeiros e na criação das zonas francas. Essa esquerda indiana agora admitiu que a quase impossibilidade de demissão dos empregados constitui um obstáculo considerável para a industrialização do país e também em relação à concorrência com a China. Eis aqui um paradoxo: a Índia subindustrializada protege excessivamente seus operários, que são pouco numerosos proporcionalmente à escala do país, enquanto que a China, teoricamente comunista, não outorga proteção alguma à sua vasta mão-de-obra industrial!

Para chegar ao fundo dessa comparação forçosamente aventureira entre duas civilizações tão diferentes, a Índia importunada com sua democracia parece, a longo prazo, mais previsível do que a China despótica; a escolha econômica da Índia é o resultado de longos anos de debate público, testado por partidos políticos opostos. O consenso democrático inscreve-se na perpetuidade, enraizado numa legitimidade democrática, enquanto que na China, a estratégia só reflete a preferência da facção dominante no seio do partido comunista. Diz-se que na China ninguém proporá uma outra via, mas como podemos ter certeza disso?

UM TERÇO ESQUECIDO

Montek Singh não acha que o mercado tem uma resposta para tudo. Em 1984, quando se afastou de suas funções, no Fundo Monetário Internacional em Washington, para assumir a responsabilidade pela estratégia indiana, ele estava totalmente confiante nas virtudes do mercado; parecia-lhe, então, evidente que o crescimento "chegaria" até o nível mais baixo da sociedade. Após vinte anos de experiência, ele moderou seu entusiasmo; neste momento estima em um terço a população indiana fora do mercado para quem o crescimento traz poucas vantagens sensíveis. Seja porque essas pessoas pobres vivem demasiadamente distanciadas do mercado, em vilarejos isolados, seja porque suas tradições culturais constituem-se em barreiras intransponíveis. Montek Singh exemplifica citando um dos dramas essenciais característicos do mundo rural indiano: a ausência de higiene e o terrível hábito de defecação no campo. Mahatma Gandhi havia abordado o assunto estimulando cada indiano a enterrar seus próprios dejetos. Ele próprio dava o exemplo, mas foi pouco seguido nessa atitude. As conseqüências sanitárias, particularmente em função da poluição dos cursos de água e do lençol freático, são fatais. O governo indiano (em 2007) tomou a iniciativa de financiar a construção de latrinas no campo, e o Primeiro-Ministro não hesita em deslocar-se para inaugurá-las. Ele outorga prêmios aos vilarejos que obtêm a etiqueta ODF (*open defecation free*); na Índia, fala-se publicamente dessas coisas concretas. Mas isso sem contar com o espírito de casta. No topo da sociedade indiana, nas grandes cidades, pertencer a uma casta não dita mais de modo absoluto os comportamentos; mas no campo as coisas não funcionam assim. A casta que constrói as latrinas, não é a mesma que vai limpá-las e, se nenhuma casta não se dedicar a isso, as latrinas serão abandonadas – o que acontece com freqüência, admite Montek Singh. Visto que pertencer a uma casta constitui um freio considerável à mobilidade social, questiona-se por que razões os indianos permanecem tão arraigados a isso. Dos extratos mais altos da sociedade aos seus níveis mais baixos, as pessoas se casam somente no interior de sua própria casta. As crenças acabam conformando o sistema de castas e também os interesses: a casta coloca exigências, mas ela pode ser um lugar de solidariedade, particularmente no caso dos destituídos. Quando se deixa o vilarejo para procurar um trabalho e um abrigo na cidade, as pessoas se refugiam na sua casta. Pode acontecer inclusive que o Estado consolide as castas através de uma política de descriminação positiva que reserva quotas aos mais pobres nos empregos públicos e no ensino superior. Às vezes, torna-se vantajoso prevalecer-se de sua qualidade de Intocável: pode-se citar o caso de certas castas que obtêm reconhecimento como inferiores, quando na verdade seus membros estão longe de ser considerados desfavorecidos. Em Bombaim onde os líderes de castas baixas são particularmente ativos, tornou-se quase impossível para uma criança de uma casta superior aceder a certas universidades, pois a maioria das vagas está reservada às castas desfavorecidas; numerosos empreendedores de Bangalore são brâmanes de Bombaim que abandonaram seu estado de origem porque sua ascensão encontrava-se bloqueada pelo sistema de quotas. Contudo, uma civilização evolui; invocando os princípios de pureza e impureza, essenciais ao hinduísmo, os órgãos de imprensa celebram os vilarejos ODF. No caso das gerações mais novas, alguns jovens casam-se unicamente entre homens e mulheres vindos de vilarejos ODF.

Uma outra tradição problemática mencionada por Montek Singh é a preferência manifestada pelas famílias pelos filhos homens; na zona rural, além da prática do infanticídio e do aborto seletivos, é comum que a mãe alimente os meninos em detrimento das meninas. Estas se tornarão frágeis e gerarão crianças deficientes. Como mensurar os efeitos econômicos desses costumes? Amartya Sen, economista guru dos social-democratas indianos, é o primeiro a ter reintegrado essa dimensão cultural na avaliação do desenvolvimento. Uma abordagem exclusivamente quantitativa não permite, segundo Amartya Sen, medir o progresso: torna-se necessário também levar em conta a liberdade individual e as instituições que a favorecem. A partir dessa abordagem que leva em conta o desenvolvimento humano e não somente a taxa de crescimento, Amartya Sen tende a minorar os recentes sucessos da Índia reduzindo ainda mais os propalados sucessos chineses. Atendo-se ao modelo clássico, a renda por habitante seria duas vezes maior na China do que na Índia, mas nos dois casos ao reintegrar o grau de liberdade e o atraso social, esses países estariam muito próximos um do outro. Montek Singh que compartilha essa abordagem com Amartya Sen confessa que um governo é impotente para modificar esses comportamentos; é mais produtivo remeter-se às organizações não governamentais para isso, por sorte, muito numerosas na Índia (e proibidas na China).

Certamente, é somente pela ação de proximidade e compaixão que se poderá fazer com que os 30% de esquecidos progridam. O que não anula, entretanto, a eficácia do mercado contra a grande pobreza, tal como mostra a ação exemplar de M.S. Swaminathan (*O desenvolvimento justo*).

M.S. Swaminathan sem dúvida alguma é a personalidade mais respeitada da Índia contemporânea, e a mais respeitável. Extremamente modesto, mostrando enorme sobriedade em suas maneiras e seu modo de vida, incessantemente ativo aos setenta e seis anos, esse grande sábio, graças à aclimatação de sementes de Bourlaug e à introdução de novas técnicas agrícolas, salvou a vida de centenas de milhões de pessoas da fome e da desnutrição. Uma fundação situada em Madras, que se chama Swaminathan, prossegue essa obra científica, selecionando sementes capazes de resistir às águas salobras e à seca, e organismos geneticamente modificados adaptados às exigências locais. M.S.

Swaminathan não compartilha da visão dos ecologistas dos países ricos que execram os OGM uma vez que não os necessitam; na Índia, a agricultura é uma questão de vida ou morte. Além de suas proezas técnicas e científicas, ele é animado por uma visão da Índia que vem de Mahatma Gandhi; a meta claramente exposta por Swaminathan é colocar o progresso a serviço dos mais pobres. Nesse sentido, volta-se principalmente para as mulheres de quem ele quer elevar o nível de vida e a consciência cívica, pois considera que na sociedade hierarquizada em castas, se elas constituem as vítimas mais expostas, ao mesmo tempo são o grupo mais indicado para tirar proveito do progresso e difundi-lo na sociedade. Em sua ação, realizada em conjunto com sua esposa, Swaminathan não faz distinção entre progresso científico, progresso econômico e progresso político: tudo é uma coisa só. Perto de Madras, no Estado de Pondichery, ele organiza as mulheres em grupos de pressão políticos ao mesmo tempo em que as educa e as inicia em novas técnicas de produção agrícola. No plano nacional, Swaminathan também é o presidente da Associação Nacional de Fazendeiros, sindicato que cuida para que o governo de Nova Déli, tomado pela industrialização, não negligencie os interesses da massa camponesa que ainda constitui a maioria nesse país.

A Índia, diz Swaminathan, não se ressente mais de falta de recursos alimentares, mas alguns permanecem demasiadamente pobres para conseguir comprá-los; os pobres precisam, não de caridade, mas sim de salários. Swaminathan se esforça, por exemplo, encorajando mulheres que vivem sós, que não possuem nenhuma terra, para a realização de atividades rentáveis no mercado de maneira a dotá-las de uma renda. Foi assim que ele introduziu a cultura de champignons acima do solo em Tamil Nadu e em Pondichery, para que essas mulheres pudessem viver de sua própria produção; para produzir champignons em viveiros, um casebre é suficiente. Sua fundação também conectou vilarejos à internet para que os camponeses conhecessem os preços de mercado e não fossem ludibriados pelos intermediários. Esse tipo de ação, que não é algo que acontece somente na Índia, encontrando-se em muitas regiões por iniciativa de outras ONGs, ilustra como o espírito de Gandhi pode abraçar o progresso. Não contradiz a liberalização econômica, ao contrário, acompanha os mais humildes em direção ao mercado.

O QUE GANDHI DESEJAVA

Na Índia, tal como na China, o desenvolvimento transforma as paisagens, as cidades e os costumes: o mundo torna-se mais uniforme, a Terra fica mais plana. Deveríamos ficar desconsolados com isso? A escolha dos indianos não deveria prevalecer sobre a dos turistas e amantes de exotismo?

Quando os indianos lutaram por sua independência seguindo Gandhi e depois Nehru, eles desejavam o desenvolvimento, e não vegetar na miséria em nome da perenidade de civilizações imutáveis. Freqüentemente, nós nos enganamos em relação a Índia como era imaginada por Mahatma Gandhi: ele não era hostil ao progresso, como se diz no Ocidente; porém, temia as injustiças às quais este poderia conduzi-la, e a perda de dignidade que podia produzir uma revolução industrial não controlada. Aos doentes, ele recomendava a medicina ocidental, pois, ele sabia que era mais eficaz do que a medicina tradicional indiana; para se deslocar através da Índia, ele preferia o trem ao carro de bois. Porém, ele também desejava que o progresso fosse julgado a partir da ótica do mais pobre dos indianos ou, melhor ainda, dizia, da mais pobre das indianas. O desenvolvimento se mostrava como bom e justo para Gandhi somente se elevasse a condição dos mais modestos. Mais ainda do que Gandhi, Nehru havia desejado uma Índia moderna e poderosa; acreditou encontrar no socialismo uma maneira de reconciliação entre o desenvolvimento e a justiça. O objetivo, desde a origem, era sem dúvida o desenvolvimento, porém, o caminho que escolhera não se mostrou ser o certo. O da globalização e o do liberalismo conduzirá os indianos onde Gandhi queria conduzi-los?

Sabemos que na Índia, como em todas as economias com decolagem rápida, sob a dominação do capitalismo emerge uma classe ostentadora de novos ricos; seus costumes, cujo espelho é o cinema de Bombaim, Bollywood, por contraste com a miséria local, chocam os ocidentais. Os indianos estão mais acostumados com a injustiça e a segregação das castas; a maioria deseja ter o modo de vida bollywoodiano, se ainda não o tem.

O que mais causa debates na Índia não é tanto o liberalismo em si, é sobretudo a rapidez ou não da difusão das riquezas: ninguém contesta ou não a eficácia do mercado, tampouco as suas capacidades de redistribuição. Todavia, quantos anos serão necessários para que a mais pobre das indianas possa usufruir do progresso econômico? A que ritmo funciona a máquina que difunde a prosperidade de cima para baixo? A grande virtude da democracia indiana é a de sempre fazer essa pergunta. A melhor resposta possível está sem dúvida nas ações conjuntas de um Montek Singh Ahluwalia, em cima, e de um M.S. Swaminathan, o mais perto possível dos mais deserdados.

CAPÍTULO XII
No Brasil, o futuro já chegou

Para todos é Fernando Henrique; ninguém, no Brasil, pensaria em chamá-lo de Senhor Presidente. O Brasil é uma civilização singular em que as maiores desigualdades sociais são ocultadas por uma grande cordialidade. Fernando Henrique Cardoso viveu duas existências sucessivas e contraditórias, à semelhança da economia de seu país. Sociólogo, primeiramente foi analista do Brasil, depois, de 1995 a 2002, o seu presidente. Na Universidade de São Paulo nos anos 1960, depois exilado na França e nos Estados Unidos durante a ditadura militar, Cardoso não era marxista, diz, porém, marxiano: como toda a sua geração intelectual. Nas universidades, alguns continuaram nessa linha. Marxiano, ou seja, inspirado por uma concepção de mundo em que a pobreza da periferia, o Brasil, se explicaria pela riqueza do centro imperialista, os Estados Unidos e a Europa. Essa teoria denominada como da dependência, versão latino-americana do imperialismo segundo Lênin, tinha um pensador argentino, Raúl Prebisch, chefe de uma agência da ONU, CEPAL, com sede ainda hoje em Santiago do Chile. Até o início dos anos 1980, as políticas econômicas do continente latino-americano eram concebidas em seu laboratório. Cardoso, como Prebisch, deduzira dessa teoria da dependência que a verdadeira descolonização do seu continente exigia a industrialização; não era negável. Porém, ele só a imaginava conduzida pelo Estado, ao abrigo de qualquer concorrência interna e externa; no Brasil, isso se chamava de desenvolvimentalismo. As indústrias resultantes disso eram ineficazes, porém, enriqueceram os burocratas que as geriam, os militares que eram seus proprietários, uma burguesia cliente do Estado industrial, os sindicatos que participaram dessa aventura. Uma das conseqüências imprevistas do desenvolvimentalismo foi a de aumentar as desigualdades sociais; grandes fortunas se constituíram sob a proteção do Estado. Para os pequenos empresários e os brasileiros mais pobres, essa industrialização "em estufa" não trouxe nenhuma vantagem: o desenvolvimentalismo não era o desenvolvimento. Dizia-se então no Brasil que era um país de futuro, e que assim ficaria.

A esse estadismo tropical, economistas brasileiros, em especial Delfim Neto, acrescentaram, nos anos 1970, uma contribuição surpreendente: a justificação da hiperinflação como fator de progresso. A moeda brasileira, nos anos 1980, não valia nada; os preços mudavam diariamente, a inflação em 1993 atingia 6.000% ao ano. Porém, o governo brasileiro, que deve à sua ascendência portuguesa uma grande sofisticação, instaurara um sistema de indexação generalizado; com a indexação, a hiperinflação teoricamente não tinha conseqüências, visto que as remunerações acompanhavam os preços. O Estado podia, portanto, fabricar dinheiro descaradamente para financiar seus gastos, as infra-estruturas e os investimentos industriais: uma bomba de financiamento que não causava vítimas... teoricamente. Esse modelo brasileiro foi reconhecido, inclusive foi ensinado em algumas universidades européias, antes de tudo por razões ideológicas: ele não demonstrava que os monetaristas a la Milton Friedman, partidários da verdadeira moeda, estavam errados? Na verdade, a hiperinflação enriquecia os ricos que viviam com dólares e arruinava os pobres cuja renda sempre estava para trás em relação aos preços. Dessa hiperinflação, um horror social, nasceu o segundo Cardoso: o sociólogo marxiano se tornou o primeiro presidente liberal do Brasil.

A INFLAÇÃO, HORROR SOCIAL

É conhecida a influência da inflação na história: o Diretório na França e a República de Weimar, entre outros regimes, se arruinaram com a sua moeda ruim. No Brasil, em 1986, a inflação contribuiu para a queda da ditadura militar. Os novos dirigentes eleitos, José Sarney, Itamar Franco, depois Cardoso, compreenderam o que o povo esperava deles, antes da liberdade política, antes mesmo do crescimento, a estabilidade da moeda. Esse será o grande trabalho de Cardoso: uma nova moeda, verdadeira, autêntica, estável. Todo o resto, a nova economia do Brasil, vem daí. Para que a moeda ficasse estável, o Estado teve que equilibrar as suas contas;

para eliminar o déficit, deixou de recrutar funcionários e de subvencionar empresas públicas. O que se seguiu – as privatizações, a abertura do mercado para a concorrência –, diz Cardoso, não foi uma escolha ideológica de inspiração liberal, mas a conseqüência racional da estabilização monetária. Ressaltaremos que Cardoso só atingiu o seu objetivo porque o Estado brasileiro é sério, a administração competente – ela executa as ordens do governo. Um esforço tecnicamente comparável de estabilização da moeda não funcionou na Argentina em 2002 porque o Estado, mais mafioso do que sério, continua a gastar além de seus recursos.

Depois do restabelecimento da democracia, diz Cardoso, os eleitos foram os primeiros a ficarem surpresos ao constatar o quanto a sua popularidade dependia da estabilidade dos preços. O povo compreendera, mais rapidamente do que as elites políticas, melhor do que certos economistas, o quanto a inflação era um imposto que recaía sobre os pobres; a experiência política do Brasil confirmou exatamente a análise econômica clássica.

Ao tornar-se presidente, Cardoso aplicou a receita conhecida como monetarista: para que a moeda permaneça estável por bastante tempo, é aconselhável que não esteja sob o poder político e que o Estado equilibre o seu orçamento. O Brasil precisava, portanto, de instituições econômicas longe da versatilidade política e da tentação populista. Cardoso criou um Banco Central independente do governo e instaurou uma transparência orçamentária absoluta. Na internet, qualquer cidadão brasileiro pode instantaneamente conhecer todos os gastos públicos, a situação da dívida e a ameaça eventual que paira sobre a estabilidade monetária; essa transparência amarra a classe política e a burocracia. E nenhuma transgressão escapa da imprensa muito livre do Brasil. Com o Banco e a transparência, a mídia constitui o terceiro pilar da nova ordem brasileira.

A SOCIEDADE JUSTA

Cardoso não se define como um liberal. Isso é compreensível. Se existe em algum lugar no mundo um ultraliberalismo que reduz tudo ao mercado, que se recusa a ver a sociedade tal como ela é, que prefere o despotismo esclarecido à democracia, então ele é latino-americano: de um integralismo de fazer empalidecer os mestres Hayek e Friedman, do qual se orgulham seus adeptos brasileiros. O liberalismo no Brasil é percebido como a ideologia do grande patronato que se adaptou muito bem, em tempos passados, à ditadura militar.

Fernando Henrique se declara, portanto, social-democrata; de fato, seu reconhecimento do mercado não exclui ações diretas contra a pobreza. Primeiro chefe de Estado brasileiro que se interessou concretamente pelos pobres, instalou um modelo de assistência pública notável em seu conceito e aplicação. Partindo do fato de que a grande miséria no Brasil encontra-se ancorada na ignorância, ele concedeu uma ajuda financeira às famílias, contanto que escolarizassem seus filhos; as alocações são doadas à mãe. O governo liberal de Vicente Fox criou um tipo de ajuda semelhante no México; também existe algo assim no Chile. É necessário melhorar a qualidade das escolas públicas, mas, graças a essas "bolsas família", o analfabetismo diminui. Ajudar a próxima geração ao invés dos pobres de hoje: essa foi a escolha estratégica e cruel de Cardoso. O Brasil privilegiou o futuro. Fez isso uma primeira vez com Cardoso, presidente de direita, depois uma segunda vez com seu sucessor, Inácio da Silva, chamado de Lula, presidente de esquerda.

Em economia, as instituições desenham o futuro de uma nação de maneira mais certeira do que as intervenções conjunturais de governos de passagem; mas só se pode apostar nessas instituições se elas conseguem resistir aos testes das recessões e das alternâncias. Desde 1995, as instituições políticas e econômicas do Brasil resistiram; Lula, advindo do sindicalismo antiliberal, apoiado pelos teólogos da libertação e pelos universitários trotskistas, contra toda expectativa, preservou a herança recebida de seu predecessor. O próprio Fernando Henrique Cardoso se espanta: a intuição do bem em Lula prevaleceu sobre a ideologia? O Brasil, por tradição, é também um país de acomodação muito mais do que de confrontação. É verdade que os adversários de Lula o acusam de empregar funcionários em demasia, de ter aumentado o número de famílias beneficiárias da ajuda social muito além daqueles verdadeiramente necessitados, isso por razões eleitoreiras, de haver constituído uma clientela de assistidos. Essas acusações são fundamentadas, porém, negligenciáveis em relação aos benefícios da continuidade institucional. A independência do Banco Central, a estabilidade da moeda, a abertura para o mercado, as privatizações, a transparência fiscal, a ajuda condicional às famílias: tudo isso foi mantido. Cabe ao Lula, inclusive, o mérito de conter o déficit público melhor do que fez Cardoso. Essa realização é comparável ao sucesso obtido na Índia onde uma política econômica liberal também é gerida de modo contínuo pelos governos da direita nacionalista e da esquerda socialista. O Brasil, tal como a Índia, teve sucesso em sua transição econômica; tem doravante as instituições necessárias para um desenvolvimento contínuo e uma melhor eqüidade social.

EMERGÊNCIA DA CLASSE MÉDIA

A solidez das instituições financeiras, a previsibilidade da moeda, a transparência das transações permitiram a modernização do crédito. Tornou-se possível, para um empreendedor, obter empréstimos a taxas compatíveis com seu nível econômico; é possível para uma família projetar a aquisição de um automóvel ou de uma casa. Graças ao crédito, uma nova classe média acede pelo trabalho a uma vida decente, sem mais depender do clientelismo ou da benção do Estado.

A nova racionalidade econômica demonstrada exemplarmente pelo Estado leva os empresários a modificar seu comportamento. Enquanto que, no Brasil tradicional, buscavam-se nichos especulativos e arranjos, os gestores apostam agora no longo prazo; há investimentos e a busca por mercados. Os antigos hábitos não desapareceram, mas eles diminuíram; o rigor das empresas brasileiras não é ainda comparável àquele do "primeiro mundo", mas, como observa o economista Maílson da Nóbrega, o Brasil saiu do terceiro mundo.

Os obstáculos residuais para se alcançar um desenvolvimento sustentado não decorrem mais do terceiro-mundismo, como a corrupção da administração ou o caráter temperamental do Estado; os empresários brasileiros, como os do "primeiro mundo", só sabem protestar contra um salário mínimo muito elevado que prejudica a concorrência com a China, contra leis sociais que impedem demissões, contra sindicatos anticapitalistas, contra a insuficiência das infra-estruturas públicas que tornam lentas as exportações e mereceriam ser privatizadas. Essas queixas, às vezes legítimas e às vezes excessivas, são características de um mundo que entrou na racionalidade e que saiu da pobreza estrutural; o Brasil tem necessidade de reformas administrativas, mas a revolução econômica está terminada. Aos partidários da teoria da dependência e aos marxistas virulentos, restam os órgãos de imprensa e os cargos universitários, mas eles não têm mais condição de modificar o curso da história. Enterrados por um de seus pares, Fernando Henrique Cardoso, esses marxistas pertencem ao passado do Brasil; a nova classe média representa mais modestamente seu futuro. Um futuro que poderá ser qualificado de progressista, pois o novo Brasil, ao mesmo tempo em que se desenvolve, torna-se mais igualitário.

Em 2007, o Brasil foi o único país do mundo, além da Tailândia, em que o coeficiente de Gini apresentou melhora. Esse índice, universalmente aceito, mede a distância das rendas entre os 10% mais ricos e os 10% mais pobres da população. Em todas as partes do mundo, com exceção do Brasil (e da Tailândia), essa distância cresce; nos países desenvolvidos, constata-se que os ricos enriquecem mais rapidamente do que os pobres, mesmo nos lugares onde os pobres se tornam mais pobres. Nos Estados Unidos, em média toda a população enriquece, mas isso acontece com maior rapidez para os ricos em razão da recompensa dada à educação, sempre mais valorizada no mercado mundial. Na China ou na Índia, o destino dos mais humildes encontra melhoras, mas isso numa velocidade menor do que ocorre com os mais afortunados. No Brasil, os pobres progridem mais rapidamente do que os ricos; pela primeira vez na história do país, a distância se estreita. Maílson da Nóbrega explica isso pela passagem do desenvolvimentalismo de Estado para uma economia liberal: o enriquecimento através do clientelismo e dos monopólios foi substituído pelo acesso da grande massa ao mercado. É o mercado que gera a mobilidade social, enquanto que o estadismo premiava os rendimentos: o modelo econômico melhora a eqüidade, e ele faz isso muito melhor do que a redistribuição fiscal ou a ajuda social.

A ajuda direta às famílias também contribui para essa eqüidade, porém, de maneira acessória: atribuídas a cerca de 12 milhões de famílias, as "bolsas família" representam somente 0,5% da riqueza nacional; mas é a próxima geração, em razão de sua escolarização, mais do que a geração atual, que se beneficiará realmente com essa ajuda. O mercado também explica a curva ascendente da taxa de crescimento brasileira: essa taxa progride unicamente em razão da liberação do crédito, do comércio e das trocas. O caminho brasileiro, igualdade e progresso, não é fortuito, não é função da sorte; trata-se de uma lição de boa economia tal como ensinam os teóricos do desenvolvimento.

Mencionemos ainda um último fator que não se pode quantificar da nova economia brasileira, sobre o qual não se sabe dizer se é um efeito ou uma causa: a substituição do catolicismo pelas igrejas pentecostais e evangélicas. A transferência de fiéis ocorre em massa; no Estado de São Paulo, o mais próspero do país, esses evangélicos se tornaram majoritários. O que acontece é que eles não propagam os mesmos valores da igreja católica. Esta, particularmente no Brasil, mostra-se hostil em relação à economia de mercado, e pende para a revolução em nome da teologia da libertação da qual o "cardeal vermelho" de Recife, Dom Helder Câmara, foi durante longo tempo a encarnação. Nos anos 1970-1980, Dom Helder via nas favelas o estopim da revolução contra o capitalismo selvagem; hoje em dia, longe da revolução, as favelas são centros de tráfico de drogas e de outras atividades mafiosas. Certamente esse não é um progresso, tampouco é o que os teólogos da libertação esperavam. Sob a influência de João Paulo II, a igreja católica no

Brasil e seus jesuítas ativistas passaram a moderar seu engajamento político, mas já era muito tarde para fazer frente aos evangélicos. Estes, próximos dos pentecostais dos Estados Unidos, recomendam contra a pobreza o esforço individual, idealizam o espírito empresarial, inclusive o enriquecimento. É possível que esse deslocamento ético-religioso tenha contribuído também para o surgimento de novas normas e de novos comportamentos, mais em sintonia do que o catolicismo com a passagem para a economia de mercado e com a adaptação à globalização.

PAGAR OS IMPOSTOS ENRIQUECE

No Brasil, como em todos os países pobres reina a economia informal: o comerciante ambulante, o artesão, o homem dos consertos, o camponês sem terra, todos eles trabalham fora da lei e têm um resultado muito pequeno. Na falta de título de propriedade e do direito de exercer a profissão, a informalidade é uma estratégia de sobrevivência contra Estados enganadores, burocratas vorazes, aristocracias coloniais. O economista peruano Hernando de Soto mostrou como, em seu país, a quase impossibilidade de obter um título de propriedade proibia o acesso ao crédito e condenava às atividades marginais; no campo, o camponês, ocupante sem título, cultiva a coca porque não requer investimentos e a rotação das culturas é rápida. O número de tramitações necessárias no Peru para abrir uma empresa legal é tão grande e oneroso, com prevaricação, que é impossível se tornar um empresário sem a proteção pessoal de funcionários. A constatação de Soto é válida em graus diferentes para a maioria dos países da América Latina, inclusive o Brasil; o estado de direito ainda não substituiu totalmente a personalização da lei e o clientelismo.

Desse quadro da economia informal advém às vezes um certo romantismo, uma idealização do capitalismo precário e do empresário temerário que escapa da burocracia. Porém, dois economistas brasileiros, José Scheinkman e Áureo de Paula, demonstraram que o informalismo era só uma estratégia de sobrevivência que colocava os pobres em uma espiral do empobrecimento. De seu estudo baseado em uma amostra de 50.000 empresas informais no Brasil, temos como resultado que estas só podem ser mal administradas e improdutivas: seus gerentes são medíocres, pois, os bons vão para o setor formal; o seu capital é insuficiente, porque o acesso ao crédito é impossível ou oneroso, por falta de garantias; os salários são comparáveis ao setor formal, o que esmaga os lucros e as perspectivas de desenvolvimento. Portanto, o setor informal atrasa o crescimento. Além disso, ele é contagioso: as empresas informais tendem a lidar somente com outras empresas informais para escapar dos impostos e da regulamentação durante todo o ciclo de produção. Dada a importância da informalidade em um país relativamente pobre como o Brasil (certamente 40% da produção nacional), a passagem para a formalização aceleraria o crescimento. De acordo com as recomendações de Scheinkman e de Paula, o governo, desde 2006, propõe uma anistia fiscal às empresas que pagarem os seus impostos. Pagar seus impostos permite ter acesso ao crédito bancário com taxas do mercado, e não mais com taxas do agiota; segundo Soto, a taxa de crédito no setor informal na América Latina é em média cinco vezes maior do que no setor formal. Pagar os impostos – o ICMS, no caso do Brasil – enriquece o empresário e o país. Com o ICMS, a formalização substitui as cadeias informais por cadeias formais; é uma prova adicional da relação universal entre o estado de direito e o desenvolvimento.

AS DUAS AMÉRICAS LATINAS

A globalização, segundo Fernando Henrique, dividiu a América Latina em duas partes: uma parte do continente se adaptou à nova realidade, a outra nega a sua existência. Entre os países que se adaptaram, Cardoso coloca em primeiro lugar o Chile, primeira democracia liberal do continente que aderiu à economia de mercado. Os chilenos, segundo ele, compreenderam antes que os outros que a verdadeira vantagem natural das nações não se devia ao clima nem ao solo, mas, à sua capacidade de criar instituições estáveis. De Pinochet, chefe de Estado de 1973 a 1990, até Michele Bachelet, presidente socialista desde 2005, o Chile praticamente não modificou as suas regras econômicas; integrou-se com sucesso à economia mundial adaptando a sua produção. O México, o Brasil, o Uruguai, a Colômbia, o Peru, a Costa Rica, a República Dominicana se comprometeram, com ritmos e graus diferentes, nessa mesma reconciliação entre a democracia liberal, economia de mercado e globalização. O Brasil, diz Fernando Henrique, a partir de agora está mais integrado no mundo do que na América Latina. Trata-se, certamente, do resultado feliz de boas escolhas políticas; para tanto também foi preciso algumas predisposições históricas. O Brasil e os países latino-americanos citados como no processo de integração no mundo real gozavam de uma certa tradição do Estado e do direito herdado da colonização; todos têm uma burguesia empresarial antiga e uma tradição liberal que data do século 19; todos gozam de uma cultura nacional relativamente homogênea que autoriza a cidadania e o exercício da democracia. O Brasil é etnicamente diverso, mas, desde o aristocrata proprietário de terras ao camponês mulato, os brasileiros compartilham de um sentimento de pertencer a uma mesma nação, a uma civilização mestiça comum, e a um projeto de futuro comparável ao que é nos Estados Unidos o "sonho americano". "Nós somos, diz Fernando Henrique, mais americanos do que europeus; como os americanos do norte, acrescenta, temos "um problema negro", mas ele não desfaz a nação."

A outra América Latina, de onde vêm o Brasil, a Colômbia ou o Chile, se caracteriza pelo realismo mágico, tão precioso para o escritor Garcia Márquez. Os chefes de Estado nesses países não passam de caudilhos cujos clientes esperam que redistribuam; o redistributivismo do petróleo, dos minerais, da terra e dos empregos públicos desempenha o papel de economia e substitui o desenvolvimento. Nessa velha América Latina, o mito da revolução continua muito presente, a revolução comunista e mais ainda a revolução dos índios; essa tensão revolucionária pode ser explicada pela não integração dos índios – da Bolívia ou do Paraguai, por exemplo – na sociedade nacional. É um erro comum na Europa traduzir em linguagem de ideologia ocidental ou de luta de classes o que, em um país como a Bolívia, provém da luta de raças herdada da colonização. Nessa velha América Latina, a democracia é uma ficção: um caudilho expulsa o outro, cada um tem como projeto somente redistribuir mais, e não produzir mais. Na melhor das hipóteses, quando as cotações mundiais sobem – do petróleo na Venezuela, da soja na Argentina – surge uma ilusão de prosperidade. O movimento dos capitais internacionais busca achados, como as cotações mundiais, fazem e desfazem essas economias baseadas na especulação, porém, não com base em uma burguesia empresarial local; quando as cotações caem e há evasão de capitais, como na Argentina em 2001, toda a sociedade se arruína. A única certeza, diz Maílson da Nóbrega, é que na velha América Latina tudo sempre acaba mal, com nuances: muito mal na Venezuela, um pouco melhor na Argentina. Depois da euforia sempre volta o tempo da recessão econômica e da ditadura militar.

Além da estranha fascinação que essa velha América Latina exerce nos intelectuais desejosos de revolução, não estamos mais nos anos 1960 – 1970; os populistas como Chavez recusam a ordem mundial, porém, não propõem nenhuma alternativa. O desaparecimento da União Soviética mudou as cartas, assim como a experiência adquirida desde então; afora a integração na ordem mundial pela democracia e pelo mercado, não há via conhecida para o desenvolvimento. Fernando Henrique chama isso de nova social-democracia, a sua tradução brasileira da economia social de mercado à maneira alemã. Tudo bem no que se refere à social-democracia, visto que o termo liberalismo foi estragado por seus aduladores! O Brasil se tornou um país sério? Responde Maílson da Nóbrega: o futuro já começou.

POR QUE A AMÉRICA LATINA PROGRIDE MENOS
RAPIDAMENTE DO QUE A ÁSIA?

Há trinta anos nunca a situação econômica da América Latina foi tão favorável quanto hoje (2007). Esse progresso se deve essencialmente a boas políticas econômicas, enfim razoáveis e liberais, à criação de instituições políticas e financeiras relativamente estáveis e previsíveis, a um controle melhor da inflação e da dívida. Adiciona-se a isso a situação favorável de um forte aumento dos preços das matérias-primas que o continente exporta: a soja na Argentina ou no Brasil, os cereais no Uruguai, o cobre no Chile, o gás na Bolívia, o petróleo na Venezuela e no Equador... Apesar dessas circunstâncias favoráveis e dessa nova racionalidade, o economista brasileiro Eduardo Giannetti observa que o índice de crescimento do continente latino-americano como um todo, inclusive nos países mais bem administrados, em primeiro lugar o Chile, fica nitidamente para trás dos desempenhos da China, Índia, Filipinas ou Tailândia. O argumento segundo o qual algumas dessas economias latino-americanas já teriam atingido um índice de maturidade suficiente para que o crescimento seja parecido ao dos países já desenvolvidos seria válido a rigor para o Chile, Argentina e Uruguai, porém, certamente não para o Brasil nem *a fortiori* para países tão pobres quanto o Peru, Bolívia ou Colômbia. Sem dúvida existem razões estruturais, intrínsecas ao continente latino-americano, que explicam essa diferença. Mais do que razões culturais, as ferramentas clássicas da análise econômica permitem compreender essa situação.

Na América Latina, poupa-se e investe-se menos do que na Ásia; também se dá menos importância para a educação de massa. No Brasil e o Chile, atendo-nos às situações mais dinâmicas, poupa-se e investe-se duas vezes menos do que na Índia ou na China: a falta de industrialização, a pobreza das infra-estruturas é exemplo disso. Investe-se também relativamente menos na educação de base, enquanto que as elites usufruem de excelentes universidades. Se há menos investimentos, é porque as incitações para investir são menores tanto a curto quanto a longo prazo. Por uma simples razão: o peso do fisco na América Latina, em particular no Brasil, é muito alto. Os impostos que se cobram nas empresas financiam Estados onerosos, que não encontram equivalente na Ásia que está decolando.

Para esse peso do Estado, podemos encontrar origens históricas: os governos atuais são os herdeiros de burocracias coloniais, espanholas e portuguesas, muito volumosas e meticulosas. A complexidade da burocracia para criar empresas, e mais ainda para fechá-las, desencoraja no Brasil tanto a sua criação quanto a sua destruição criadora. Essa burocracia, denunciada por Hernando de Soto, explica a importância do setor informal. O fato de que no Brasil praticamente a metade das atividades seja informal – uma anomalia – revela que o estado de direito não existe para a metade da população: isto diz muito sobre o caráter disfuncional do Estado brasileiro, apesar de suas recentes melhoras. Vimos com José Scheinkman o quanto essa informalidade freava o desenvolvimento das empresas situadas fora da lei.

Porém, as razões históricas e a herança colonial não explicam, por si só, por que a metade da economia escapa da burocracia. Os Estados latino-americanos não são dispendiosos só porque perpetuam uma herança colonial; são mais ainda por tentarem, através de grandes gastos sociais, acalmar movimentos reivindicativos totalmente contemporâneos. Nas sociedades latino-americanas, profundamente desiguais, a injustiça social é mal tolerada; não é um mero acidente ou por causa de um temperamento local particular que o continente sul americano foi tão propício para as revoluções socialistas e ainda é cheio de movimentos ditos populistas. Che Guevara, Fidel Castro, Hugo Chávez na Venezuela, o comandante Marcos no México, Evo Morales na Bolívia, e muitos outros ainda, traduzem diferenças sociais insuportáveis para uma maioria. Essas divisões remontam a um passado pesado que não passa: a exploração dos povos indígenas pelos conquistadores, uma economia fundada na extração da renda, os minerais, o petróleo, as grandes explorações agrícolas. Desde a origem, os colonos europeus vieram para a América Latina para explorá-la, enquanto que na América do Norte preferiram valorizá-la; foi por causa da origem dos colonos ou porque no Sul a mão-de-obra era abundante, enquanto que ela era escassa no Norte? O fato é que no Norte se investe no Sul se explora.

As políticas estatizantes dos anos 1940 até 1970 não modificaram radicalmente esse regime de exploração para favorecer as minorias: a nacionalização do cobre no Chile pelo governo marxista de Allende, por exemplo, só transferiu a renda dos antigos proprietários estrangeiros para a burocracia. Ocorreu o mesmo na Bolívia com o estanho, ou na Venezuela com o petróleo. O socialismo na América Latina deslocou a propriedade e seus lucros de uma aristocracia privada para uma aristocracia pública sem inserir a sociedade em um desenvolvimento generalizado.

A democratização na América Latina, referimo-nos à democratização ocorrida nos anos 1930 assim como o seu restabelecimento nos anos 1980, depois do fim das ditaduras militares (que falharam todas na integração do povo num processo de desenvolvimento), estimulou a compra da paz social pela distribuição de empregos públicos e de subvenções: o clientelismo característico dos regimes democráticos latino-americanos tenta ao mesmo tempo comprar os votos e desativar os movimentos sociais. Desse modo, durante sua presidência, Fernando Henrique Cardoso conseguiu edificar as instituições econômicas do futuro, mas ao mesmo tempo ele aumentou as despesas públicas (em dez anos, essas despesas no Brasil passaram de 26 para 35% da riqueza nacional) de maneira a afastar o espectro da revolução.

Essa obsessão pela revolução, que aumenta as despesas sociais em detrimento do investimento, público ou privado, se agrava desde que os pobres ocupam as cidades. Quando Che Guevara tentava mobilizar os camponeses da Bolívia ou a igreja católica no Brasil agitava os camponeses sem terra, tratavam-se de rebeliões longínquas, invisíveis nas cidades onde viviam as elites; mas, com o êxodo rural massivo em direção às metrópoles, os proletários ocuparam as periferias. Em São Paulo, Bogotá ou Lima, os pobres entraram nas cidades e passaram a ocupar os recantos dos bairros mais ricos como nas favelas: contra o medo dos pobres e da violência real – uma violência devida à proximidade – as subvenções públicas constituem uma forma de resposta ou de esquiva.

Em termos gerais, para os empresários, ao imposto se acrescenta a pressão da revolução que acaba limitando todo o desejo de investimento a longo prazo. Há uma preferência pelo curto prazo, ou pela transferência de capitais para o exterior, ou o consumo intenso pelo maior tempo possível, dado que o futuro é incerto. Talvez a cultura latino-americana contribua com essa predileção pelo presente e pelo consumo, mas essa cultura é reforçada por circunstâncias econômicas e sociais objetivas.

O remédio teórico para a desigualdade social seria a educação generalizada; um forte aumento do capital humano dessas nações reduziria as discriminações, e conduziria a uma economia mais qualitativa e menos extrativa. O que acontece na realidade é o inverso disso: quase em todos os lugares da América Latina, a educação reflete as desigualdades e as cristaliza. Do México a Argentina, as universidades são excelentes (sobretudo quando são privadas e caras), as escolas privadas também apresentam boa qualidade e são caras, enquanto que as escolas públicas são reservadas aos pobres, e apresentam um nível medíocre. Isto porque, ou bem os dirigentes não chegaram a compreender em que medida a educação de massa pode fortalecer o capital imaterial das nações e assim desativar os movimentos sociais, ou então as elites tradicionais se acomodam nessa discriminação que é confortável aos seus privilégios. Sem dúvida, essas duas razões se somam uma à outra.

Também é verdade que, para um governo democrático e liberal, não é fácil investir na educação, pois isso aumenta as despesas públicas, quando na verdade seria conveniente conter o orçamento do Estado de maneira a encorajar o investimento: um dilema universal que, nesse continente, o Chile tenta contornar.

A SOLUÇÃO CHILENA

Para a América Latina, o Chile é um laboratório de experiências econômicas e sociais, um pioneiro que o resto do continente observa atentamente. Essa condição estranhamente remonta à presidência do general Pinochet (1973-1990), menos em razão do próprio Pinochet do que do grupo de pessoas que o rodeavam. Economicamente ignorante, diante de uma inflação e de uma produção deficiente por causa da nacionalização das empresas operada por Salvador Allende, Pinochet dirigiu-se aos economistas da mais reputada universidade do Chile, a Universidade Católica de Santiago; acontece que, em decorrência de um antigo acordo efetuado com a Universidade de Chicago, todos esses economistas haviam sido, em diversos graus, inspirados pelas teorias de Milton Friedmam. Foi dessa maneira que eles entraram primeiramente na história de seu país, e posteriormente na crônica universal da historia econômica, sob o pseudônimo de *Chicago boys*. Eles aplicaram no Chile, como o fariam sobre uma página em branco ou um quadro negro, os princípios da economia liberal; as empresas foram privatizadas, a moeda foi estabilizada por um Banco Central independente, os mercados foram desregulamentados e as fronteiras foram abertas. Mas a extração do cobre, que representa a metade das exportações do Chile, escapou da teoria, sem dúvida porque o exército preferia conservar o controle desse recurso: ainda hoje, mesmo que a democracia tenha sido restabelecida desde 1990, 10% da venda de cobre é atribuída diretamente aos militares para – em princípio – comprar armas contra um inimigo imaginário. Afora essa exceção, e depois de alguns sobressaltos na execução desse liberalismo integral, o Chile é o país da América Latina que cresce com mais rapidez e onde a pobreza se resolveu mais rapidamente também; o câmbio livre foi particularmente eficaz, permitindo aos chilenos consumir no mercado mundial a um preço baixo e estimulando suas empresas a exportar para o mundo inteiro produtos com valor agregado crescente, tal como o vinho, o peixe, as frutas. Os *Chicago boys*, em sua maior parte, após a saída de Pinochet, voltaram a ensinar na Universidade Católica; mas nenhum dos governos democráticos que se seguiram, democrata-cristãos e socialistas, questionou a economia liberal. Essa continuidade beneficiou o país e inspirou seus vizinhos, particularmente o Peru e o Brasil.

Porém, não é mais a liberalização da economia, que se tornou a regra geral na nova América Latina, que constitui a originalidade do Chile. Aquilo que foi realizado, observa um dos *Chicago boys*, o economista Rolf Luders, era banal: a única singularidade foi a aliança inesperada entre Pinochet e os economistas liberais. A verdadeira inovação, aquela que ainda hoje confere ao Chile seu estatuto de pioneiro, constitui-se na política social. O crescimento chileno elevou o nível de vida geral, reduziu a pobreza, mas não resolveu as desigualdades; o sucesso dos mais instruídos somente faz ressaltar o atraso dos menos instruídos. Portanto, a reivindicação por justiça social não é menos forte no Chile do que no resto do continente; mas ela recai mais sobre a redistribuição do que sobre a pobreza.

Como redistribuir sem frear, por um excesso de despesas públicas, a ascensão das empresas? Através da aplicação generalizada da proposição de Milton Friedman acerca dos *vouchers*, dando sustentação à demanda dos indivíduos ao invés da oferta de serviços públicos suplementares. Na situação escolar, cada família necessitada, a partir de uma agenda precisa das reais necessidades, a fim de evitar as fraudes, recebe um *voucher* que permite escolher entre a escola privada ou pública. Essa fórmula, em princípio justa e igualitária, na prática caminha mal, pois o montante do *vaucher* é insuficiente para ter acesso às escolas privadas, e também porque as escolas públicas se recusam a publicar seus resultados: a escolha das famílias, portanto, é ilusória. Por outro lado, esse método é eficaz no que se refere ao acesso à moradia social: uma garantia dada pelo Estado aos mais humildes permite-lhes ter acesso aos créditos hipotecários e comprar uma moradia no mercado privado. O Estado não constrói moradias que depois distribui, não acresce a despesa pública, ele não é um construtor.

São os planos de aposentadoria que tornam o método chileno exemplar, aliando justiça social e eficácia econômica. Todos os chilenos têm a escolha entre a adesão a um regime de aposentadoria mínima pública e uma aposentadoria privada pela capitalização; cada chileno deve aderir a um regime.

As aposentadorias privadas pela capitalização são administradas por companhias de seguro aprovadas pelo Estado e concorrem entre elas. A lógica do sistema é, portanto, comparável à dos *vouchers* escolares. Em todo caso, não se trata de uma privatização total das escolas, da habitação ou das aposentadorias, visto que o Estado garante o acesso tanto a uns quanto a outros, dando uma ajuda pública aos mais pobres. O método chileno, nem socialista nem liberal, associa em princípio solidariedade e eficácia sem afetar muito o dinamismo econômico. A esquerda chilena denuncia as imperfeições desse sistema, incontestáveis, porém, não questiona o modelo *made in Chicago*. Provavelmente, a nova América Latina se parecerá sempre mais com o modelo chileno. A velha América Latina permanecerá imprevisível.

QUARTA PARTE
Sair do Socialismo

  Até os anos 1980, professores, economistas ou jornalistas deviam comparar de forma igual a organização e os resultados do socialismo soviético com os do capitalismo ocidental. Raymond Aron predizia que os dois sistemas permaneceriam distintos e imutáveis; outros, como Maurice Duverger, profetizavam a convergência dos dois sistemas, cada um tomando do outro o que supostamente tinha de melhor. Tantas apostas inúteis. Desde o desaparecimento do sistema soviético, o capitalismo não é mais ocidental, mas universal; exige ser criticado, mas isso unicamente em relação a suas próprias ambições, não mais comparando-o com um modelo que não existe mais. Com o recuo do tempo, o espanto vem do fato de termos podido durante tanto tempo, tanto no Oriente como no Ocidente, levar o socialismo soviético a sério. Nunca foi uma alternativa realista e funcionou por aproximadamente sessenta anos na medida em que era imposto por uma disciplina militar e não respeitava totalmente os seus próprios princípios. Por trás da fachada de uma planificação onisciente, os soviéticos ou os chineses só sobreviviam – mal – contornando o sistema: o mercado negro generalizado era uma estratégia de sobrevivência espontânea contra a proibição do mercado.
  A segunda fonte de espanto se deve à rapidez inédita e ao caráter pacífico da transição entre o que János Kornai chama de sistema socialista e sistema capitalista. Depois do desmoronamento do socialismo soviético, algumas pessoas confiavam ou esperavam que os russos ou poloneses inventassem uma terceira via, uma via coletiva baseada em cooperativas, nem soviética nem capitalista, estruturada à maneira do socialismo utópico sonhado no século XIX. Entre aqueles que não acreditavam nessa terceira via e que desejavam o capitalismo, muitos temiam que seria preciso esperar ainda toda uma geração até que o homo sovieticus desse lugar a um homo economicus. Essa longa espera não foi necessária, pois, era o desejo declarado dos interessados, como dizia Donald Tusk, membro do Solidariedade e mais tarde líder liberal polonês, "viver numa economia normal". Se esse debate entre socialismo e capitalismo pertence a um passado já em vias de desaparecimento, outras interrogações entraram em seu lugar, especialmente aquelas que se referem à relação entre mercado e democracia. Ao observarmos as evoluções da Europa central, e os casos da Rússia ou da China, tudo se passa como se o capitalismo e a democracia evoluíssem em dois patamares distintos. Para aqueles que estavam convencidos de que o capitalismo conduziria necessariamente à democracia, os

dirigentes russos e chineses causam embaraço; nesses dois países e também na Ásia central se esboça um capitalismo autoritário em relação ao qual se ignora se ele permanecerá ou não como uma forma estável. Pode-se concluir a partir daí que há uma assimetria? O capitalismo pode abster-se da democracia, sendo que não existe democracia sem capitalismo.

As pessoas podem espantar-se com o fato de a Turquia estar presente nos capítulos consagrados à transição; essa inclusão é deliberada, pois, parece-me que a estagnação anterior da Turquia se devia a sua economia de Estado, e não a sua cultura islâmica. A transição turca do estadismo para o liberalismo engendrou um crescimento rápido, o que prova que o mercado funciona em todas as culturas, enquanto que o social-estadismo não funciona em nenhuma delas.

CAPÍTULO XIII
A grande transição

Postado em seu balcão que domina o Danúbio, János Kornai contempla aquilo que sobreviveu ao socialismo real em sua cidade de Budapeste: enormes barras de concreto, a arquitetura soviética dos anos 1960, idêntica em todas as cidades que constituíam o "campo socialista". Antes da transição da Europa Central em direção à democracia liberal em 1990, a Hungria não era a mais desprovida das nações vassalas; no campo, recorda-se Kornai, habitávamos a caserna mais bonita. O regime imposto aos húngaros era qualificado de socialismo-goulasch, referente ao nome do prato nacional; para acalmar a tentação da revolta, o governo autorizava o trabalho clandestino e as pequenas empresas privadas. Para compreender como funcionava esse antigo sistema, Kornai lembra que as empresas públicas fabricavam garrafas de cerveja que não podiam ser abertas, o que permitia aos empresários privados prosperar com a fabricação de abridores. Essa economia mista assegurava um pouco de conforto, impossível de ser encontrado em outros países irmãos; a Hungria, entretanto, não deixava de ser uma caserna, e muito menos comunista.

Seja na prática ou na teoria, diz Kornai, não existe e não pode existir senão dois sistemas econômicos: o capitalismo e o socialismo. No interior de cada um desses sistemas encontram-se as variações nacionais. Essas, porém, nunca chegam a afetar os fundamentos do sistema. Não existe, portanto, uma terceira via que seria, por exemplo, um "socialismo de mercado": ao nos afastarmos do socialismo, nos distanciamos dele inteiramente para adentrar o capitalismo. Ninguém pode permanecer por um longo período entre os dois.

O SOCIALISMO COMO SISTEMA

Toda a obra de Kornai destina-se à análise desses dois sistemas e aos caminhos da transição de um em direção ao outro. Sua vida de economista, o mais notório de todos aqueles que permaneceram no campo socialista, se confunde com uma história que ele analisou e descreveu como ninguém, visto que é descrita de dentro. Como Kornai conseguiu sobreviver à repressão sem nunca sacrificar sua liberdade de pensamento e de escrever? O caráter relativamente técnico de seus trabalhos sem dúvida o protegeu; nenhum dos problemas do socialismo, como veremos, escapou de seu escalpelo, mas a censura não tinha capacidade para compreender seu trabalho. Kornai havia escolhido não se exilar, mesmo que ele tenha sido requisitado pelas universidades americanas como sendo o melhor economista do socialismo. Quando houve a autorização, a partir dos anos 1980, ensinou em Harvard, mas voltou para a Hungria para compartilhar, diz ele, os sofrimentos e a memória de seus compatriotas. Nenhum americano, diz Kornai, nenhum europeu do oeste tem condição de compreender o que era a vida sob o regime comunista: essa experiência não pode ser transmitida. Uma outra experiência não passível de transmissão foi aquela vivida pelo jovem János Kornai, obrigado no passado pelo governo húngaro pró-nazista a usar a estrela amarela. Kornai nunca foi comunista? Numa reação contra o nazismo, durante um breve instante, ele sentiu-se seduzido pelos libertadores de seu país: um breve idílio. Depois do massacre da sublevação democrática de 1956, não restou ninguém na Hungria, nem em qualquer outro país da Europa central, um único comunista convicto. Paralelamente, na Polônia, Lech Walesa gosta de contar que nunca em toda a sua vida encontrou um único comunista polonês que fosse sincero; em compensação, como em todos os regimes, não faltavam homens da nomenclatura. Kornai não colaborou, tampouco se revoltou; ele analisava a situação. Mantinha um certo gosto pelo paradoxo: quando o campo socialista desmoronou, em 1990, redigiu sua obra maior sobre a economia socialista, *O Sistema socialista*. Somente seria possível ter uma visão completa da economia socialista, explica ele, após o término de sua história. A incapacidade dos últimos dirigentes comunistas na reforma da economia validaria sua teoria acerca do socialismo como sistema. Em um sistema fechado, nenhum elemento pode ser modificado ou subtraído sem que todo o sistema desmorone. Kornai havia previsto isso há muito tempo, sem, é claro, poder anunciar a data em que o sistema iria caducar; ele teve razão contra aqueles que, como Raymond Aron, achavam que o socialismo seria eterno, e contra aqueles que acreditavam que fosse passível de reforma.

A REPRESSÃO NECESSÁRIA

Por definição, no sistema socialista, a propriedade privada é abolida, o Estado gere todos os recursos e fixa os preços: isso é bastante conhecido. Suas conseqüências são menos conhecidas. Se o socialismo nunca inovou, é porque não existia, no interior do sistema, nenhum estímulo à inovação. Tudo, na economia socialista, era copiado do capitalismo, ou roubado: a imitação constituía uma engrenagem essencial ao bom andamento do sistema; a espionagem não era uma escolha, mas uma necessidade vital. De modo semelhante, os resultados econômicos do socialismo eram medíocres, não porque era mal gerido, mas porque as coisas não podiam acontecer de outra forma: segundo o adágio conhecido e confirmado, no socialismo, o Estado faz de conta que está pagando as pessoas e os trabalhadores fazem de conta que trabalham. Nesse sistema, os preços eram tão artificiais quanto os salários. Sobre esse ponto, Kornai valida uma das críticas fundamentais de Háyek que permite compreender por que uma economia centralizada não pode jamais funcionar da melhor maneira: um Estado central, escrevia Hayek, que deseja fixar os preços, teria como pressuposto um conhecimento perfeito dos desejos e comportamentos de todos os indivíduos num dado momento, e deveria antecipar-se aos seus comportamentos e desejos futuros. Mesmo que estivesse equipado com o mais poderoso computador do mundo, nenhum Estado tem condições para gerir esse número ilimitado de informações que, em sua maior parte, não estão disponíveis; seria necessário que o Estado fosse Deus. Esse mito de um Estado onisciente, Hayek chamava de "arrogância fatal", e ele percebia nesse ponto o defeito congênito da utopia socialista. O socialismo era, portanto, um mundo de faz-de-conta, o que não impediu que a economia socialista produzisse.

O campo socialista se industrializou de fato e os povos viviam objetivamente melhor do que antes; porém, esses progressos só valiam pela comparação com o passado, não com o capitalismo. Portanto, era essencial para o sistema socialista que a informação não circulasse, que a imprensa fosse censurada e que as viagens fossem proibidas. Um operário russo isolado podia concluir que vivia melhor que os seus familiares no tempo dos tsares, ignorando ao mesmo tempo em que tinha uma qualidade de vida pior do que a de um operário americano da sua geração. Esse trabalhador socialista ignorava também o preço considerável que pagava pela industrialização do seu país: o seu poder aquisitivo era praticamente inexistente, e os raros produtos de consumo se encontravam em longas filas ou através de favores ilícitos. A penúria e a fila, características do sistema socialista, não eram acidentais nem o resultado de erros de gestão, tratava-se do próprio princípio da gestão.

Em relação aos sacrifícios consentidos pela população, à penúria e à pobreza em massa, o resultado dessa economia socialista foi medíocre: numa escala de 1 a 100, Kornai pensa que foi de 50, e o capitalismo 90, levando em consideração que nenhum sistema é totalmente perfeito. O sistema socialista, diz Kornai, desempenhava as funções vegetativas da economia, como um grande corpo que vegeta. Para garantir essas funções vegetativas, a repressão era um elemento essencial para o sistema; sem uma disciplina de tipo militar, uma economia socialista não pode funcionar. Portanto, não foi nem Stalin nem Mao Tsé-Tung, diz Kornai, que corromperam o bom modelo comunista, como se acreditou no Ocidente; sem Stalin, Mao ou seus equivalentes, o sistema teria parado. A tirania era intrínseca; as formas dessa tirania puderam variar – Kádár na Hungria foi mais tolerante do que Stalin, e Castro é menos do que Ceausescu –, porém essa diversidade é limitada pelo imperativo militar do sistema. O que o próprio Gorbatchov não compreendera.

A "TERCEIRA VIA" INACESSÍVEL

Nos anos 1980, em razão da informação ter-se tornado tecnicamente incontrolável e porque o atraso objetivo do sistema socialista em relação ao sistema capitalista se tornou evidente aos olhos de todos, do trabalhador de base até os altos escalões do Estado, o espírito de reforma tomou conta dos dirigentes socialistas: entre 1950 e 1980, o índice de crescimento médio no Ocidente foi três vezes maior do que no Oriente. Entre todos os reformadores, Gorbatchov foi o mais emblemático, mas, foi precedido por vários teóricos que haviam preconizado a introdução no sistema socialista de mecanismos de mercado sem renunciar à propriedade pública. Esse socialismo de mercado ou terceira via, que conheceu um imenso sucesso tanto no Oriente quanto no Ocidente nos anos 1970-1980, supunha, diz Kornai, que a economia fosse uma galeria comercial onde era possível selecionar os produtos mais vantajosos: por exemplo, emprego com eficácia de mercado, a igualdade com a inovação, a propriedade pública com a democracia. Mas a economia não é um supermercado, ela constitui um sistema, tal como demonstraria o fracasso da Perestroika.

Gorbatchev cometeu, segundo Kornai, dois erros irreparáveis. O primeiro consistiu na liberação da informação e, o que acabou se revelando ainda mais cheio de conseqüências, a liberação dos prisioneiros: todo o campo comunista descobriu brutalmente que havia sido tirado de foco. Gorbatchev não havia compreendido em que medida a censura e a disciplina militar sustentavam o sistema. O segundo erro, que ainda não foi dissipado em todos os espíritos, foi acreditar que o mercado e a propriedade pública eram incompatíveis. Na ausência de concorrência e de motivação pelo lucro, os dirigentes de uma empresa do Estado não se comportam nunca como se fossem os dirigentes de uma empresa privada. Um empresário de Estado pode propor inovações ou não, pois, ao contrário do setor privado, ele pode escolher; se ele fracassar, se voltará para o Estado que nunca suprime uma empresa pública deficitária. A propriedade pública impede, de fato, a destruição criativa a que aludia Joseph Shumpeter que demonstrou ser ela o motor da eficácia capitalista. Na União Soviética, nenhuma empresa desaparecia, a indústria era como um museu onde os depósitos se superpunham, com as novas técnicas acrescentando-se às antigas técnicas, sem substituí-las. Se o socialismo é um sistema, o capitalismo constitui-se num outro sistema, dotado de sua coerência interna: propriedade privada, concorrência, liberdade de preços e das transações.

Gorbatchev na Rússia, o sindicato Solidariedade na Polônia, João Paulo II, os socialistas húngaros, Vaclav Havel, todos haviam inicialmente desejado substituir o sistema socialista por um socialismo de mercado; a esquerda socialista européia também sonhou com isso. A quem coube dissipar a ilusão? Aos teóricos que desmantelaram o sonho, como Kornai na Hungria, Leszek Balcerowicz na Polônia, Egor Gaidar na Rússia? A Jeffrey Sachs, que da Universidade Harvard acorreu para aconselhar os novos dirigentes do Leste? A Michel Camdessus, influente diretor do Fundo Monetário Internacional, que persuadiu o Papa acerca da moralidade existente na economia de mercado? Talvez o bom senso levou a melhor: nessa época, encontrava-se em todo o campo socialista um número suficiente de empresários privados, que apareceram espontaneamente, que desejavam somente, como disse o Primeiro-Ministro polonês Donald Tusk, viver numa economia normal.

Nem por isso o conceito de socialismo de mercado desapareceu totalmente. No âmbito global, constata Kornai, o mito se dissipou, porém, se refugiou, por razões morais compreensíveis, em nichos: a saúde e a educação. No sistema capitalista doravante dominante, se aceita mal que a saúde e a educação sejam de propriedade privada e do mercado; tenta-se em todas as partes, com vários insucessos, conciliar o inconciliável, a eficácia com a centralização. As conseqüências, evidentemente previsíveis, são semelhantes às do antigo sistema socialista: uma produtividade medíocre, a penúria, as filas e os favores ilícitos. Segundo as culturas nacionais, a educação e a saúde tenderão mais para a estatização ou para o mercado, porém, sem que nenhum governo ou economista pretendam ter traçado o caminho certo. Sem dúvida este caminho não existe; a educação e a saúde, em diferentes graus, estão condenadas a ficar na zona cinza do socialismo de mercado: nem totalmente corretas, nem totalmente eficazes. Os sistemas econômicos, conclui Kornai, sempre são imperfeitos, imobilizados por patologias sociais; o papel do economista é de recomendar o menos problemático de todos os sistemas, aquele que permite pelo menos escolher de que males sofreremos.

O CAPITALISMO CHINÊS

A experiência chinesa não nega a análise binária de Kornai? Fora do socialismo e do capitalismo, não há sistema econômico? É conveniente, diz Kornai, nos entendermos sobre as definições. Se compreendermos por economia capitalista a dominação da propriedade privada, a fixação dos preços pelo mercado e a concorrência, o partido comunista chinês aderiu nitidamente ao capitalismo; o setor de Estado monopolizador está desaparecendo. Se a China ainda não é capitalista, é na direção do capitalismo que ela está avançando. Todavia, a nossa percepção externa sofre a influência de uma retórica que continua marxista, colada a uma realidade que não é mais assim. É certo que o partido comunista conserva o poder, no topo de uma economia capitalista, o que constitui um caso único no gênero; porém o capitalismo, ao contrário do sistema socialista, pode se moldar a regimes políticos muito diversificados. No século XX, o sistema capitalista prosperou tanto nas ditaduras (Hitler, Franco, Pinochet) quanto nas democracias; gostaríamos que houvesse uma relação direta entre capitalismo e democracia, porém, isso não é empiricamente demonstrável. Tudo acontece no sistema capitalista como se o regime político e o regime econômico evoluíssem em planos distintos. Enquanto que a tirania é indispensável no sistema socialista, a democracia não parece inerente ao sistema capitalista, pelo menos a curto prazo; a longo prazo, constata-se que o capitalismo tende para a democracia, sem que a passagem de um para o outro seja necessária ou mecânica. Essa dissociação explica por que razão a Rússia se tornou capitalista, tendendo ao mesmo tempo a se afastar da democracia; com ou sem pluralismo político, isso não impede que a nova economia russa como a nova economia chinesa participem incontestavelmente do capitalismo e que não pertençam nem uma nem outra a qualquer socialismo de mercado.

OS SETE VÉUS DO SOCIALISMO

A sedução que o sistema socialista exerceu em bons espíritos, dentro do sistema capitalista, é misteriosa. Porém, convém, diz Hornai, distinguir as épocas. Nos anos 1930, quando o capitalismo entrou em crise, a economia soviética era realmente eficaz, contanto que se limitasse ao único critério do crescimento. A falta de informação, a propaganda, a inocência dos visitantes ocidentais só valorizavam os sucessos industriais visíveis, enquanto que dissimulavam as engrenagens do sistema. Depois da Segunda Guerra Mundial, o sistema socialista pôde novamente mostrar-se mais desejável do que o capitalismo que era solidário como o nazismo e o fascismo. O Gulag? Era praticamente invisível, pelo menos até o relatório de Khrouchtchev e a repressão da insurreição de Budapeste em 1956. Os ocidentais, beatos, que confundiam o visível e o real, por não compreenderem o caráter sistêmico do socialismo, imputavam às aberrações pessoais de Stalin ou de Mao os desvios de uma economia que acreditavam ser essencialmente justa. Não podiam ver a incompatibilidade absoluta entre a economia socialista e o pluralismo democrático; o seu erro foi acreditar que o socialismo poderia ser aperfeiçoado, quando era imutável.

Além dessa eficácia imaginária do socialismo, muitos ocidentais foram seduzidos por certos traços objetivos do sistema: o pleno emprego, a igualdade, o poder dos trabalhadores. Essas três qualidades, reconhece Kornai, eram reais. Não havia desemprego no campo socialista, por definição; como a mão-de-obra era ineficaz, porém, mal remunerada, ela se tornava por essa mesma razão, muito procurada. Essa grande demanda conferia aos operários da indústria uma influência autêntica: o poder dos trabalhadores não era um mito, porém, os sofrimentos que suportavam para exercer essa influência eram consideráveis. Dessa mesma forma, reinava uma certa igualdade: os trabalhadores socialistas eram pobres, mas essa era a situação de todos em conjunto. A Nomenklatura tinha privilégios, porém, modestos ao serem comparados aos de um rico patrão capitalista. Se nos contentássemos em observar a face visível do sistema socialista sem revelar os seus mistérios, poderíamos compreender a sua sedução; porém, esta, diz Kornai, era exercida antes de tudo nos intelectuais. A intelligentsia ocidental acreditava e acredita ainda que a economia capitalista recompensa mal os seus talentos; o sistema socialista, ao contrário, concedia aos intelectuais privilégios de classe. Contanto que, é claro, servissem o regime; porém, isso era mais ou menos ignorado, até as revelações de um Soljenitsen. Depois de Soljenitsen, ficou difícil não saber. É raro, diz Kornai, que os intelectuais gostem da sociedade em que vivem, seja qual for essa sociedade: a utopia da frente sempre parece preferível ao seu inferno quotidiano.

A TERAPIA DE CHOQUE

Como passar do socialismo ao capitalismo? O desafio que teve que enfrentar o campo comunista em 1990 foi sem precedente histórico: o método não existia, os economistas tiveram que inventá-lo parte por parte, coisas que jamais haviam sido experimentadas. Foi necessário que se perguntassem a quem pertenciam as empresas no sistema comunista: ao Estado ou ao povo? Se o povo era o proprietário, segundo a retórica marxista, como restituir-lhe essas empresas? Duas escolas se enfrentaram. Os gradualistas, conduzidos por Kornai, sugeriam um leilão progressivo do setor do Estado para os investidores particulares. Essa recomendação foi aceita na Hungria com um resultado que Kornai não previa: os investidores estrangeiros, os mais numerosos e os mais bem sucedidos, puderam comprar as empresas públicas.

Em toda a Europa central, exilados do comunismo, com fortuna feita nos Estados Unidos, voltaram para o seu país de origem e contribuíram de maneira decisiva para a privatização de sua economia. Sem essa diáspora, a passagem de um sistema para outro teria sido mais aleatória. Fora da Hungria, a escola gradualista foi suplantada pela "terapia de choque". O economista tcheco Václav Klaus, que mais tarde sucedeu a Vaclav Ravel na presidência da República, fui o instigador do método de *vouchers* ou cupons de compra. Considerando que a economia socialista fora edificada explorando cidadãos, Klaus concluiu que todas as empresas lhes pertenciam por direito. Cada cidadão devia, portanto, receber um cupom de compra que podia utilizar para adquirir partes ou a totalidade das empresas privatizadas. Klaus estava menos preocupado com a eficácia econômica dessa redistribuição do que marcar uma ruptura irreversível com o passado comunista. Mas, Klaus não previa – nem para os tchecos nem para os russos que vão adotar o mesmo método – o pequeno desejo dos cidadãos de se tornarem acionistas. A maioria vai revender os seus *vouchers* a fundos de investimento freqüentemente criados por antigos nomenklaturistas. Esses fundos de investimento, ou os administradores das empresas que recuperarão os *vouchers* junto de seus assalariados, vão se apropriar a preços baixos de todo o antigo aparelho de produção. O que fora concebido como uma restituição democrática virou um campo de batalha: foi assim que grandes fortunas se edificaram, o que acontece durante toda revolução.

Com um distanciamento, como avaliar o que chamamos de "terapia de choque"? Ela foi, segundo Kornai, uma fonte de desordens econômicas e sociais que poderiam e deveriam ser evitadas. Ele responsabiliza os especialistas estrangeiros enviados pelos Estados Unidos, em particular Jeffrey Sachs, advogados convincentes da terapia de choque, porém, que desconheciam completamente circunstâncias locais. Todavia, em Praga, Václav Klaus, após ter se tornado chefe de Estado, tornou-se menos severo em relação ao seu próprio método; como a prioridade era romper com o sistema comunista, a terapia de choque, segundo ele, criou uma situação irreversível em um momento em que a vitória do campo capitalista não estava conquistada. Na Rússia, veremos que o autor da privatização instantânea, Egor Gaïdar, justifica a sua escolha de então pela necessidade de voltar a fazer funcionar as fábricas paradas; os novos patrões talvez fossem ladrões, porém, eram patrões. A indústria voltou a funcionar graças a esses "oligarcas", é assim que são chamados.

Quinze anos mais tarde, de Budapeste a Bratislava, Varsóvia ou Moscou, a grande controvérsia sobre os modos de transição só é acadêmica. Seja qual for o caminho tomado, o sistema comunista foi integralmente substituído pelo sistema capitalista; a rapidez dessa metamorfose, ninguém a havia imaginado, pois o socialismo parecia tão imutável e o capitalismo tão ancorado em uma história de longa duração, que não parecia facilmente reprodutível em um lapso de tempo tão breve. Por volta de 1990, aqueles que sonhavam com o capitalismo quase tanto quanto aqueles que desejavam o socialismo de mercado acreditavam que para sair do comunismo seria necessário uma geração. Invocava-se, então, um *homo sovieticus*, moldado pelo campo comunista, que exigiria uma longa transição para a liberdade e a responsabilidade pessoal. Não era preciso esperar uma geração para que esse *homo sovieticus* desse lugar a novos russos, húngaros ou poloneses capazes de viver sem bengalas na democracia liberal? Esse pessimismo se mostrou infundado: como o sistema comunista era anormal e a democracia liberal o reflexo da natureza humana, o *homo sovieticus* se comportou como homem livre assim que foi liberado de suas correntes.

Uma outra profecia do tempo, prima do *homo sovieticus*, também se mostrou inexata: não era preciso, era a pergunta que era feita em 1990, um longo tempo para que os europeus do leste se desfizessem de sua passividade para se tornarem empresários ativos? Mais uma vez, a normalidade dos povos foi subestimada; assim que obtiveram o direito, não deixaram de recuperar o seu atraso para unir-se o mais rápido possível ao nível de vida e ao materialismo da Europa ocidental. Nem com a cabeça de espírito soviético, nem passivos em seu comportamento econômico, nem cobaias de uma terceira via imaginária, os europeus do leste retornaram espontaneamente ao seu estado anterior: de novo europeus como os outros; o sistema comunista fora um horrível acidente histórico, de forma alguma a gestação de uma nova humanidade.

Também é surpreendente que os mais pobres desses europeus do leste fossem os mais entusiasmados para recuperar o seu atraso: o índice de crescimento da Polônia, da Eslováquia ou dos países bálticos (8% em média desde 2001) por virem de mais longe, ultrapassa nitidamente o da Hungria (cerca de 4% desde 2001) ou da República Tcheca, cujas economias eram mais maduras. Portanto, só se pode reler rindo a literatura econômica dos anos 1990 que condenava a uma miséria prolongada em particular a Polônia porque ela era "católica, camponesa e de espírito socialista"; entretanto, desde 1990, a renda por habitante na Polônia dobrou. Lembremo-nos que essa mesma escola de pensamento culturalista condenara a Coréia dos anos 1950 à pobreza porque era confucionista. De fato, as culturas não são indiferentes, mas o sistema econômico determina o destino material das nações mais do que as suas crenças.

UMA CERTA DECEPÇÃO

A grande transição que, vista do Ocidente, nos parece um milagre histórico, no Oriente suscita estranhamente uma certa decepção. O próprio Kornai se diz decepcionado com os húngaros porque estão decepcionados com o capitalismo; os seus compatriotas não deixaram de sentir falta do passado sem, no entanto, querer voltar para ele. A contradição se encontra na maioria dos antigos países socialistas, porém, é na Hungria que ela é mais evidente. Certamente, esse desafeto húngaro se explica por uma menor transição entre o *socialismo-goulasch* dos anos 1980 e o capitalismo puro presente a partir dos anos 1990; já havia um setor privado e um certo nível de liberdade política, enquanto que, para um romeno ou um búlgaro, é mais raro lamentar a ditadura e a pobreza anteriores.

Não há surpresa tampouco, em um novo sistema, no fato de os perdedores se manifestarem de forma mais barulhenta do que os ganhadores. Os que enriquecem, viajam, se manifestam – todos os comportamentos proibidos no tempo do socialismo – não se vangloriam; os que perderam o seu poder burocrático ou ficam desempregados reclamam. Porém, há uma crítica do sistema capitalista mais específica ao antigo campo socialista e comum a todos esses países: ela visa à reconversão da antiga Nomenklatura comunista em novos ricos ou novos capitalistas. Embora ninguém conteste o fato, Kornai acredita que esse preconceito não tem fundamento real. No caso da Hungria, um terço das novas elites econômicas, grandes patrões e novos ricos, efetivamente pertenceram a Nomenklatura antes de 1990; porém, a maioria ocupava funções modestas. Temos que supor que esse terço de nomenklaturistas convertidos tinham algum talento adaptado ao sistema capitalista. Por outro lado, dois terços dos nomenklaturistas, inclusive os mais poderosos, não se converteram de forma alguma em capitalistas triunfantes; enfim, dois terços das novas elites econômicas não têm nenhum passado nomenklaturista. Essa análise estática vale mais ou menos para todos os antigos países comunistas. Portanto, não houve um complô comunista que teria deliberadamente facilitado a reconversão da Nomenklatura; parece somente que as grandes reviravoltas, em todas as épocas, produzem as grandes fortunas, inclusive no Leste.

Um outro motivo de desencanto específico no Leste surpreende Kornai: a União Européia decepciona. É claro que nós a idealizamos demais, assim como o capitalismo e a democracia sonhados. Além disso, essa União Européia, no momento dos referendos de adesão, foi exaltada nos países do Leste por seus dirigentes políticos mais como uma fonte de subvenções do que como um espaço de liberdade; conseqüentemente, a liberdade é considerada como natural, enquanto que as subvenções, embora sejam muito importantes, passam por insuficientes. O nível de vida médio dos húngaros é três vezes inferior ao dos austríacos vizinhos, com quem agora podem facilmente se comparar; apesar da ajuda da Europa, provavelmente será preciso uma geração para que a Hungria recupere o seu atraso. A repartição dessas subvenções européias também é uma fonte de corrupção que contribui para o clima displicente da vida política, em particular na Hungria.

Displicência, corrupção, desencanto: não é também a prova paradoxal de que a Europa do Leste se tornou normal, com contradições banais como em toda democracia ocidental e em toda economia capitalista? Quando ouço que as controvérsias econômicas na Hungria estão relacionadas ao déficit orçamentário, e na Polônia às próximas privatizações, concluo que tudo tem o menor mal possível dentro do sistema capitalista! E todos, no Leste, não têm a memória de János Kornai, a criança com a estrela amarela que se tornou intelectual resistente, não esqueceu nada e se alegra com cada segundo de liberdade. Para todos os outros, a liberdade política e econômica parece tão natural quanto o oxigênio que respiram; a liberdade nunca é tão desejável quanto para aqueles que foram privados dela.

CAPÍTULO XIV
A dependência russa

Para quem conheceu a União Soviética antes de 1991, Moscou antes de tudo é uma alegria. A cidade era sombria, a população faminta e assustada; o rublo não valia nada, tampouco havia o que se comprar. A Moscou imperial tinha dois ou três restaurantes; nos menus, nada. Para encontrar medicamentos, era preciso ter relações no Comitê Central do partido comunista. Nos anos 1980, o comércio mais ativo era o de consertadores de relógios de corda: um bom indicador do nível de consumo e da falta de inovação! A indústria soviética praticamente só produzia armas.

Tudo mudou muito rápido: quinze anos, é pouco na vida de uma nação! Restaurantes, bares, hotéis abertos de dia e de noite estão por todas as partes; a juventude é de classe privilegiada, os ricos muito recentemente novos ricos, os carros de luxo. Na Praça Pushkin ou na Avenida de Tver – antes Gorki –, há todas as marcas de luxo francesas e italianas. O tráfico, antes limitado às limusines pretas do partido, se tornou infernal. Aqui temos a prova: com os lucros do petróleo, do gás, das matérias-primas, o dinheiro é abundante de cima para baixo. No alto da pirâmide estão os oficiais, os burocratas, os negociantes; aqueles que estão ligados à rede da exportação têm as maiores vantagens. O dinheiro, em grande quantidade, legal e ilegal, só volta para a Rússia para o consumo; caso contrário, é investido no exterior com segurança. Do topo dessa pirâmide, o dinheiro escorre para baixo; todos os russos ou quase todos se beneficiam com isso. Um sinal: Carrefour vai inaugurar, em 2008, cem novos supermercados em toda a Rússia! Em 2007, os salários médios aumentaram cerca de 20%, e o índice de crescimento nacional atingiu 7%. Esse ganho parece espetacular. Isso é verdade, porém, em relação aos índices da Europa ocidental a base de partida foi bem mais modesta; os russos continuam relativamente pobres e, comparando com outros países produtores de petróleo, 7%, é ainda pouco. Esse índice de crescimento se situa também abaixo dos da maioria dos antigos países membros da União Soviética, mais próximos de 10%, mesmo sem petróleo: a Ucrânia, o Cazaquistão, os países bálticos, recuperam o seu atraso em relação ao Ocidente mais rapidamente do que a Rússia. Certamente, esse desempenho medíocre da Rússia pode ser explicado pela fuga de capitais para fora do país. Porém, os russos não se comparam com os seus vizinhos; em relação ao seu próprio passado, não se pode negar que jamais viveram tão bem. Só ficam fora desse novo crescimento, diz Egor Gaïdar, as cidades de menos de um milhão de habitantes e o campo traumatizado pela privatização da agricultura.

OS EMPRESÁRIOS RUSSOS

Gaïdar objeta quando a retomada russa do desenvolvimento é atribuída exclusivamente à ascensão das cotações internacionais do gás e do petróleo. O crescimento, observa, havia sido retomado antes mesmo da alta de preços, graças ao espírito empreendedor dos russos e graças à criação de uma economia de mercado. Devemos seguir Gaïdar nesse ponto? Primeiro-Ministro de Boris Yeltsin em 1992, foi ele quem privatizou a economia russa; foi uma "terapia de choque", segundo a expressão da época, ao invés de uma evolução gradual. Desde então, os russos atribuem a Gaïdar todo o caos e a pobreza vivida nos anos 1990. Essa acusação é injusta; ele recorda ter sido o médico convocado à cabeceira de uma economia que estava agonizante, que sua terapia liberal foi o remédio, e não a doença.

Esqueceu-se também – mas havia conhecimento disso? – que Boris Yeltsin herdou um modelo econômico inteiramente tributário da cotação do petróleo e das matérias-primas. Já se sabia disso! A União Soviética sempre se manteve dependente do petróleo; essa situação não era percebida, ou pouco, dado o quanto se estava obcecado pela retórica marxista. Essa retórica teria nos feito deixar de lado o essencial, que era a estrutura da economia? A história é a seguinte: a atenção nem sempre é dirigida para o lugar correto. "A União Soviética assentava-se unicamente no trigo e no petróleo", diz Gaïdar. Os ocidentais não foram os únicos a se enganar; os próprios dirigentes soviéticos acreditavam em suas mentiras.

No tempo da União Soviética, lembra Gaïdar, os russos somente conseguiam alimentar-se importando cereais pagos através das exportações de petróleo: uma estratégia econômica que remonta aos anos 1920, com a destruição da agricultura por Stalin. Como as cotações dos produtos ligados à energia não pararam de decrescer nos anos 1980 – até chegar a 10 dólares o barril de petróleo quando ele chegou ao poder – Gorbatchov foi obrigado a endividar o país para manter o nível das subsistências. Quando Yeltsin assumiu o poder – com o petróleo custando em torno de 20 dólares o barril – a Rússia não tinha mais condições de pagar a sua dívida; os russos estavam então à beira da fome, tal como nos anos 1920. A economia havia parado; até mesmo a produção de petróleo definhava. Graças à privatização, lembra Gaïdar, retomou-se a produção; aqueles que foram chamados de "oligarcas" conseguiram, é verdade, fazer fortuna comprando a preços baixos as empresas do Estado, mas ao mesmo tempo também fizeram com que se reiniciasse a produção. Seu espírito empreendedor, diz Gaïdar, salvou a Rússia. Acontece que alguns desses oligarcas eram judeus; numa nação onde o anti-semitismo permanece vivo, essa condição contribuiu muito para sua impopularidade, e terminou por facilitar sua exclusão por Putin quando decidiu voltar a nacionalizar as empresas energéticas.

O DUELO RÚSSIA/CHINA

A terapia de choque russa é com freqüência comparada com a metamorfose da economia socialista chinesa; o radicalismo liberal de Gaïdar coincide mais ou menos com a tranqüila passagem em direção ao capitalismo de Estado ocorrida em Pequim, iniciada por Deng Xiaoping. Uma abundante literatura econômica, amplamente inspirada pelos próprios chineses, concede certa vantagem a Deng que teria poupado seu povo do caos ao mesmo tempo em que preservava o caráter socialista da China, quer dizer o monopólio do partido comunista. Na linguagem codificada dos dirigentes chineses, essa situação se exprime através da fórmula: antes de tudo vêm as reformas econômicas, e em seguida as reformas políticas. Reformas políticas essas que o partido comunista espera adiar ao infinito, esperando que o povo se satisfaça com seu enriquecimento.

Afora os efeitos de propaganda embutidos nessa comparação, Gaïdar a julga falsa por um erro de perspectiva histórica. A economia da China dos anos 1990, diz ele, deve ser comparada à da Rússia dos anos 1920. O debate que acontece hoje na China também aconteceu na União Soviética em 1928-1929; de um lado, Stalin era favorável à nacionalização generalizada e a uma industrialização radical; de outro, Bucharin e Rykov pretendiam combinar uma agricultura privada com o poder do partido comunista. Infelizmente faltou para a Rússia dos anos 1920 um Deng Xiaoping que teria compreendido a oportunidade de preservar a propriedade privada da terra e o espírito empresarial. Em lugar de prosseguir a breve experiência de liberalização econômica (A NEP) de 1921 a 1923, que se assemelhava ao modelo chinês dos dias de hoje, Stalin confiscou a terra e exterminou os empresários.

Também não faz sentido prosseguir nessa comparação entre a China e a Rússia no terreno político, não se pode comparar, diz Gaïdar, o nível de educação elevado e generalizado dos russos com o universo mental do camponês chinês. Nos anos 1980, a exigência democrática dos russos era equivalente pelo menos à sua percepção das necessárias reformas econômicas. Os russos desejavam ao mesmo tempo a liberdade política e uma vida decente, e Boris Yeltsin tentou proporcionar-lhes ambas. Para a Rússia não havia mais um modelo chinês factível.

Essa liberalização a passos forçados, imaginada por Gaïdar, apoiada por Boris Yeltsin, demonstrou que a tese do *homo sovieticus*, à moda na Europa ocidental naquele período, era improcedente: não, o regime soviético não havia feito nascer um homem castrado cujo individualismo e a capacidade de empreender teriam sido aniquilados pelo menos por uma geração! Quando o mercado livre foi restabelecido, de repente os russos tomaram iniciativas, como os oligarcas, a um nível mais modesto no comércio e serviços.

A NOVA INTELLIGENTSIA

A Rússia é de fato uma economia de mercado? "Estamos quase chegando lá", diz Arkadi Dvorkovitch, o jovem consultor econômico do presidente Putin; aos trinta e cinco anos, formado nos Estados Unidos, ele é o ícone de toda uma nova geração no poder. "Ainda nos falta, admite, uma justiça independente, um verdadeiro estado de direito, e funcionários que se contentariam em aplicar os textos ao invés de extorquir fundos." A corrupção? Não a nega, porém, pensa que é inevitável em um período de transição; os hábitos da burocracia soviética ainda não desapareceram totalmente. Os empresários estrangeiros se queixam de só poder trabalhar na Rússia se forem protegidos pelo que lá chamam de "teto". Essa proteção por oficiais custa caro, reconhece Dvorkovitch, porém, os investimentos afluem apesar disso; é a prova segundo a qual, apesar da corrupção, o lucro é determinante. De fato, os fundos estrangeiros são freqüentemente de origem russa, mas lavados *através* de bancos suíços ou cipriotas.

Assim como Gaïdar, Dvorkovitch elogia o espírito empresarial dos russos. Eu retruco dizendo que vemos poucos investimentos além dos restaurantes, lojas e mercado imobiliário. "Ainda vai chegar, assegura Dvorkovitch, tudo caminha tão depressa." Para ele, os russos começam a acreditar na estabilidade de sua nova economia; o crédito começa a funcionar conforme regras previsíveis; a tinta das leis mal secou. Porém, a trajetória não mudará mais; ninguém propõe voltar ao socialismo. O debate, como no Ocidente, só seria sobre o papel do Estado no mercado. Dvorkovitch acredita que esse Estado é muito pesado; lamenta que todos os investimentos significativos continuem sendo decididos por ele. Porém, por que o próprio Estado não investe?

Todos constatam que as infra-estruturas continuaram o que eram sob o regime soviético. Estradas, pontes, aeroportos, tudo está abandonado. As administrações públicas não se encontram em melhor estado. Nos escritórios da Presidência russa, que eu conhecera ocupados pelo Comitê Central do partido comunista, vejo os mesmos tapetes gastos em que havia pisado nos anos 1980. Dvorkovitch tem resposta para tudo: o Estado teve primeiro que livrar a Rússia da dívida. Isto já foi feito. Depois, constituiu um Fundo de estabilização – 80 bilhões de dólares – para prevenir o país contra o risco de desvio das cotações de energia para a exportação. Essa iniciativa vem do economista liberal Andrei Illarionov, que aconselhou Putin antes que o presidente caísse no despotismo. Nenhum economista na Rússia nega a utilidade desse Fundo que evitaria, como em 1991, a beira do abismo; a briga diz respeito ao uso dessa quantia, aplicada essencialmente em bônus do Tesouro. O próprio princípio desse Fundo, explica Illarionov, é de ser investido fora da Rússia, ao abrigo de qualquer utilização política, para proteger os russos contra si próprios; um raciocínio que Putin, para surpresa de Illarionov, compreendeu perfeitamente.

Mesmo com as dívidas pagas, a constituição do Fundo, os lucros do petróleo e do gás em ascensão constante, os russos investem pouco: 20% da riqueza nacional, como no Brasil, contra 40% na China. As empresas nacionais mais lucrativas, como Gasprom, não dão um bom exemplo. Gasprom prefere os investimentos financeiros ao invés de explorar novas jazidas ou criar uma indústria petroquímica. "Isso está a caminho", assegura Dvorkovitch; ele acrescenta para convencer-me que a estratégia do presidente Putin é investir em novos setores: petroquímica, indústria agroalimentar, biotecnologia, informática. Isso parece bom.

Estaríamos tentados a acreditar no persuasivo Dvorkovitch se ignorássemos que faz, há anos, o mesmo discurso para todos os seus interlocutores: quanto mais a equipe de Putin anuncia que o investimento ocupará inelutavelmente o lugar do consumo, mais a perspectiva recua. Para essas prorrogações, Illarionov propõe uma explicação racional. Esse economista pertence ao grupo de pensadores liberais que, com o jogador de xadrez Garry Kasparov e o parlamentar Grigori Iavlinski, persistem em opor-se publicamente à ditadura de Putin; por precaução, Illarionov divide o seu tempo entre Washington, onde ele é o anfitrião da Fundação liberal Cato, e o Instituto de análise econômica de Moscou, sob sua direção. O investimento estagna, diz Illarionov, porque o estado de direito recua: ninguém confia em um regime que não respeita a propriedade privada. Não são somente as oligarquias notórias que investem a sua fortuna fora da Rússia; as classes médias fazem igual. Assim que um russo pode, adquire uma propriedade imobiliária fora da Rússia, de preferência em Londres, porque a Grã-Bretanha oferece a maior resistência às exigências russas. Os tablóides britânicos contam as extravagâncias de milionários russos, porém, de forma mais discreta, 400.000 russos vivem permanentemente na Grã-Bretanha onde constituem uma comunidade de exilados econômicos. Há muitos entre eles que são funcionários do regime que não confiam mais em seu Estado do que os simples cidadãos. Para todos, lamenta Illarionov, o destino da Rússia é indiferente; todos, inclusive entre os maiores dirigentes do Estado, só pensam em proteger o seu patrimônio.

A INTOXICAÇÃO DO PETRÓLEO

"Aquilo que Putin decreta, comenta com ironia Evgueni Yassin, não tem conseqüência concreta." O presidente russo acredita que é suficiente alocar fundos públicos em tal ou tal setor para que este, como por encanto, se desenvolva. Putin não compreendeu, diz Yassin, que em uma economia de mercado o desenvolvimento é tributário das instituições; enquanto a Rússia não respeitar o estado de direito, os empresários arriscam-se a ser presos quando desafiam o poder, e nessa situação não há como esperar grandes inovações. Porém, muito petróleo, muito gás, a "maldição dos recursos", como diz Yassin, dispensa os dirigentes de uma verdadeira reflexão. Na Rússia, as cotações do petróleo anestesiam qualquer desejo por reformas: eis a razão pela qual a burocracia espontaneamente voltou à sua passividade da era soviética.

Yassin estaria cético porque, após ter sido Ministro da Economia na Rússia de Boris Yeltsin, está agora, como Gaïdar, longe do poder? Yassin também havia presidido a comissão chamada dos Quinhentos Dias, em 1991: quinhentos dias para passar para a economia de mercado. Mas ninguém quer reconhecer que esse grande economista salvou o país da hiperinflação. Quando perguntei a Arkadi Dvorkovitch o que ele pensava sobre os autores da terapia de choque dos anos 1990, Gaïdar ou Yassin, ele me respondeu, prudentemente, que era muito cedo para julgar...

A grande ilusão do petróleo que puxa o crescimento russo é durável? Os atuais dirigentes parecem convencidos disso. As perspectivas de crescimento da China e da Índia fizeram com que percebessem que as cotações não vão parar de aumentar, para grande benefício dos russos. Quando aceno com a possibilidade do aquecimento climático que poderia fazer bifurcar a economia mundial em direção a um crescimento mais lento e um menor consumo de petróleo e de gás, meus interlocutores se divertem com isso. Os chineses e indianos parecem indiferentes a esse debate *made in USA*. No que se refere aos climatologistas russos, diz Dvorkovitch, eles não acreditam no aquecimento global. Afinal, "estamos falando de cientistas mais competentes do que Al Gore". Mas a Rússia não ratificou o tratado de Kyoto sobre a limitação dos gases que produzem o efeito estufa? Foi um gesto político, afirma Dvorkovitch. Só isso.

Vladimir Milov pertence à mesma geração que Dvorkovitch. Mas ele deixou o governo por razões morais: ele percebeu e não suportou os comportamentos induzidos pelas cotações do petróleo. Milov decidiu expressar-se sem medo, o que requer um certo heroísmo num regime que dificilmente tolera críticas. Ele conseguiu criar um instituto de estudos sobre os problemas energéticos junto com alguns clientes estrangeiros a quem inicia nos arcanos da política russa.

"O marxismo, diz Milov, é de grande utilidade para a compreensão da vida política e das evoluções ideológicas na Rússia": a infra-estrutura econômica na Rússia determina as superestruturas ideológicas. Quando Putin chegou ao poder, em 1999, o preço da energia estava baixo, em torno de 20 dólares o barril; tendo poucos recursos, Putin se voltou para a sociedade civil. Ele se pautava então por uma linha de ação democrática e liberal. À medida que as cotações aumentavam, até alcançar 70 dólares o barril e mais, e que essa tendência à alta pareceu durável, Putin voltou a estatizar a economia; restaurou os antigos poderes da KGB (doravante FSB). Na política exterior, diz Milov, também podemos estabelecer uma relação direta entre as cotações de petróleo e a agressividade russa. O novo nacionalismo, a exaltação da identidade nacional, o ser russo temperado de ortodoxia, que constitui a nova ideologia dominante, encontram-se indexados às cotações do barril de petróleo.

Essa relação é tão determinista quanto pensa Milov? Ele pode ser contestado no detalhe, mas ninguém duvida, entre os economistas liberais da Rússia, que globalmente ela seja certa. A Rússia, conclui Milov, está viciada em petróleo: não se trata de um regime durável, pois um mercado jamais permanece eternamente em alta; cedo ou tarde, ele toma a direção contrária. Em seu presente estado, a Rússia seria incapaz de enfrentar uma baixa das cotações.

Cento e cinqüenta bilhões por ano de receitas derivadas do gás e do petróleo, somente seis bilhões da venda de armas: seria essa a nova maldição russa, ou estaríamos assistindo a uma restauração da soberania nacional? Os jovens russos festejam essa situação. Outros constatam que no centro de Moscou a KGB/FSB nunca se mudou do local onde antes existia a Lubianka, de recordação sinistra.

UM SOCIALISMO PRIVATIZADO

Suponhamos que a nova economia russa se assemelhe mais do que parece com a antiga; tal é a tese de Michael Bernstam, economista russo exilado nos Estados Unidos. Segundo ele, a Rússia teria passado de um socialismo de Estado a um socialismo de não-Estado. O que é o socialismo definido por Bernstam? É um regime econômico onde os trabalhadores recebem somente uma fração daquilo que produzem; o excedente é confiscado e transferido para aqueles que nada produzem. Inversamente, numa economia de mercado, como os Estados Unidos ou a Europa ocidental, os salários, as aposentadorias, as restituições médicas representam em torno de 65% da riqueza nacional, o equivalente do que é produzido pelos assalariados. Os lucros do capital representam aproximadamente 20%, o que corresponde ao montante dos investimentos; o saldo constatado se explica pela depreciação do capital. Numa economia de mercado, os trabalhadores recebem, portanto, o que lhes é devido, e os capitalistas também; não existem transferências forçadas de uns em para outros, os assalariados não subvencionam os capitalistas.

Utilizando esse método, comparemos a Rússia com a União Soviética. Antes de 1991, as remunerações do trabalho representavam na União Soviética somente 50% da riqueza nacional, as amortizações 20%, os lucros 20%, os impostos 10%. Mas os investimentos atingiam 30%, um montante bastante elevado, fundado numa supressão parcial dos salários e na supressão total dos preços agrícolas. O resultado foi uma indústria impressionante, mas, ineficaz, e um povo pobre.

Na Rússia dos dias de hoje, as remunerações ainda representam somente 50%, como no tempo da União Soviética, muito atrás do que representam nas economias de mercado. Os lucros atingem 35% da riqueza nacional, mais do que nos tempos da União Soviética, enquanto que os investimentos são menores, alcançando 20%. Isso quer dizer que os salários russos permanecem comprimidos na mesma proporção que estavam na União Soviética, mas o confisco não concorre mais aos investimentos públicos; os beneficiários desse desvio são os novos capitalistas privados. Eles consomem seus lucros numa proporção maior do que o investem; o consumo representa na Rússia 60% da riqueza nacional, somado a 10% de compras no estrangeiro e de capitais em fuga. Os lucros realizados em detrimento dos assalariados são, portanto, convertidos em consumo na Rússia e fora dela, não em investimentos. O socialismo (a redistribuição forçada), conclui Bernstam, que era público (utilizado em benefício do investimento), tornou-se privado (utilizado em benefício dos novos proprietários).

UM NOVO MODELO: O CAPITALISMO AUTORITÁRIO

O sucesso ambíguo da nova economia russa, próximo do autoritarismo chinês, faz emergir uma nova ideologia que associa capitalismo e autoritarismo. Para aqueles que se adaptam mal à democracia, homens de Estado e chefes de empresa, a dissociação das liberdades políticas e das liberdades econômicas, não constitui uma boa nova? Já experimentada nos anos 1970 no Brasil, na Argentina, no Chile, na Coréia do Sul, na Tailândia e de maneira permanente em Singapura, esse capitalismo autoritário nos leva de volta à antiga teoria do despotismo esclarecido: para que serve o tumulto democrático se o Estado garante a prosperidade econômica?

Essa teoria tem alguns defeitos, tanto de princípio quanto de ordem experimental. Ela supõe que o déspota seja esclarecido e que continue assim; acontece que isso constitui uma exceção muito mais do que a regra geral. A teoria supõe também que o déspota venha a escolher a economia de mercado, o que não é certo. Enfim, essa teoria faz acreditar que a prosperidade russa ou chinesa se deve inteiramente aos déspotas, o que não é verdade: as cotações de petróleo na Rússia e a forte demanda mundial de produtos de consumo para a China, tanto quanto os regimes políticos desses dois países, são os fundamentos de seu crescimento. Uma outra fragilidade do capitalismo autoritário é sua incapacidade a sobrepujar as crises. Tal como observa o economista Dani Rodrik, as crises exigem novos consensos que os déspotas não sabem negociar. Na Ásia, a crise financeira de 1998 foi suficiente para varrer esse modelo de capitalismo autoritário, louvado em seu tempo, no caso do regime indonésio. É necessário supor que o partido comunista chinês não conseguirá sobreviver a uma baixa da demanda mundial, nem o despotismo russo a uma baixa das cotações do petróleo. Enfim, a própria natureza desses regimes autoritários prejudica a inovação: a falta de liberdade e a ausência de proteção da propriedade intelectual favorecem uma economia baseada na renda (Rússia) ou na imitação (China), e bloqueiam a passagem a uma economia da informação (Singapura). A esses limites experimentais do capitalismo autoritário, acrescentaremos que a liberdade constitui um valor em si mesmo, embora seja difícil quantificá-la.

CAPÍTULO XV
A China me preocupa

Existem pelo menos duas Chinas: uma China real e uma China mítica. A segunda esconde a primeira. Desde os pioneiros jesuítas no século XVII, passando pelos filósofos do século das Luzes, chegando até nossos homens de negócios contemporâneos, os viajantes ocidentais não pararam de idealizar a China e de imaginar os chineses como sendo essencialmente diferentes. Nada na China parecia ser como no Ocidente; o povo não tinha as mesmas aspirações em relação à liberdade como temos aqui, e a tirania exercida anteriormente pelos mandarins, que hoje é exercida pelo Partido comunista, era o regime mais naturalmente adaptado aos desejos dos chineses. Esses são estereótipos que se perpetuam na Europa e nos Estados Unidos. Na realidade, os chineses não cessaram de se revoltar contra os imperadores (uma revolução republicana em 1911) e contra o Partido (Praça Tian Anmen, 1989); os sinólogos ocidentais deveriam inquietar-se a esse propósito.

CHINA REAL, CHINA MÍTICA

A taxa de crescimento da economia chinesa, entre 10 e 11% desde 1990, fortaleceu o preconceito sinófilo, como se o Japão, a Coréia ou Taiwan, no momento de sua decolagem econômica, não tivessem obtido resultados semelhantes, ou mesmo superiores. Também a Índia, em 2007, atingiu 10% sem suscitar o mesmo assombro que a China. Como explicar esse espanto ocidental em relação à economia chinesa? Sem dúvida ele se inscreve na longa história da fascinação pelo despotismo esclarecido: o modelo chinês de capitalismo sem a democracia não desagrada aos investidores ocidentais, alguns chefes de Estado, e mesmo certos intelectuais. Além dessa sinologia voluntária, devemos reconhecer o grande talento das autoridades chinesas, pela sedução ou corrupção, no tratamento dos ingênuos.

Resta a China real, de mais difícil acesso do que as estatísticas oficiais, os boletins vitoriosos do partido comunista e os grandes hotéis de Pequim ou Xangai. A grande complexidade de encontrar interlocutores confiáveis na China reside no fato de que a maior parte dos economistas qualificados trabalha para o governo; a tradição intelectual é a de tornar-se um grande mandarim, não um intelectual crítico. Para este, o caminho é estreito, situando-se em algum lugar entre a prisão e o exílio; quando exilado, o intelectual ou economista rapidamente perde o contato com uma realidade tão mutável. Por sorte, existe Mao Yushi, economista independente, tomado pela busca da verdade, fundador do único instituto de pesquisas de Pequim não ligado ao partido comunista; ele tem idade suficiente para não ser indiferente ao cerco policial. Mao Yushi não esconde sua predileção pela economia liberal, uma vez que, como ele diz, não existe outro modelo que funciona. As observações que seguem são, em sua essência, resultantes de nossas longas conversas em Pequim entre 2005 e 2007; serão ilustradas também pelas minhas estadias na China desde o regime de Mao Tse-Tung até o presente.

UM SUCESSO, NÃO UM MILAGRE.

Aproximando-se dos seus oitenta e quatro anos, pode-se duvidar que Mao Yushi, que vive modestamente num apartamento velho no centro de Pequim, possa abalar o poderoso governo chinês. Ele próprio se espanta por ser vigiado e escutado pelos agentes da Segurança; como bom economista que é, calculou o custo de retorno absurdamente elevado dessa vigilância, uma enorme perda para as finanças públicas. Os policiais civis, que às vezes lhe proíbem de sair de casa durante algumas semanas e fotografam seus visitantes, também parecem desiludidos com a inutilidade de sua tarefa. Mas Mao Yushi não pensa como deveria, como todo mundo deveria pensar na China. Portanto, ele é tratado como o que o dissidente democrata Jia Hu, em Pequim, chama com humor de um VIT: *very important troublemaker*.[1]

A principal atividade de Mao Yushi é verificar em casa as estatísticas oficiais do governo chinês; isso parecerá inocente dado que essas estatísticas são

---

[1] N.do T.: Um encrenqueiro muito importante. (em inglês no texto)

publicadas e accessíveis para todos. Porém, por aproximação e confrontação, Mao Yushi gosta de identificar as contradições e incoerências. A tradição é antiga: nos anos 1960-1970, o Partido publicava números de produção absurdos que proclamavam as vitórias do regime contra as leis mais elementares da economia. Esses tempos de "grandes saltos para frente" não existem mais; os governos se tornaram mais racionais, conservando ao mesmo tempo alguns hábitos dos velhos tempos. Mao Yushi observa, por exemplo, que a taxa de desemprego na China não é constatada no fim do ano em exercício, mas anunciada no início do ano, a um nível ridiculamente fraco, da ordem de 3%; trata-se mais de uma esperança do que de um resultado. O número não considera de forma alguma o subemprego no campo, nem milhões de migrantes que vão de uma obra para outra, nem universitários medíocres formados que esperam muitos anos até encontrarem uma ocupação correspondente à formação que têm.

O índice de crescimento também é discutível. Aparentemente, gira em torno de 10 a 11%; porém, qualquer economia que vai da ruralidade improdutiva para uma industrialização rápida atinge essa média. Além disso, a China, chegando tarde na industrialização, pode pegar um curto circuito: já no começo tem acesso a técnicas de produção e de gestão testadas pelo resto do mundo. Enfim, a China tem sorte: com a taxa de crescimento mundial perto de 5% desde o início do século 21, as indústrias chinesas se juntaram a essa demanda em alta. Entretanto, isso não chega a 10%.

Mao Yushi acredita que convém deduzir do índice oficial o custo das destruições irremediáveis do meio ambiente: as florestas devastadas, as águas poluídas, o ar irrespirável deveriam ser inscritos como dedução de um índice de crescimento que Mao Yushi situa em um nível mais razoável de 8%. Esse índice permanece surpreendente, porém, ele se deve muito a uma recuperação de um período anterior, o do maoísmo, quando o crescimento foi inexistente ou negativo; partindo de zero, o progresso é mais rápido.

O índice de crescimento é, portanto, satisfatório sem ser espetacular, e ele não é suficiente para tirar a China de sua pobreza. Em termos de volume, por causa de sua população, a China é o terceiro produtor mundial, mas, por habitante, ela está no 101º lugar. O conteúdo dessa produção chinesa deve ser levado em consideração assim como o seu volume: a economia funciona antes de tudo como uma oficina de montagem e de acabamento. O país importa para reexportar e seu valor agregado se deve somente à manufatura intermediária. Nesse circuito da globalização, a China fornece mão-de-obra barata; essencialmente, o seu lucro vem da exploração de um reservatório sem fundo de cerca de um bilhão de camponeses.

Todavia, não negamos a qualidade das empresas chinesas; a mão-de-obra, embora seja mal remunerada, é especializada, e a gestão em geral eficaz. Porém, a maioria das empresas que constitui essa grande oficina chinesa não funcionaria sem os aportes externos. De fora da China vêm os pedidos, as técnicas, os capitais e em geral os patrões: chineses de além-mar, de Hong-Kong e de Taiwan, seguidos por coreanos, japoneses e ocidentais. O segredo do sucesso – relativo – da China não é, portanto, misterioso, e não tem nada de milagroso: a China é uma habilidosa indústria terceirizada, para o seu maior benefício e para os que dão ordens. Dessa forma, o que chega até nós com a etiqueta *made in China* raramente é idealizado na China: freqüentemente o produto é concebido nos Estados Unidos, na Europa ou no Japão, melhorado na Coréia do Sul ou em Taiwan, e depois acabado na China, que o reexporta. Uma grande parte – cerca de um terço – dessas exportações chinesas é realizada por empresas estrangeiras instaladas na China; o desequilíbrio comercial entre a China e o Ocidente, se deduzirmos os ganhos dessas empresas estrangeiras, é menos importante do que parece. O economista americano Marc Chandler, incorporando na avaliação do déficit comercial dos Estados Unidos em relação a China a parte das empresas americanas que importam na China para reexportar depois da confecção, acredita que é preciso dividir por três esse déficit aparente com os Estados Unidos. O modelo chinês é, portanto, espetacular antes de tudo por causa de seu tamanho. A China, diz Mao Yushi, não inventou uma nova economia; ela é clássica, porém é gigantesca. Se está funcionando bem, é porque o período é favorável; o mundo está calmo, aberto e em fase de demanda. A economia certa também é uma questão de sorte.

GRAÇAS AO PARTIDO?

Em que o governo chinês, o partido comunista, é o autor desse modelo econômico? O mérito é dele? Normalmente, os chineses rendem-lhe graças, e mais ainda os caluniadores que não são chineses. Cabe antes de tudo ao Partido, após ter arruinado a China entre 1949 e 1979, ter restabelecido as condições de uma vida econômica normal. A ordem, em primeiro lugar; sem a paz civil que o Partido faz reinar na China de uma maneira forte, não haveria desenvolvimento. Após ter banido o enriquecimento durante cinqüenta anos, o Partido agora o encoraja. Novamente, é permitido trabalhar na China para enriquecer; é até a única atividade autorizada e encorajada. Porém, os chineses têm as mesmas aspirações que todos os outros povos: do camponês pobre ao empresário dinâmico, cada um quer melhorar o seu destino e o de seus filhos. O *homo economicus* é um ser universal que se encontra em todas as civilizações; não há nada aí de especificamente chinês. Portanto, elogiemos o Partido que permite que os chineses trabalhem e que compreendeu os mecanismos simples da economia de mercado.

Reconheçamos também, por seu ativo, que administra a moeda com rigor, após décadas de inflação; isso facilita a criação de empresas e as transações comerciais. Os investimentos públicos em massa, às vezes excessivos nas infra-estruturas – estradas, portos, aeroportos, energia – contribuem para a eficácia do laboratório chinês. Nesse nível, tudo acontece como se os comunistas chineses tivessem integrado os ensinamentos de Adam Smith e de Milton Friedman: o que funciona na China, as empresas em concorrência, vem da economia liberal mais clássica. Sobra tudo o que não funciona, de que se fala pouco, como o gigantesco setor público que emprega a metade da mão-de-obra industrial. Esse saldo do socialismo sobrevive graças a empréstimos bancários nunca pagos que dissimulam a falência virtual de empresas arcaicas. Isso também é clássico, inclusive no Ocidente. Porém, ao contrário do Ocidente, o Partido vai longe na aplicação de um ultraliberalismo, sem equivalente na Europa ou nos Estados Unidos: a exploração da mão-de-obra na China se faz de forma descarada.

OS CAMPONESES EXPLORADOS

Como explicaram em seu tempo Karl Marx e Friedrich Engels, a revolução industrial no Ocidente é acompanhada pela proletarização dos camponeses. Todavia, na Europa, nos Estados Unidos, no Japão ou na Coréia, essa exploração da mão-de-obra, mesmo brutal, era temperada por amortecedores sociais: a caridade, as igrejas, os sindicatos, jornais, partidos que acompanharam a transição, frearam a voracidade das indústrias capitalistas, socializaram a revolução industrial. Nada disso ocorreu na China. O camponês chinês, cuja miséria é extrema, praticamente não tem outra saída, para escapar de sua condição, somente entregar-se aos patrões das empresas particulares ou públicas. Esses patrões não têm dó, pagam o menos possível; às vezes, não pagam nada e não concedem nenhum direito a suas operárias ou operários. Na China não há nenhum outro sindicato que não seja o oficial, as greves são proibidas, o direito do trabalho mínimo. De forma intermitente, a imprensa estrangeira, a imprensa chinesa às vezes, denunciam exigências brutais, próximas da escravidão: o governo fica indignado e promete aplicar com firmeza uma legislação social que existe só no papel, mas, que é muito mais destinada para os estrangeiros de coração sensível. O governo chinês só reage às ameaças de boicote ocidental; sem isso, não reage. A verdadeira proteção dos operários chineses está no Ocidente; o governo de Pequim não pode deixar escapar os pedidos dos capitais estrangeiros. Também é assim com a aplicação das normas de segurança; nas obras itinerantes em que se edificam as infra-estruturas que o mundo admira, o destino dos migrantes é ainda mais indigno do que nas fábricas. Essa exploração, no sentido marxista, dos camponeses chineses é facilitada pela demografia: o exército de reserva do proletariado é inesgotável. A exploração é estimulada pela legislação: os camponeses não têm os mesmos direitos que os habitantes das cidades. O destino dos camponeses proletários é ditado por sua origem; esta consta em um documento de identidade (*hukou*) que os torna totalmente dependentes de seu empregador. O *hukou* proíbe que residam na cidade sem autorização, que nela tenham acesso a serviços médicos e que escolarizem os seus filhos.

De modo intermitente, o Partido anuncia a supressão do *hukou*, mas não faz nada, pois, as relações de poder na China favorecem os exploradores, não os explorados. Estes não têm nenhum direito de expressão, nem influência política; suas reclamações são constantes, porém, brutalmente reprimidas. É paradoxalmente o número que os torna frágeis; criam-se cerca de 20 milhões de empregos industriais por ano; porém, há na China uns 700 ou 800 milhões de camponeses pobres dos quais 300 milhões com menos de 1 dólar por dia, o limite da miséria definido pelo Banco Mundial. O exército de reserva do proletariado não está prestes a esgotar; os salários permanecerão baixos assim como a pressão extrema exercida nos trabalhadores não qualificados que fazem funcionar o laboratório chinês. Mao Yushi mostra em alguns lugares pontos de estrangulamento em que a mão-de-obra falta e onde os salários subitamente aumentam; porém, trata-se sempre da província de Cantão, em que a densidade das fábricas incita os patrões a aumentar uma mão-de-obra já qualificada. É uma exceção isolada que, no âmbito da China, permanecerá assim por muito tempo.

OS GANHADORES E OS PERDEDORES

Quem lucra com esse crescimento chinês? Como, pergunta Mao Yushi, a China pode ser rica (o Estado detém 1000 bilhões de dólares de reservas de câmbio) e os chineses tão pobres?

No topo reina e prospera uma oligarquia que, essencialmente, coincide com os dirigentes do partido comunista, os do exército e suas famílias. Alguns se tornaram chefes de empresa, através de suas relações ou apoderando-se, sob o pretexto de privatizações, de firmas que pertenciam ao Estado. Mais freqüentes do que o espírito empresarial, são as regalias e as extorsões que constituem a fonte principal do enriquecimento. Praticamente só se pode empreender na China obtendo autorizações administrativas; estas são obtidas pagando oficiais, do baixo ao alto escalão do Partido. A China não respeita o estado de direito, observa Mao Yushi, e como o direito de propriedade não é claramente fixado, a lei é "personalizada"; esse direito subjetivo se paga com a servidão em relação ao Partido. A prova da grande produtividade das empresas chinesas, comenta Mao Yushi com ironia, é que a despeito desse regime geral de extorsões, os chineses e os estrangeiros insistem em investir na China. Pois, afinal, as vítimas dessa corrupção não são somente os patrões chantageados e os assalariados na parte inferior da hierarquia, são também os consumidores finais sobre quem recaem esses custos.

O que chamamos de classe média chinesa – cerca de 200 milhões de pessoas cujo nível de vida e aspirações convergem com os do Ocidente – não constitui, portanto, segundo Mao Yushi, uma verdadeira classe média; ela não deve a sua prosperidade ao seu trabalho, mas a sua situação estratégica no circuito das corrupções. A maioria é constituída por membros do Partido ou tem uma relação de família ou de clientela com o poder político: a denominação de "sociedade de novos ricos" é mais conveniente do que a de classe média. Longe das ilusões dos especialistas em política ocidentais, não é preciso esperar que essa pseudoclasse média exija uma democratização do regime, visto que ela seria a primeira vítima de uma perda de poder do Partido ou de uma evolução da China em relação ao estado de direito; em uma democracia, os camponeses e os operários exigem o que lhes cabe.

Existe, diz Mao Yushi, uma classe média autêntica, segundo os critérios ocidentais da qualificação profissional e da autonomia econômica; ele acredita que seja constituída de 30 milhões de pessoas: profissionais liberais, comerciantes e empresários.

Devemos acrescentar a essas críticas algumas nuances baseadas em observações pessoais. Os perdedores relativos dessa nova economia chinesa são exatamente os camponeses, porém, algumas recaídas do crescimento atingem os vilarejos mais distantes. A demanda de produtos alimentares por uma população urbana enriquecida fez subir os preços das produções agrícolas; alguns elementos de conforto – a televisão, a eletricidade, o telefone – penetram a China mais atrasada; estradas facilitam o acesso dos produtores agrícolas a mercados urbanos mais remuneradores do que os tradicionais intermediários locais. Também acontece com freqüência que um membro pelo menos de cada família vá trabalhar em uma obra ou, melhor ainda, que ele obtenha um emprego estável na indústria; a parte do salário que esses migrantes reenviam para o vilarejo representa um fluxo monetário considerável no âmbito de comunidades que, até então, vegetavam em uma economia de subsistência. Também é verdade que o partido comunista, desde 2005, restringiu as extorsões fiscais no campo que, desde a era de Mao Tsé-Tung, e segundo o modelo de Stalin, financiaram a industrialização ganhando terreno à força. A miséria no campo continua a ser devastadora, sem ter outra grande perspectiva que não seja a emigração; a ausência freqüente de escolas primárias, a ausência completa de centros médicos, mais ainda do que a falta de renda, paralisam os vilarejos em uma desesperança que raramente encontramos em outros países pobres, como a Índia. A tirania do Partido não permite que os camponeses exprimam as suas queixas; os motins são sua única saída quando as extorsões dos apparatchiks se tornam demasiadamente insuportáveis. Não ficaremos surpresos que, nos anos 1980, milhões de camponeses foram reduzidos a comercializar o seu sangue: um comércio que se prolongou até 2000, em um momento em que a epidemia da AIDS aniquilava e ainda dizima vilarejos inteiros, especialmente na província pobre de Henan.

Essa miséria, raramente percebida pelos estrangeiros que não se aventuram a ir tão longe, também é menosprezada pelos habitantes das cidades; os habitantes urbanos não vão a esses lugares, ou são indiferentes a esses "provincianos". Mas, o governo central sabe; para o partido comunista, tornou-se um ritual lamentar a pobreza dos camponeses e desejar uma sociedade mais justa e mais "harmoniosa". Uma retórica que tem poucos efeitos concretos. Em 2007, o Congresso do Partido anunciava com ênfase que o governo ia sustentar a criação de escolas primárias no campo; esse belo projeto reconhecia implicitamente que, até então, havia pouco. A confissão foi inesperada visto que, antes desse XVII Congresso, a propaganda oficial declarava que *todas* as crianças chinesas eram escolarizadas.

O ÊXODO NECESSÁRIO

A esse abandono do campo, proporemos uma explicação marxista: o interesse econômico determina a atitude do Partido. Do topo até a base, o dinheiro público é desviado pelas fábricas, dirigidas tanto quanto possível para a exportação, pois, esse é o interesse dos membros do Partido. Para que investir em escolas ou centros de saúde que não trariam nenhum lucro imediato e que fariam correr o risco de aumentar a consciência das massas? O Partido, por não ser eleito, não deve seu poder ao povo; no máximo teme a sua cólera, o que o conduz a algumas concessões em relação aos pobres.

Mao Yushi propõe, sobre essa questão, uma análise diferente que busca mais subsídios na teoria do desenvolvimento. Parece-lhe que a verdadeira solução para a miséria camponesa é o êxodo rural e que este é muito lento. Cem milhões de camponeses deixaram o campo há dez anos, o que na dimensão da China, é insuficiente; a criação de 20 milhões de empregos urbanos por ano também é insuficiente, dado que seriam necessários quarenta anos para levar a população rural a uma nível compatível com a mão-de-obra que requer a agricultura. Porém, esse êxodo rural necessário é freado pela ausência de propriedade privada da terra: esta só é concedida pelos governos locais às famílias camponesas que a exploram, porém, que não podem nem comprá-la nem vendê-la. Essa apropriação pública da terra congela todo o progresso da produtividade agrícola: não se pode investir em uma terra que não se possui, visto que nenhum banco dá crédito sem hipoteca. E para que investir em um bem que o partido concede e pode retomar, como o fez no passado? Para o migrante que vai para a cidade, essa terra coletiva é um refúgio; ela lhe serve como segurança social, porém, o convence a não se urbanizar de forma definitiva. Porém, diz Mao Yushi, o progresso econômico passa ineluctavelmente pelo êxodo rural, essa lei implacável do desenvolvimento. O êxodo exigiria a privatização das terras que permitiria o reagrupamento e uma exploração mais racional; mas, para o Partido, isso seria renunciar a seu dogma derradeiro e a seu principal meio de pressão sobre 800 milhões de chineses. Uma reforma política, atualmente improvável, seria, portanto, a condição prévia para uma modernização generalizada, para todos os chineses, além da oligarquia reinante.

O AUMENTO DOS PERIGOS

Uma reforma política é possível? O modelo chinês atual é durável? Em termos econômicos, é pouco provável que a China continue o seu crescimento rápido limitando-se ao papel de oficina do mundo. Essa atividade pouco sofisticada mais cedo ou mais tarde sofrerá a concorrência de outros países a custos ainda menos elevados, especialmente a Índia. A futura modernização da China só poderia continuar na base do modelo coreano ou taiwanês, incorporando mais valor agregado do que somente a mão-de-obra. Alguns sinófilos acreditam que essa evolução seja possível; observam que os industriais chineses se aventuram na indústria automobilística ou nas biotecnologias. Porém, a inovação em grande escala demora, pois, as condições não estão reunidas.

Se o Japão ou a Coréia saíram da fase de oficinas para atividades pós-industriais, é porque a mão-de-obra tipo escrava começava a faltar; a China está longe disso. Além disso, a ausência do direito de propriedade (afora a habitação, muito apreciada pela classe média) não encoraja as aventuras industriais; prefere-se investir fora do país ou em imóveis. São, sobretudo, os estrangeiros que investem a longo prazo na China. A falta de proteção em relação à propriedade intelectual incita a piratear as marcas e os procedimentos estrangeiros, o que é proveitoso a curto prazo, mas não encoraja as criações que seriam verdadeiramente *made in China*. Essa é uma situação transitória? O Japão e a Coréia passaram por essa situação de cópia, antes de ultrapassá-la. Mas na China, o sentimento dominante é que a propriedade intelectual é uma forma de imperialismo cultural destinado a frear o desenvolvimento chinês; pode-se ler isso nos jornais, ouve-se isso ser professado nas universidades. Grande alarde é feito em torno do enorme número de estudantes chineses, impressionante fonte de cérebros; mas Mao Yushi, iconoclasta também a propósito desse assunto, estima que o aumento do número de estudantes e de universidades reflete uma baixa em seu nível. A prática de compra de diplomas pelos filhos da nova burguesia tampouco constitui uma prova a favor de sua qualidade. O desemprego dos recém diplomados inclusive é uma característica da nova China urbanizada; ela traduz a mediocridade desses diplomas e a inexistência de empresas suficientemente inovadoras para recrutar não somente operários.

No imediato, mais do que a falha na inovação, Mao Yushi teme a bancarrota financeira. Os bancos que permanecem sob controle do Estado outorgam seus empréstimos em função da influência política de seus clientes mais do que pesando a qualidade de seus projetos e sua possibilidade de reembolso. Muitas empresas públicas, que continuam sendo o maior empregador chinês, perduram graças aos empréstimos que dissimulam sua falência virtual; aquelas cujos lucros permitiriam o reembolso não o fazem, preferindo investir seus ganhos no ramo imobiliário ou fora da China. Os bancos chineses somente conseguem sobreviver a essas dívidas ruins em função da abundância da poupança; visto que o yuan não é passível de conversão, e que as possibilidades de investimento são frágeis afora os imóveis e uma Bolsa de Valores aventureira, os chineses acabam depositando seus fundos nos bancos em troca de remunerações medíocres. Se por acaso esses poupadores retirassem seus fundos, os bancos não poderiam reembolsá-los; essa situação se produziu de maneira pontual na província de Cantão, provocando distúrbios. Os chineses, comenta Mao Yushi, toleram o rigor de serem privados de liberdade, mas não perdoariam o partido comunista se perdessem sua poupança.

O desemprego dos recém diplomados e a fragilidade dos bancos: tais são, para Mao Yushi, os maiores riscos. Mas ele não teme uma crise mundial que a China poderia provocar retirando seus fundos dos Estados Unidos, nem uma desaceleração geral do comércio que atingisse a China. A economia chinesa lhe parece muito integrada à globalização para que o mundo se retire da China ou para que a China se retire do mundo: as nações se tornaram interdependentes, numa divisão internacional do trabalho que se mostra proveitosa para todos os sócios. Mas Yushi tampouco aposta numa desestabilização do regime chinês por causa dos freqüentes distúrbios que as mídias ocidentais noticiam; espontâneas, desorganizadas, sem liderança, sem programa, sem coordenação, essas rebeliões manifestam o mal estar da sociedade chinesa, mas não chegam a ameaçar a ditadura do partido. A partir de agora, é verdade que a informação circula, especialmente através da internet; os chineses viajam em seu país e no estrangeiro; uma sociedade civil emerge e se torna mais reivindicativa. Mas o partido controla a situação, através da força que ele não hesita em utilizar; ele a controla ainda mais explorando o medo da desordem que atormenta a memória chinesa. Depois de um século de guerras civis, a população se adapta às injustiças na medida em que o partido aparece como guardião da ordem. Mais vale uma injustiça do que a desordem: essa poderia ser a divisa do comunismo chinês.

A INCERTEZA DEMOGRÁFICA

A longo prazo, existe um risco que é mal avaliado, pois não tem precedente histórico: o efeito demográfico, econômico e social decorrente da política do filho único. Desde os anos 1970, o governo chinês desencadeou uma repressão feroz sobre os casais sob o pretexto de que os chineses seriam muito numerosos. Essa tirania demográfica nos deixa perplexos; quais são suas verdadeiras motivações? Certos economistas, há trinta ou quarenta anos, fazendo ecoar as teorias maltusianas do início do século XIX, acreditavam que os povos eram pobres quando eram muito numerosos, e que a redução dos nascimentos era a condição para o desenvolvimento. Mas essa teoria se revelou inexata; graças à inovação, a produção agrícola não parou de crescer desde o século 20, e isso mais rapidamente do que a população mundial. Além disso, todos os países em desenvolvimento passaram por uma transição demográfica espontânea desde a família amplificada para a família restrita. Com base na experiência vivida, a transição demográfica não constitui uma condição ao desenvolvimento, mas sim sua conseqüência; essa situação, que é bem conhecida, não dissuadiu o governo chinês de prosseguir na repressão.

Mao Yushi pensa que as razões para isso são muito mais políticas e financeiras do que econômicas: ao controlar a população, os agentes do planejamento familiar tiram proveito; para ter um segundo filho, basta pagar esses agentes. Se não são pagos, esses apparatchiks são capazes de uma extrema violência, seqüestrando as mulheres para realizar esterilizações e abortos forçados. Essa situação, que é proibida por lei, constitui uma prática freqüente nunca sancionada pelo governo.

Mesmo que na realidade a média de crianças por família não seja de uma, mas próxima de duas, a população chinesa tende a envelhecer e diminuir. Certas conseqüências nefastas já são perceptíveis: nesse país onde a comunidade familiar é a única forma de solidariedade social, os pais idosos são abandonados a si mesmos. O problema é que não existem nem retiros nem pensões, salvo raras exceções nas empresas públicas. Como as pessoas envelhecerão na China? Provavelmente muito mal. A longo prazo, como a economia chinesa se adaptará com uma mão-de-obra envelhecida e esparsa? Ninguém consegue prever, mas, as pessoas estão inquietas a esse respeito.

FIM DO DESPOTISMO

O futuro mais incerto refere-se ao partido. Cada vez menos ele é representativo da sociedade chinesa; composto quase exclusivamente de homens que estudaram, sem a participação de camponeses, sem operários, sem mulheres em postos de responsabilidade, esse partido de tecnocratas encontra-se distanciado do povo. Ele não ouve as reivindicações; a mídia, agindo como museus, reflete os desejos do partido e não reflete mais – ou muito pouco – a opinião pública. Esse partido de 60 milhões de membros é percorrido por correntes e conflitos entre facções; mas, na ausência de qualquer procedimento democrático tanto em seu interior como fora dele, as facções saem vitoriosas nos embates unicamente pela força ou dinheiro, ou com o apoio dos militares. Isso torna imprevisível a evolução do partido, de sua política econômica e de sua política exterior. Essa instabilidade constitutiva de qualquer despotismo, chinês ou não, é negligenciada pelos sinófilos porque, desde 1979, a

China foi beneficiada por circunstâncias positivas. Depois de Mao Tsé-Tung, seus quatro sucessores (sem deixar de lado o massacre de Tian Anmen em 1989) foram líderes suficientemente racionais e relativamente esclarecidos. Mas nenhum procedimento, em um regime despótico, conseguirá garantir que o próximo líder também terá essas características; ninguém pode afirmar que existe um consenso no partido acerca da continuação da liberalização econômica e sobre uma política exterior eternamente pacífica; a esse respeito só podemos ter esperanças. Mantemos essa expectativa para os chineses e para o resto do mundo, que tem grande interesse na prosperidade da China. Mas não podemos ter certeza disso; tudo é possível, inclusive o sucesso da evolução chinesa em direção à normalidade democrática. Mao Yushi tem essa expectativa. Se for verdade que existe uma experiência chinesa, ele não considera que exista um modelo chinês distinto do modelo liberal, que possa durar e atingir um valor universal. A aliança entre a tirania comunista e o capitalismo selvagem constitui, desde 1979, um momento da história da China, mas não se trata de um modelo durável para a China nem exportável para o resto do mundo.

Vamos admitir que esse modelo corresponda a um certo estágio de desenvolvimento: enquanto o crescimento se basear na mobilização de uma mão-de-obra pouco qualificada e submissa nas usinas têxteis e de informática, o despotismo do partido e do diretor de empresa pode se revelar eficaz. Ultrapassar esse estágio para ter acesso a atividades que requerem inovação e iniciativas pessoais parece incerto na ausência de um Estado de direito que garanta a propriedade, a segurança dos contratos e a liberdade de empreendimento.

A experiência chinesa tem, portanto, um caráter provisório, constitui um momento na história da China, mas não é um modelo alternativo para a democracia liberal, nem na China nem fora dela.

CAPÍTULO XVI

A marcha turca

Recorrer ao Islã, diz Sevket Pamuk, não serve de nada para compreender o que foi o atraso econômico do Império Otomano. E o Islã tampouco é muito útil se quisermos interpretar o dinamismo da Turquia atual.

Desde a Universidade do Bósforo onde ensina, Pamuk contempla as duas margens de Istambul, que chamamos de européia e de asiática; porém, esse nome só tem uma significação simbólica. Nunca esse braço de mar separou dois continentes nem duas civilizações: é, há vinte séculos, o lugar de uma intensa circulação de homens e de mercadorias, antigamente em pequenas embarcações, hoje através de grandes pontes que ligam as duas margens de um mesmo mundo. O Império Otomano ontem, como a Turquia hoje, nunca foram uma metade na Europa, uma metade na Ásia, porém, ao mesmo tempo na Europa e na Ásia. Ao escolher Constantinopla como capital, os otomanos se colocaram como sucessores do Império romano do Oriente, não como seguidores do califado de Bagdá; a sua administração se inspirava mais na tradição romana e bizantina do que nos tempos míticos do Profeta. Aliás, é por convenção, sem dúvida para controlar melhor o Oriente Próximo, que os turcos se converteram ao Islã; uma conversão que os árabes de antes, não mais do que os de hoje, acolheram com entusiasmo. O Islã turco sempre foi e permaneceu diferente das práticas dos outros mundos muçulmanos; ele dá especialmente mais voz para as mulheres do que o mundo árabo-muçulmano em geral, e faz a distinção entre religião particular e espaço público. Os otomanos haviam erigido um Estado em que as autoridades religiosas estavam subordinadas ao sultão, e a Turquia moderna, fundada em 1921 por Mustafá Kemal, obedece ao mesmo princípio: o Estado não é muçulmano, porém inspirado no modelo francês, com uma forte conotação jacobina. Tanto na Turquia como na França, a laicidade proíbe as autoridades religiosas de interferir nele. Essa distinção entre o Estado e o Islã, que desde a fundação da Turquia até os últimos anos do século 20 foi radical, recentemente começou a diminuir desde que os membros do partido conservador islâmico (AKP), no poder desde 2002, começaram a mostrar uma certa piedade. Porém, o próprio Sevket Pamuk, de tradição laica militante, de cultura muçulmana, mas não de religião muçulmana, admite que o Estado turco não está vivendo hoje um processo de islamização mais do que antigamente. O caráter dominante desse Estado, otomano e depois turco, foi e ainda é mais burocrático do que religioso. Desse excesso burocrático, diz Pamuk, surgiram os obstáculos para o desenvolvimento; é a burocracia, não o Islã, que explica o atraso acumulado pelos otomanos em relação a Europa ocidental.

Desde o século XIV, suas riquezas respectivas divergiram por razões que se deviam à organização da sociedade otomana. Desde essa época, os salários ou o que correspondia aos salários progrediram na Europa ocidental, enquanto que estagnavam no Oriente. A prosperidade no Ocidente foi mais marcante no noroeste do que no sudeste, todavia, no conjunto, o progresso se enraizou nessa área, enquanto que o Oriente vegetava.

O ISLÃ FORA DE QUESTÃO

Quando, no século XX, os primeiros teóricos do desenvolvimento, como Max Weber, tentaram explicar a divergência das nações, foi o Islã, no caso otomano, que incriminaram. Porém, o próprio Max Weber e seus discípulos sempre se enganaram; essa escola idealista explicou através da religião, alternadamente, a incapacidade dos católicos, dos confucionistas e dos budistas de progredir. A Europa do Sul, a Coréia, a China e a Índia não pararam de mostrar que estavam errados e de invalidar a sua teoria; resta ainda o Islã, o último reduto dessa versão da cultura da economia. Porém, não é um paradoxo estabelecer uma ligação entre o Islã e a pobreza e entre o cristianismo e a riqueza? O Corão exalta o comércio e o enriquecimento, enquanto que os evangelhos glorificam a pobreza. É melhor, diz Pamuk, perguntar-se sobre as respectivas instituições e as estruturas sociais dos europeus e dos otomanos.

No Ocidente, os soberanos sempre deram espaço social para os comerciantes; estes sempre influenciaram as instituições. As maiores cidades do Ocidente, há mil anos, foram aquelas em que os comerciantes exerciam a maior influência: Gênova, Veneza, Lion, Amsterdã ou Londres. Uma comparação de cada cidade permite medir a relação direta entre a autonomia da burguesia e a prosperidade econômica. Essa análise do desenvolvimento pelas instituições, que não é mais contestada no caso da Europa, por que razões obscuras, pergunta Pamuk, não valeria para o Oriente? Por que motivo seria conveniente no Oriente explicar tudo através do Islã, e no Ocidente pelas instituições?

A grande distância entre o Oriente e o Ocidente é antes de tudo de ordem política: os otomanos só se preocupavam com o exercício do poder político, não com o proselitismo religioso. A sua inclinação burocrática, herança romana, fazia com que se distanciassem de qualquer grupo social suscetível de obscurecê-los, em primeiro lugar os comerciantes. Pela mesma razão, a terra, no Império Otomano, pertencia ao Estado para impedir a emergência de uma aristocracia proprietária de terras. Essa paixão autoritária foi reforçada ainda mais no século XIX, quando os otomanos realizaram reformas inspiradas pela Europa na época chamada de Tanzimat; essa modernização ficou restrita ao Estado. Temeroso em relação ao seu império, o sultão copiou do Ocidente suas instituições administrativas e militares, não seus princípios econômicos.

Essa preferência pelo Estado se manifestava na importância que os otomanos atribuíam ao comércio: ele era indispensável para o Império, mas era preferencialmente confiado aos estrangeiros, italianos ou gregos. Estes se beneficiavam de um estatuto jurídico singular: as capitulações, privilégios que eram negados aos sujeitos do Império. De certa maneira, a economia otomana era terceirizada para os não residentes.

UMA BURGUESIA DE ESTADO

Será que tudo mudaria com a criação da Turquia moderna e a dispersão dos otomanos? Não imediatamente. Mustafá Kemal, apaixonado pela cultura francesa, manteve antes de tudo a majestade do Estado. Ele avaliava o atraso econômico de seu país, sabia que a riqueza ocidental era obra de uma burguesia empreendedora; mas parecia-lhe que não existia na Turquia uma classe social comparável àquela. Com efeito, como poderia ela ter surgido depois de séculos de marginalização? Mustafá Kermal, que não era um liberal, preferiu criar de cima para baixo uma burguesia de Estado, uma nova classe de empresários designada por ele próprio. Na verdade, essa concepção não foi específica da Turquia dos anos 1920; em parte, ela justificou o modelo soviético; poderemos encontrá-la na Coréia nos anos 1950, na China e em certos países africanos hoje. O fato de ser preferível não selecionar empreendedores, mas sim criar as condições favoráveis a sua emergência espontânea, constitui uma teoria universalmente aceita somente a partir dos anos 1980. Mustafá Kermal, influenciado pelas idéias dominantes de seu tempo, introduziu, entretanto, uma ruptura revolucionária no Oriente Próximo; foi o primeiro a reconhecer que o desenvolvimento não poderia ser obra do Estado, e que somente um grupo distinto do Estado poderia conduzir à prosperidade. Essa evidência de que o Estado não tinha condições de fazer tudo colocou a Turquia na modernidade e a separou de sua herança de país atrasado do Oriente Próximo: pela primeira vez na história turca, apareceu um setor econômico verdadeiramente privado. Sob a égide desses novos empresários de Estado, a Turquia se industrializou. Mas em más condições: até os anos 1980, o comércio das influências políticas não impulsionou novos empresários turcos a fazer as escolhas mais acertadas.

Por que razão a burguesia de Estado, na mesma época, mostrou-se mais eficaz na Coréia do que na Turquia? Ao comparar a industrialização da Ásia com a da Turquia, Pamuk considera que a distância entre as duas experiências tem a ver com a diferença existente entre as duas culturas administrativas: um certo rigor "confucionista" somado à prevalência do espírito de duração na Ásia, em oposição à corrupção e a falta de estratégia na Turquia. A administração turca se situa na linha de continuidade cultural com a burocracia otomana. Entre 1930 e 1980, ao abrigo das fronteiras fechadas, os empresários turcos não assumiram nenhum risco e nada exportaram; para prosperar, bastava-lhes satisfazer a demanda local de produtos de consumo corrente. Para a sorte desses empresários, o consumo doméstico progrediu rapidamente: um impulso devido aos imigrantes turcos no Ocidente; estes remetiam para sua família que permanecia no país uma grande parte de seus ganhos. Em 1979, a Turquia exportava somente 3% de sua produção, contra 25% em 2007! Como se passa de 3% a 25%? Como se faz a passagem de uma industrialização arcaica, voltada para si mesma, em direção ao dinamismo e à exportação? Do terceiro mundo, à condição de "dragão" econômico, no espaço de vinte e cinco anos?

LIBERALISMO À MANEIRA TURCA

A Turquia, diz Pamuk, pulou de um estágio para outro, porque em 1980 ela aderiu à revolução liberal; por obra do então chefe do governo, Turgut Özal. Este havia sido modelado por sua experiência americana, como estudante e depois funcionário do Banco Mundial. Teria sido ele um Ronald Reagan ou um Thatcher turco? Sim, mas *à maneira turca*, corrige Pamuk.

Para tirar a Turquia do terceiro mundo, Özal sabia que convinha passar do protecionismo à aventura globalizante. Mas visto que a Turquia ainda não fazia parte do Ocidente, Özal recorreu às práticas locais. Subvencionou os empresários que exportavam, apoiou-se no exército para controlar os aumentos de salários, e mesmo para desmantelar as greves. Fiel à tradição turco-otomana do poder pessoal, negligenciou a criação das instituições financeiras que seriam independentes do Estado: as dívidas públicas, o clientelismo, a compra de votos, os subsídios acabaram por arruinar o Estado e mergulharam o país na inflação até chegar à falência. Em 2001, o FMI acorreu *in extremis* em socorro do Estado turco, mas o kemalismo econômico acabou morrendo com isso; o FMI deu um fim à desordem pública e ao clientelismo político. Apesar dessas desordens que terminaram levando ao poder o partido conservador religioso, tido como mais rigoroso e não corrompido, a herança essencial de Özal de todo modo sobreviveu: a Turquia se tornou um ator econômico de relevo no mercado mundial. A seqüência disso é mais surpreendente ainda: a emergência dos "tigres" anatolianos.

OS DRAGÕES DE ANATÓLIA

O grande patronato turco, nascido de sua proximidade com o Estado kemalista, tinha e continua tendo suas bases essencialmente na região ocidental da Turquia, ao redor do mar de Mármara: trata-se de um patronato laico e europeizado. No caso do recente aumento potencial das exportações turcas, esse antigo patronato, que dispõe de um sólido capital financeiro e industrial, continua sendo um ator considerável. Mas não está mais sozinho. Em todas as capitais da província da Anatólia, o que soma aproximadamente uma dúzia de cidades, surgiu uma nova onda de industriais que se voltaram inteiramente para as exportações. Sua vantagem comparativa sobre os empresários já estabelecidos e sobre o mercado mundial procede essencialmente dos baixos salários pagos no interior da Anatólia e da ausência de direitos sociais que prevalece nesses lugares. As técnicas industriais permanecem em estado primitivo e os produtos são pouco sofisticados; na área têxtil ou de eletrodomésticos, a maior parte concorrem com a China. Mas, ao invés de entrar em concorrência com os chineses, os empresários da Anatólia selecionam nichos, se especializam em áreas que os chineses têm dificuldade de dominar. Essas empresas de tamanho médio também são mais flexíveis do que as grandes manufaturas chinesas; elas respondem mais rapidamente às exigências mutáveis dos consumidores ocidentais e evidentemente encontram-se mais próximas.

O sucesso desses empresários que são apelidados de "tigres da Anatólia", em alusão aos "tigres asiáticos" – Coréia, Taiwan, Hong Kong –, permanece misterioso: como surgiram dessas cidades sonolentas? Pamuk menciona uma explicação popular na Anatólia, mas que ele considera folclórica: essas cidades retomaram as antigas tradições artesanais e comerciais da época otomana, um período em que os turcos exportavam para a Síria ou para o Egito. Não é convincente. Outra explicação de caráter sociológico identifica nessa classe de novos empreendedores os herdeiros dos fazendeiros gerais que cobravam os impostos em nome do sultão; dessa época passada, as famílias teriam conservado importantes recursos em termos de capital e certa tendência a explorar o povo, com o suporte do exército. Os empresários muçulmanos militantes, aqueles que se encontram próximos do AKP no poder, preferem invocar circunstâncias religiosas: os "dragões" da Anatólia são piedosos e o Alcorão encoraja o comércio e o enriquecimento. De fato, os empresários da Anatólia postulam facilmente sua pertinência ao Islã e se agrupam em sindicatos patronais abertamente muçulmanos, distintos dos sindicatos laicos de Istambul; esses sindicatos muçulmanos dão suporte ao partido conservador religioso AKP, que em grande parte é responsável por esse renascimento da Anatólia.

Esse Islã, observa Pamuk, é tradicional e conservador muito mais do que radical; encontra-se muito distanciado do islamismo político do mundo árabe. Deveríamos nos preocupar, como se faz com freqüência em Istambul e na Europa ocidental, com uma repentina reislamização da Anatólia? Mas a Anatólia nunca foi laicizada tal como o foi Istambul pelo regime republicano. O kemalismo, anticlerical, permaneceu relegado ao oeste da Turquia, sem nunca atingir as camadas profundas da Anatólia. Mas afinal, isso tem algo a ver com religião? Ao falar com os patrões da Anatólia, compreende-se como seu espírito empresarial exprime antes de tudo um orgulho local e um desejo de revanche contra a burguesia kemalista de Istambul: uma revanche da província contra a capital, da qual a população local participa com entusiasmo. Esse entusiasmo econômico e patriótico é compartilhado por milhões de imigrantes da Anatólia que investem sua poupança nessas novas empresas, freqüentemente sem contrato, com base numa confiança compartilhada em nome do Islã, mas de um Islã local enraizado nos costumes da Anatólia, muito distanciado do islamismo radical.

Nenhum desses fatores por si só é suficiente para explicar o fenômeno; mas, todos juntos, esclarecem a aparição de um novo poder: um encontro entre cultura, tradição, religião... e uma boa estratégia.

A TURQUIA NA EUROPA

Resta falar da Europa. A decolagem da Turquia moderna deve muito à abertura dos mercados europeus; estes só se fecham para os produtos agrícolas não transformados e – em princípio – aos imigrantes.

O desenvolvimento turco poderia continuar sem a Europa? Em termos teóricos, Pamuk admite que a entrada na União Européia não é indispensável; seja qual for o resultado das negociações, o mercado comum com a Europa não desaparecerá. Por outro lado, os exportadores turcos estão cada vez mais globalizados. Os descrentes da Europa – campo que progride na Turquia – concluem que podem dispensar a União Européia. Pamuk não pensa assim: se é verdade que a economia turca teoricamente não precisa da Europa, esta, em compensação, é indispensável para consolidar as instituições turcas. Contudo, sem instituições sólidas, políticas, judiciárias e financeiras, o desenvolvimento econômico na Turquia não durará necessariamente ao longo do tempo. Rejeitados pela Europa, os turcos não têm a garantia de continuar a sua trajetória ascendente. Se a Turquia voltasse à estagnação, é provável que a imigração para a Europa ocidental se aceleraria: qual seria a melhor maneira de administrar essa imigração? Os adversários da Turquia na Europa invocam, entre outros temores, o risco de uma imigração em massa dos turcos para o Ocidente assim que a circulação se tornasse livre. É possível, mas é provável que a Turquia na Europa se desenvolva mais rapidamente do que a Turquia fora da Europa; nesse caso, haveria mais empregos na Turquia do que no resto da União Européia. Os turcos, ao invés de deixarem o seu país, permaneceriam nele e voltariam como os espanhóis ou portugueses cujos fluxos migratórios se inverteram depois que seus países se juntaram a Europa.

Sem a União Européia, um outro perigo ameaçaria o desenvolvimento turco: o partido conservador religioso, liberal na economia, democrático na política, moderado na religião, ligou seu destino à adesão européia. Se isso falhar, não fica excluída a hipótese de os turcos se voltarem para um islamismo radical. Este, atualmente representado por um partido político minúsculo, só tem 1% dos sufrágios: até o momento, os turcos escolheram nitidamente a moderação, a Europa e o liberalismo econômico. Uma rejeição por parte da Europa seria o triunfo do islamismo radical? Não se pode negligenciar essa hipótese. O Islã, que até agora não explica o progresso da Turquia, poderia subitamente tornar-se um ator principal. O que está em jogo na relação entre a Turquia e a Europa não é, portanto, um conflito entre o Ocidente e os muçulmanos; atrás dessa negociação se desenha uma confrontação mais profunda, de resultado incerto, entre o Islã liberal e um Islã radical e antiocidental. A Turquia na Europa seria um golpe duro para o Islã radical; com a Turquia fora da Europa, a propaganda islamista contra o Ocidente seria muito favorecida.

CRESCIMENTO NO ISLÃ

Além do exemplo turco, não se insiste muito em dizer que todos os países muçulmanos estão hoje envolvidos em um forte crescimento: o instituto de pesquisa francês Ásteres, para o período 2004-2008, prevê uma média de 5,9% por ano para trinta e dois países muçulmanos (excluindo o Iraque, a Somália e a Palestina por estarem em guerra) tão diversos quanto a Indonésia ou o Marrocos. Nesta pesquisa, são considerados como muçulmanos os países em que pelo menos 80% da população é muçulmana. Essa nova prosperidade se deve ao petróleo? Este contribui para isso, porém, se retirarmos os países produtores de petróleo da amostra, o crescimento médio dos outros países se situa em 5,5%, sempre acima da média mundial.

Economias que estiveram durante muito tempo anestesiadas, até moribundas, como o Marrocos, Bangladesh ou o Egito, chegam a 6% ao ano; o Paquistão e a Indonésia estão nessa mesma categoria das economias emergentes. Só o Yemen conhece uma taxa de crescimento inferior ao aumento de sua população. Portanto, não é o Islã que proíbe o desenvolvimento econômico, como diz a velha tese pseudo-culturalista tão repetida. Todas essas economias "muçulmanas" estavam de fato paralisadas por estratégias contraprodutivas geralmente herdadas do socialismo: burguesia expulsa ou despossuída, autarquia e planificação central. Mas, desde os anos 1980, sob a influência das doutrinas liberais, com os conselhos do Fundo Monetário Internacional, graças à globalização das trocas, os governos envolvidos se engajaram em políticas de liberalização; estas oferecem resultados positivos em todos os climas, em todas as civilizações. O caminho é o certo, porém os governos dos países muçulmanos só estão na metade do caminho, como mostra a sua inflação que continua mais alta do que a média mundial: 7,6% no Islã contra 3,6% no resto do mundo. Essa discordância vem de uma gestão pública ainda medíocre e de Estados muito dispendiosos. Quando seus gastos públicos forem controlados, esses países poderão esperar se juntar ao pelotão sino-indiano com um crescimento anual entre 7 e 10%.

O Islã não impede o desenvolvimento econômico; pode-se mesmo vislumbrar que ele o favoreça, pois os "tigres" anatolianos não são casos isolados no mundo muçulmano. O Alcorão é o único texto sagrado de base de uma religião que encoraja a riqueza neste mundo, ao contrário dos evangelhos ou do budismo que preferem a pobreza; Maomé é o único profeta que foi empreendedor e casado com uma negociante. O sucesso material no Islã é, portanto, como se tornará tardiamente para os calvinistas, um sinal de eleição. Isso explica por que os partidos políticos que reivindicam o Islã, como o AKP turco, sempre são favoráveis à economia de mercado.

Muitas razões podem explicar o fracasso dos países muçulmanos na época moderna: a colonização, o socialismo árabe, o despotismo, as guerras. Mas, entre todas essas causas, a religião é a menos convincente. Nasser, que em 1954 nacionalizou as empresas egípcias, expulsou a burguesia e as minorias empreendedoras para aderirem ao modelo soviético, é infinitamente mais responsável pela miséria de seu povo do que Maomé. Os muçulmanos, no século XX, afundaram na miséria com regimes autoritários e socialistas; dirigem-se agora para um melhor bem-estar graças a regimes menos repressivos e convertidos à economia de mercado. A Turquia é a primeira, e trinta e dois países muçulmanos junto com ela, provam que o desenvolvimento nunca é uma questão de crença, mas sempre depende de boas escolhas de política econômica. O antiliberalismo sempre é uma catástrofe, enquanto que o liberalismo é uma fonte de progresso verificável, no Islã e fora do Islã. Saudemos essa boa notícia que nos vem da Turquia e de outras partes: não temamos o Islã quando ele é moderno.

QUINTA PARTE
Os declínios

Do fim da Segunda Guerra mundial ao início dos anos 1980, as economias da Europa ocidental e do Japão alcançavam os Estados Unidos; a sua convergência parecia iminente. Desde então, a Europa continental e o Japão perderam a sua força, abandonando ao mundo anglo-saxão a liderança do crescimento e da inovação. Essa perda de "dinamismo", segundo a expressão de Edmund Phelps, é para os economistas um fenômeno sem mistério. Como explicam o italiano Alberto Alesina para a Europa e Fumio Hayashi para o Japão, a diminuição do tempo de trabalho no momento em que o tempo dos americanos e dos britânicos aumentava, foi uma causa essencial dessa perda de ritmo: com técnicas comparáveis, franceses e japoneses trabalham menos, produzem menos e ganham menos.

Junto a esse erro mecânico, parece que os países que estagnaram tiveram uma má compreensão acerca daqueles que passaram a ser os motores do novo crescimento: o primeiro é a inovação que gera uma estreita relação entre as universidades de ponta, os centros de pesquisa e as empresas. O outro motor é a "destruição criativa"; essa noção, inicialmente destacada pelo austríaco Joseph Shumpeter, supõe que sejam abandonadas o mais rapidamente possível as atividades que estão perdendo velocidade para dar lugar àqueles que estão chegando ao mercado. Nas economias européias em declínio, parece que as regras vão em sentido contrário: o direito do trabalho e dos negócios, a fiscalização, o crédito, protegem as empresas já existentes ao invés de acolher as nascentes.

Esse declínio, contrariamente às crises econômicas de outros tempos, tem seus beneficiários: as vantagens adquiridas dos insiders são preservadas enquanto que as vítimas do status quo são os mais jovens, os que têm menos estudos, os outsiders.

Reformas justas exigem, portanto, o restabelecimento dos estímulos positivos e duráveis no mercado de trabalho e da educação: qualquer outra política econômica, pontual e que tenha como horizonte o curto prazo, não é nada mais do que propaganda.

O declínio não é inelutável como testemunham os recentes saltos do Japão e da Alemanha e certas iniciativas da Comissão Européia: o aumento da duração do trabalho ou a introdução da concorrência suscitam retomadas quase imediatas. Isso ilustra quanto todas as nações respondem de forma semelhante aos mesmos estímulos.

Por outro lado, não é indispensável copiar um modelo americano para reconciliar-se com o crescimento; Olivier Blanchard e Jean Tirole propõem um direito do trabalho que concilia a eficácia econômica com a preferência social própria ao "capitalismo do Reno".

O modelo de crescimento liberal não é ameaçado globalmente pelo perigo ecológico do aquecimento? O economista britânico Nicholas Stern convida a reorientar desde já o desenvolvimento para afastar uma catástrofe em 2100; o dinamarquês Bjorn Lomborg, mais cético, confia na inovação técnica para conter o reaquecimento eventual, enquanto que o Francês Roger Guesnerie, em nome da incerteza dos conhecimentos, sugere agir, porém, com moderação para não romper os mecanismos do mercado. Más políticas econômicas poderiam se mostrar mais perigosas para a humanidade do que o efeito estufa.

CAPÍTULO XVII

A Europa vista dos Estados Unidos

Em Harvard, um terço dos economistas são europeus: entre eles, Alberto Alesina, um italiano que gostaria de voltar para seu país somente se a Europa despertasse. Nos anos 1980, diz Alesina, houve uma revolução econômica na relação entre os Estados Unidos e a Europa ocidental: a Europa desaqueceu e, com exceção dos britânicos, os europeus ainda não se deram conta disso. Esse desaquecimento era previsível?

No fim da Segunda Guerra Mundial, a riqueza por habitante na Europa atingia somente 42% do nível americano; no início dos anos 1980, ela havia recuperado o essencial do seu atraso, chegando a 80% do nível de vida dos Estados Unidos. Durante esse período, o modelo europeu era considerado como exemplar por sua produtividade e pela coesão social que o Estado-providência fazia reinar; os Estados Unidos, por outro lado, só progredia por ciclos, de crise em crise, sacudidos por problemas sociais violentos. Há vinte anos, a relação se inverteu (afora a Grã-Bretanha): de 80% do nível de vida americano, os europeus passaram a 70%, ou seja, a mesma distância que havia em 1970. A Itália é a que se encontra em pior situação: em 1950, ela tinha 30% da renda americana por habitante; em 1990, ela atingira 80%; passou a 64%, como na metade dos anos 1960. A França e a Alemanha estão vivendo a mesma descida.

Entretanto, os europeus não ficaram pobres. O seu nível de vida continua confortável, não afundarão da noite para o dia na miséria, mas deixaram de progredir. Comparando com os Estados Unidos, Alesina acredita que se deve evocar um "declínio" da Europa. Esse declínio é relativo, mas, é um declínio mesmo assim, e se acentua a cada ano que passa.

Os europeus se adaptam porque esse desaquecimento é apenas relativo. Porém, ficarão satisfeitos por muito tempo com a falta de perspectiva para os seus filhos, com a perda de influência nas questões mundiais, ao ver-se, com o tempo, deixados para trás pelos coreanos ou chineses? Desse não desenvolvimento poderia surgir uma cultura mórbida da estagnação, cujo exemplo encontramos em um outro continente, na Argentina. Além das conseqüências psicológicas, a estagnação não deixa eliminar uma pobreza que não desapareceu totalmente da Europa; a integração dos imigrantes também se torna mais complicada.

Alesina, que conhece o que diferencia os dois continentes, não conclui que bastaria aplicar na Europa um modelo americano para alcançar o nível de vida dos americanos. A sua pesquisa estuda as razões do desaquecimento; ao contrário do modelo um pouco teórico de Edward Prescott, que explica as variações somente pela quantidade de trabalho, Alesina dá explicações mais históricas e culturais. Caso os europeus desejassem escapar do declínio, ele propõe instrumentos que estes poderiam adotar sem renunciar às suas singularidades.

O EX-MODELO EUROPEU

Como compreender que os europeus tenham conseguido, de 1945 a 1980, alcançar praticamente os Estados Unidos e ao mesmo tempo reduzir o seu tempo de trabalho? Isso fez acreditar que havia um modelo europeu superior ao modelo americano. Nas economias industriais, explica Alesina, é mais fácil imitar do que inovar; os europeus se contentaram em imitar os métodos americanos, quer se trate de modos de produção ou de técnicas de gestão. Por outro lado, os custos salariais e os encargos sociais europeus ultrapassam o nível americano, as empresas européias tiveram vantagem em automatizar mais do que os americanos. Conseqüentemente, a Europa tem mais serviços do que os Estados Unidos; ela é mais automatizada e de certa maneira mais moderna, porém, o desemprego se tornou endêmico para os trabalhadores pouco qualificados. Durante a fase de recuperação, na época chamada de *Trente Glorieuses*[1] (expressão de Jean Fourastié), os governos da Europa puderam ter um papel mais decisivo do que os Estados Unidos, porque a industrialização ou a criação de grandes infra-estruturas facilitavam

---

[1] N. do T. Período de *trinta anos* (1945-1973) de desenvolvimento econômico e de pleno emprego vivido por países desenvolvidos, em particular a França e a Alemanha ocidental.

a centralização pública. Com o tempo, por causa da própria recuperação, as vantagens relativas da Europa se esgotaram: quando não se pode mais imitar, é preciso inovar. Para inovar, o modelo europeu se revela ineficaz; enquanto os Estados Unidos entravam na nova economia baseada na inovação e na informação, a Europa produzia localmente.

Essa defasagem européia não vem só dos anos 1980? Um outro bom observador da Europa, Edmund Phelps (prêmio Nobel 2005) considera que o desaquecimento é antes de tudo cultural e ele se produziu desde os anos 1920-1930, quando o capitalismo americano adotou o formato que conservou desde então. Nessa época, a Europa escolheu o Estado-providência, o que a condenou à imitação, tanto para os produtos quanto para a gestão. A perda de "dinamismo" europeu, conceito importante para Phelps, viria dessa longa história, portanto, ainda mais difícil de solucionar.

DUAS CULTURAS QUE UM OCEANO SEPARA

É conhecido o princípio fundador do dinamismo americano: a "destruição criadora". Sem arrependimentos, as antigas atividades são abandonadas, fechadas ou transferidas; os empresários e os acionistas mudam para outros lugares, em busca de mais lucros e de salários mais altos. As universidades e os centros de pesquisa produzem idéias que serão rentabilizadas pelas empresas capitalistas globalizadas entre as quais Microsoft é a representação emblemática.

Não se deve acreditar que essa destruição criadora cause um entusiasmo unânime nos Estados Unidos: o desaparecimento das fábricas provoca revoltas locais e uma nostalgia mostrada, por exemplo, pelos filmes de Michael Moore. O grande patrão capitalista tampouco é nos Estados Unidos uma figura respeitada por todos; uma determinada esquerda americana nunca deixou, desde o século 19, de denunciar os "barões ladrões". Bill Gates, o emblema da "nova economia", nunca escapou dessas críticas; a sua reputação de homem mais rico do mundo lhe valeu tamanha impopularidade na mídia que se reciclou oportunamente na ação humanitária. Desde então, a fundação que tem com a sua mulher para lutar contra as doenças endêmicas na África lhe vale elogios que, paradoxalmente, não obtinha quando, na direção da Microsoft, criava milhões de novos empregos e acelerava o enriquecimento do planeta. Os Estados Unidos não está livre dessas contradições, todavia, de uma forma geral, reina um consenso sobre a inovação.

Para acelerar a passagem do mundo industrial para o da informação, o papel do poder público nos Estados Unidos não é, portanto, proteger as empresas existentes, mas facilitar a entrada das inovações no mercado. A título de exemplo, para criar uma empresa nos Estados Unidos, Alesina observa que é preciso passar por quatro formalidades que exigem quatro dias e custam 166 dólares; o mesmo procedimento na França requer quinze formalidades, ou seja, cinqüenta e três dias, e custa (o equivalente a) 3.693 dólares. Na Itália, é 5.012 dólares; na Grécia 10.218 dólares! Na Suécia, o mais "flexível" dos países europeus, a criação da empresa custa 664 dólares. Nessa mesma linha, Alesina nos diz que quando se quer cobrar um cheque não pago nos Estados Unidos, há um prazo de cinco semanas para obter um julgamento e duas semanas para obter a sua execução. Na Itália, é preciso esperar um ano para o julgamento e mais um ano para a execução; na França, três meses para o julgamento e mais três meses para a execução. Essas instituições e seu funcionamento refletem a prioridade que uma sociedade dá ou não para a lógica capitalista.

Nos Estados Unidos, os monopólios, as *rentes de situation*[2], as vantagens adquiridas estão sob o domínio do Estado e da justiça: o que se chama de política econômica consiste prioritariamente na aceleração da concorrência. A desregulamentação dos transportes e das telecomunicações, diz Alesina, contribuiu mais, há vinte anos, para o dinamismo da economia americana do que as políticas de alívio fiscal alardeadas pelos políticos cujos objetivos são mais eleitoreiros do que econômicos. As instituições financeiras americanas também se adaptam à "destruição criadora" concedendo créditos para a inovação, enquanto que na Europa preferem consolidar o que está adquirido. Os sindicatos? Resistem, porém, em vão, de tanto serem enfraquecidos pela desindustrialização e pela imigração em massa de novos assalariados. Enfim, as proteções sociais são modestas, o que motiva os empregados a mudar de profissão e de região, mais do que a lutar para conservar o seu emprego ameaçado.

Para os europeus do continente, é praticamente impossível aderir a esse modelo, pois é, para dizer o mínimo, tanto cultural quanto econômico. Enquanto que os americanos privilegiam o enriquecimento, os europeus se preocupam com a pobreza e as desigualdades; um cidadão europeu tolera mal que as ajudas sociais sejam reduzidas, enquanto que um americano recusa em primeiro lugar o aumento dos impostos. Os políticos, que sabem disso, levam

---

[2] N. do T.: Privilégio usufruído há muito tempo e seu beneficiário acaba considerando como um direito adquirido.

esse fator em conta. Os europeus, diz Alesina, não são partidários da economia de mercado, reféns de políticos intervencionistas; são as preferências coletivas que explicam por que as retenções públicas na Europa passaram de 30% em média nos anos 1960 para 50% nos anos 2000. Na falta de crescimento suficiente, o gasto e o endividamento públicos tiveram que progredir a um nível suficiente para manter as vantagens do Estado-providência: a estagnação cria a dívida que agrava a estagnação.

NA EUROPA, AS TRADIÇÕES ANTICAPITALISTAS

Sociais antes de serem econômicas, as prioridades na Europa são ditadas, diz Alesina, por duas tradições: o cristianismo e o marxismo. Ambos recusam o lucro. Ambos consideram que a justiça social é um imperativo que deve predominar sobre a produção. É possível não ser nem católico nem marxista, porém, os europeus, em diferentes níveis, são todos impregnados por esses princípios espirituais e intelectuais. Em compensação, os americanos, porque a ética dominante é calvinista e porque o marxismo nunca exerceu influência popular nos Estados Unidos, aceitam como naturais a pobreza e as desigualdades.

Imagina-se que um pobre nos Estados Unidos não trabalha o suficiente para sair de sua condição; a obrigação do retorno ao trabalho predomina sobre a solidariedade pública. Na Europa, um pobre é visto como uma vítima do sistema econômico. Nos Estados Unidos, a desigualdade é mais tolerada do que na Europa, inclusive pelos mais desfavorecidos; ela é considerada como um tipo de destino a que cada um deveria escapar pelo trabalho. Nos Estados Unidos, o imposto favorecerá, portanto, o empresário para incitá-lo a tornar-se criativo, enquanto que na Europa a tributação tende à redistribuição.

É conhecida a importância na Europa de sua ajuda aos pobres, porém, não se avalia a eficácia disso. Não é surpreendente, pergunta Alesina, que a pobreza persista apesar das subvenções públicas em massa? É que na Europa, como a compaixão predomina sobre a eficácia, dá-se mais importância aos processos do que aos resultados. Nos Estados Unidos, são os resultados que são avaliados, enquanto que na Europa o que conta são as intenções.

Edmundo Phelps, situado à esquerda do tabuleiro político americano (um liberal no sentido americano do termo) aterrorizado como Alesina pela falta de reconhecimento da eficácia do capitalismo, propôs ao governo italiano que o consultava para instaurar um dia por ano para comemorar o "dia dos patrões". Na Itália, onde se festeja todos os santos, diz Phelps, por que não reconhecer simbolicamente o papel salvador dos donos de empresas? A sua proposta não foi aceita. Ela tampouco seria na França.

A TIRANIA DOS INTERESSES

As diferenças culturais entre os dois continentes são suficientes para explicar as divergências econômicas? Tanto quanto as razões culturais, diz Alesina, o bloqueio da Europa também se deve à influência de interesses organizados. A tirania do *statu quo* tal como foi enunciada por Milton Friedman domina a Europa: as corporações que têm interesse para que nada mude têm uma grande capacidade para bloquear qualquer inovação. A desigualdade dessas *rentes de situation* foge às vezes ao entendimento, como mostra a política agrícola européia: enquanto exploradores agrícolas, a rainha da Inglaterra recebe 600.000 euros por ano, o príncipe de Mônaco 300.000! Nos Estados Unidos, isso seria escandaloso; na Europa, as subvenções agrícolas não são afetadas por isso. Os europeus ignoram, porque essas informações são confidenciais, porque os principais beneficiários da ajuda européia são grandes empresas globalizadas: na Holanda, as duas primeiras são Philip Morris (1,5 milhão de euros por ano) e Royal Dutch Shell; na Grã-Bretanha, a Nestlé recebeu, em 2004, 11,3 milhões de euros! Na França? Alesina não pôde obter informações, mas ele se pergunta se o pequeno camponês não é o mais privilegiado, admitindo que os camponeses mereçam um tratamento diferenciado. A agricultura é na Europa a única profissão em que 77% da renda provém de subvenções.

E aqueles que seriam favorecidos pela mudança: os jovens, os empresários, os criadores? Estão dispersos, desorganizados, e ignoram que novas perspectivas uma sociedade desbloqueada lhes ofereceria.

Como a Grã-Bretanha consegue escapar do declínio? Foi preciso a convicção liberal de Margaret Thatcher, que é uma exceção na classe política européia, mas também circunstâncias paradoxalmente favoráveis: a crise era mais profunda ali do que no resto da Europa. Para fazer aceitar a mudança, observa Alesina, é bom que o crescimento seja rápido, como nos Estados Unidos, o que permite uma reclassificação instantânea dos assalariados excluídos dos setores arcaicos, ou então, que a estagnação seja tão evidente que uma mutação se torna necessária. A Europa continental vegetando entre as duas situações, nem crescimento nem recessão, a conseqüente passividade tanto dos dirigentes políticos quanto da opinião; esse impasse entre as duas explica por que o declínio, tão evidente nas estatísticas, não suscita apelo maior para a mudança.

DEIXAR O MERCADO AGIR

Supondo que as condições políticas e psicológicas sejam reunidas, que reformas Alesina sugeriria? Ele não imagina simplesmente colar um modelo americano nas sociedades européias, mas, ele desejaria uma evolução intelectual: fazer compreender que o mercado é eficaz e que os indivíduos, mesmo na Europa, respondem aos estímulos. Porém, na Europa, o mercado é visto como uma ideologia, enquanto que para os economistas ele é um mecanismo. Os europeus como um todo estão convencidos de que o Estado é mais eficaz do que o mercado, embora essa crença seja desmentida pela ciência econômica; esta ensina que os atores econômicos respondem sempre aos sinais do mercado e que o Estado só deveria intervir sob uma dupla condição: o mercado deve ter se mostrado ineficaz e deve ter sido demonstrado que a intervenção do Estado não agravará a situação.

A escolha que se impõe a Europa não é, diz Alesina, entre o mercado e a solidariedade. Se os governos europeus deixassem os mercados funcionar, um número maior de empresas desapareceria, porém, um número maior poderia ser criado; os assalariados reencontrariam rapidamente um emprego e estes seriam mais bem remunerados, visto que não há nenhuma esperança de progressão numa atividade ultrapassada. Aliás, sabe-se que nos países onde é possível demitir funcionários mais facilmente – Holanda, Dinamarca – o desemprego é menor e a criação de empregos é mais intensa do que nos países onde não se pode mandar embora, como na França, Itália e Alemanha. Em um mercado mais flexível, o papel do Estado não desaparece, ele muda; cabe-lhe administrar a transição dos homens mais do que a das empresas.

Para conciliar a eficácia do mercado e o desejo de compaixão característico do "capitalismo renano", como o chamou Michel Albert, os europeus poderiam também usar a imaginação. Alesina fala de dois mecanismos que só existem ainda na teoria dos economistas.

Para o emprego, Olivier Blanchard (MIT) e Jean Tirole propõem criar na França um "imposto sobre demissões" que restauraria o direito de demitir. Sabemos que a legislação atual somente autoriza a demissão por razões econômicas, conceito frouxo que, em quase todos os casos, tem que ser validado pela justiça do trabalho: é raro que ela aceite a análise patronal, o que implica de fato a proibição da demissão acrescentando a ela uma multa. O risco é tão grande que os empregadores acabam demitindo pouco e recrutando menos ainda; esse congelamento do emprego freia a inovação e faz crescer o desemprego. Mas Blanchard e Tirole admitem que uma demissão representa para toda a sociedade um custo social e financeiro: o trabalhador demitido, se não encontrar novamente um trabalho, ficará sob a responsabilidade da previdência social? Seria, portanto, conveniente que as empresas obtivessem o direito de demitir, mas pagassem um imposto correspondente ao custo deslocado para a sociedade. Esse imposto deveria ser calculado em função da duração do desemprego real do trabalhador demitido; em alguns estados americanos onde o sistema existe desde 1930, o imposto sobre a demissão é usualmente estipulado em seis meses de salário. O produto desse imposto é destinado ao financiamento das alocações de desemprego; a cotização patronal para o seguro-desemprego deveria, portanto, diminuir na mesma proporção. No caso de demissão, os tribunais não teriam mais necessidade de interferir, salvo no caso de fraude evidente executada por um empregador, como a demissão de uma mulher grávida em razão de estar grávida. Sabendo que o imposto sobre a demissão seria proporcional ao tempo necessário para que o trabalhador demitido encontre novamente um emprego, o mecanismo incita o empregador a ajudar seu pessoal a recolocar-se, facilitando, por exemplo, sua formação permanente: o imposto sobre as demissões teria, portanto, um caráter virtuoso, ao mesmo tempo em que restauraria a liberdade econômica. Ele impulsionaria o recrutamento, pois o empregador conheceria antecipadamente o custo da demissão, enquanto que neste momento encontra-se submetido a uma proibição geral ou à mercê da justiça. Entretanto, nenhum governo, nenhuma organização patronal ou sindical até este momento assumiu o projeto de Blanchard e Tirole, tamanho é o medo que se tem na França de reformas autênticas.

Um outro mecanismo engenhoso foi concebido em 1984 por Thomas Moore (Hoover Institution) para acabar com os regimes de subvenções: resgatar de uma vez por todas das profissões que recebem ajuda (particularmente os agricultores) as subvenções programadas – por exemplo – para os próximos dez anos. A partir do momento do resgate, seriam restabelecidos os mecanismos de mercado, quando alguns seriam eliminados enquanto outros seriam estimulados a inovar. Pagar para reformar? Os economistas Jacques Delpla e Charles Wyplosz calcularam que, no caso da França, a compra das rendas (da licença de táxis até o emprego garantido pelo resto da vida nas funções públicas) pelo Estado seria compensada por um ganho de dinamismo que reembolsaria esse investimento público, ao mesmo tempo em que evitaria a revolta dos "beneficiários dessas rendas". No caso dos táxis, a substituição das licenças pela liberdade de estabelecimento aumentaria o número de táxis (mais empregadores), faria baixar as tarifas e faria crescer o número de clientes. A aposta seria onerosa (4,5 bilhões unicamente para os táxis), mas ele revela o custo atual dessas rendas e o quanto elas agem no sentido de frear o crescimento.

A experiência dos Estados Unidos, da Grã-Bretanha ou da Dinamarca ilustra, no entanto, que nas economias modernas não é preciso esperar muito tempo para constatar os efeitos positivos da aceleração dos mercados: a mecânica liberal age com rapidez. Os setores desregulamentados pela Comissão Européia de Bruxelas, como o transporte aéreo ou a telefonia, se desenvolveram em apenas alguns anos, criando novos serviços de massa com baixos preços e inúmeros empregos. A solução liberal funciona perfeitamente nos mercados europeus, desde que se recorra a ela.

A PROVA ALEMÃ

A velocidade dessas soluções liberais foi experimentada com certo sucesso na Alemanha desde 2004. O governo social-democrata, negociando com os sindicatos, obteve uma estabilização dos salários, conseguiu postergar a idade da aposentadoria, um comprometimento para a volta ao trabalho mais rápida no caso daqueles que procuram emprego, uma baixa da taxação do serviço em função dos encargos sociais e o imposto sobre a renda. Nenhuma dessas medidas foi espetacular, todas foram distribuídas no tempo. O governo seguinte, chamado de Grande Coalizão, manteve essa linha de ação, as finanças públicas, tanto as do Estado central quanto a das Länder, foram equilibradas graças à redução do número de funcionários e à privatização dos serviços públicos locais. O governo da Grande Coalizão também anunciou a supressão futura de todas as subvenções econômicas, em 2018, no caso das minas de carvão, dos transportes ferroviários, da cultura ou da agricultura. Essas medidas são apenas reformas, nenhuma delas propõe transformações radicais nos direitos adquiridos e sua distribuição no decorrer do tempo não chega a estremecer as sociedades. Porém, todas elas apontam para a mesma direção: uma redução dos custos e um aumento da quantidade de trabalho. Os sinais, mesmo não sendo espetaculares, são claros: todos apontam para um mercado mais flexível, mais competitivo, menos protegido. Isso sem muito alarde.

Os dirigentes alemães sabem efetivamente que o capitalismo não tem melhor reputação na Alemanha do que no resto da Europa; a tradição liberal que, depois da Segunda Guerra Mundial, sob o impulso de Ludwig Erhard, havia permitido o milagre alemão, se diluiu num discurso tranqüilizador em torno da *economia social de mercado*. A reunificação acentuou o gosto em relação a um Estado-providência, pois os alemães do leste passaram sem transição do comunismo para uma situação de tutela pelo seu novo Estado. A tradição anterior se refugiou no partido liberal, marginal. Mas o governo social-democrata, e depois a grande coalizão dirigida por Ângela Merkel, souberam basear suas reformas em uma outra tradição nacional bastante persistente: o horror em relação aos déficits públicos e o espectro da inflação. Gerhard Schröder, como chanceler, evocava somente o retorno ao equilíbrio das contas; nunca nomeou a flexibilidade nem o mercado competitivo. Mas o resultado, desde 2006, se mostrou quase instantaneamente através de uma melhor competitividade: a modesta queda dos impostos sobre o trabalho, o retorno mais rápido dos desempregados ao trabalho permitiram um aumento da produção a um menor custo salarial. Essa nova vantagem comparativa se traduziu num crescimento da atividade das pequenas e médias empresas e no desenvolvimento das exportações. Nessa recuperação pouco espetacular, porém, bem orientada, é oportuno que as empresas alemãs mantenham-se alinhadas com a demanda mundial: o desejo por equipamentos do Leste Europeu e dos países emergentes (China, Índia, Brasil) corresponde à tradição industrial alemã. A descentralização da indústria alemã em múltiplas unidades de alta qualidade técnica constitui também uma vantagem comparativa tradicional. Mas essas vantagens (que a França não possui), visto que não impediram a estagnação dos anos 1990, não explicam sozinhas a retomada de 2006-2007. Tornou-se necessário que sinais positivos reavivassem o mercado para que os empresários se sentissem impelidos a retomar o crescimento. Chamemos isso da prova pela Alemanha.

A EUROPA AMBÍGUA

A União Européia poderia contribuir para a dinamização das economias do continente? Ela já contribuiu para isso e ainda contribui, responde Alesina, quando a Comissão de Bruxelas se opõe aos monopólios, impõe desregulamentações, aviva a concorrência. Mas quando os governos nacionais pensam em políticas européias comuns, elas são desastrosas; a política agrícola é uma ilustração disso. As políticas comuns suscitam unicamente burocracias e rendas, nunca inovações. Os governos não são favoráveis a elas senão para extrair benefícios políticos de curto prazo: tratam-se de efeitos de propaganda. Mais surpreendente ainda, visto dos Estados Unidos, é o estilo dos projetos europeus: ao lermos seus planos, estudos e declarações de intenção, os burocratas de Bruxelas dão a impressão de um perfeito controle em relação ao futuro. Nesses textos tudo leva a acreditar que a economia tem a ver com a mecânica, que basta apertar um botão para que um resultado previsível aconteça. Alesina percebe nessa situação a influência nas instâncias européias da tecnocracia francesa e de seu voluntarismo. Essa influência está diminuindo; por sorte, diz Alesina, a diversidade da Europa com vinte e cinco membros torna ilusória qualquer tentativa no sentido de impor novas políticas comuns.

Resta a Airbus: não se trata de um sucesso do voluntarismo? A prova de que os Estados podem criar campeões nacionais e transnacionais? Alesina relativiza esse sucesso. Nunca saberemos o que a Airbus custou aos contribuintes; ninguém calculou que outras atividades poderiam ter aparecido, nem quantos empregos poderiam ter sido criados, se os fundos públicos não tivessem sido monopolizados pela Airbus. Além disso, o exemplo da Airbus é único, dificilmente reprodutível, pois a aeronáutica, tanto na Europa quanto nos Estados Unidos, é a única indústria onde as economias de escala são tão consideráveis que em cada continente só existe lugar para um único construtor. Enfim, Airbus não é um sucesso tecnológico; a aeronáutica é uma indústria em idade madura em que os europeus estão no encalço dos americanos, mas não chegam a suplantá-los.

O PREÇO A PAGAR? A DESIGUALDADE

A experiência americana pode ser eficaz, mas ela é estigmatizada na visão européia em função das desigualdades que ela engendra; essas desigualdades são indiscutíveis. Kevin Murphy demonstra que elas estão se agravando.

Murphy não é um inimigo do capitalismo; esse jovem economista, célebre por seu boné de basebol do qual não se desfaz nunca, ensina na Business School de Chicago, na universidade mais liberal dos Estados Unidos, moldada pelas idéias de Gary Becker e Milton Friedman. Mas ele não idealiza a sociedade americana: toda economia, comenta ele, é fundada em arbitragens em relação às quais nenhuma é satisfatória. Na Europa ocidental, a preferência vai no sentido da estabilidade, às custas do desemprego; nos Estados Unidos, se privilegia o crescimento e o pleno emprego, às custas da incerteza e da desigualdade. Esta, que se manifesta na distribuição dos salários, se acentuou desde que os Estados Unidos entraram na economia da informação.

Os anticapitalistas americanos denunciam os super-ricos numa extremidade e a grande pobreza na outra. – duas realidades incontestáveis, diz Murphy, mas que escondem uma tendência mais preocupante: as distâncias crescem ao longo da escala de remunerações. Essa nova desigualdade tem a ver com a natureza da nova economia: as empresas procuram trabalhadores sempre mais qualificados, e as altas remunerações se elevam em razão de uma demanda que os americanos não conseguem mais satisfazer. A sofisticação dos empregos confere, portanto, um prêmio astronômico aos diplomas: há vinte anos, um diploma de faculdade propiciava um salário superior de 40% em média a um diploma de *high scholl* (colegial). Hoje em dia, a distância média é de 80%; o prêmio concedido ao diploma universitário dobrou. Essa distância não deveria ser interpretada como uma má notícia, mas como um encorajamento à educação: investir nos estudos superiores se revela cada vez mais rentável. Pais e filhos sabem disso, e acorrem sempre mais numerosos à entrada das faculdades. Infelizmente, diz Murphy, a proporção de insucessos nos cursos também é crescente, porque a mediocridade do ensino primário e secundário prepara mal a massa dos estudantes para que tenham sucesso na universidade; o prêmio concedido aos diplomas universitários já adquiridos, portanto, progride muito mais rapidamente.

O mercado de trabalho, diz Murphy, não funciona segundo regras distintas de qualquer outro mercado: os salários são fixados obedecendo à intersecção das curvas da oferta e da demanda. O melhor modo de fazer progredir os baixos salários é, portanto, fazer com que a oferta de pessoal pouco qualificado se torne escassa; contra a pobreza, a educação é um mecanismo mais eficaz do que as regulamentações do tipo salário mínimo. É certo que existe nos EUA um salário mínimo fixado pelo parlamento, mas trata-se de um valor simbólico que reflete as boas intenções da classe política; o salário mínimo americano sempre é fixado a um valor mais baixo do que os salários reais de modo que não venha a interferir nas regras do mercado. Ninguém nos EUA espera pela eliminação da pobreza, enquanto que na Europa o salário mínimo legal corresponde, para grande número de assalariados, à sua remuneração real. Na Europa, o aumento do salário mínimo influencia realmente o mercado de empregos ao reduzir a demanda de pessoal não qualificado: o que agrava o desemprego.

Esse efeito perverso do salário mínimo, segundo Murphy, é conhecido na Europa e nos EUA. Mas os governos jamais aumentam o salário mínimo visando a criação de empregos nem para fazer regredir a pobreza; o aumento é sempre uma decisão política destinada a satisfazer os *insiders*, aqueles que têm um emprego e são politicamente majoritários, contra os *outsiders*, os sem-emprego. Os *outsiders* encontram-se dispersos, sem influência política nem sindical. Cada vez que o salário mínimo tem um aumento, a questão que deveria ser colocada é, portanto, a seguinte: "Quantos desempregados a mais estamos dispostos a aceitar, particularmente entre as minorias desfavorecidas e sem instrução?" Evidentemente, a questão nunca é colocada.

Para explicar as crescentes desigualdades, não deveríamos incriminar a imigração e a globalização? Estes são fatores acessórios, diz Murphy; os trabalhadores ou os produtos importados traduzem um deslocamento global da economia em direção à inovação. O comércio e o movimento dos homens aceleram a tendência sem que a tenham criado, mas é mais fácil criticar os imigrantes e as importações chinesas do que colocar em questão a inovação. Em economia, conclui Murphy, a fórmula ganhador-ganhador não existe; há aqueles que ganham e há aqueles que perdem, todo progresso contém um reverso. A tentação fatal seria destruir o motor do progresso para eliminar suas conseqüências nefastas; a melhor solução é investir na educação para temperar os efeitos perversos da inovação, sabendo que são inevitáveis.

ONDE SE VIVE MELHOR?

Uma economia mais dinâmica ou uma economia mais justa? Pode-se decidir entre essas duas concepções que poderíamos qualificar de americana e européia? A boa economia, responde Edmund Phelps, é a que satisfaz a aspiração a uma vida boa. O que é uma vida boa? As expectativas das pessoas, diz Phelps, dos dois lados do Atlântico não são distintas; aspira-se ter a realização de si mesmo (*self realization*), escreve o filósofo John Rawls. A teoria e a experiência, ele acrescenta, mostram que essa realização de si é mais acessível numa economia que gera a mudança. Acontece que aquilo que chamamos de capitalismo produz mais inovações do que qualquer outro sistema; também está demonstrado que as inovações são produzidas por empresários e investidores contanto que exista concorrência entre eles. Como suporte dessas afirmações, Phelps produziu um estudo da OCDE (2006) sobre os comportamentos que revela a existência de uma satisfação no trabalho e fora do trabalho nos EUA superior àquela encontrada na Europa ocidental: quanto mais as pessoas estão satisfeitas no trabalho, mais elas estão satisfeitas na vida. Phelps deduz a partir daí que é preciso incluir uma maior parte da população no mundo da empresa; nos EUA, 85% dos homens em idade de trabalho estão empregados, contra 76% na França. Acrescenta que a vitalidade das empresas é o melhor meio, coordenado com a educação, para fazer com que cresça essa inclusão no mundo do trabalho: trata-se de um fato comprovado. O capitalismo, longe de prejudicar os frágeis, produz sua inclusão; são eles que mais sofrem com um capitalismo sem dinamismo. Não existe, portanto, contradição entre inclusão social e dinamismo econômico, muito pelo contrário.

Como dinamizar a economia ao mesmo tempo em que se produz a inclusão? Sem fechar a questão, Phelps constata que na Europa duas escolas se opõem, que em princípio buscam atingir o mesmo alvo: o crescimento. De um lado, os neo-keinesianos (dos quais ele se aproxima) propõem um investimento maior de recursos; o Estado poderia se encarregar disso através de mais receitas fiscais. De outro lado, os liberais contam com um mercado de trabalho menos regulamentado e um menor papel do Estado para favorecer a criatividade dos empresários. Entre os dois, existiria somente uma questão de dosagem? Se uma economia não apresenta dinâmica suficiente de modo a incluir todas as pessoas, diz Phelps, a ajuda social pode se justificar, pois um número de excluídos muito grande atinge a legitimidade do capitalismo. Trata-se antes de tudo de preservar o capitalismo por todos os meios, inclusive através da intervenção pública. Chamemos isso do paradoxo de Phelps, que foi também aquele que se apresentou a Keynes; ele não é fácil de resolver.

CAPÍTULO XVIII
O Sol se põe

A moda não poupa a economia: nos anos 1980 se constituiu em torno do Japão toda uma indústria literária. Na Europa e nos EUA, jornalistas, homens de Estado e comentadores profetizavam que o Japão ultrapassaria os EUA. Só se falava do "modelo japonês" ou de "desafio japonês"; economistas e empresários dirigiam-se para Tóquio para compreender o mistério e apoderar-se do segredo. Esse frenesi durou uma década aproximadamente, até os anos 1990 quando a economia japonesa entrou numa fase de estagnação da qual nunca saiu. Essa nipofilia não deixa de lembrar a atual sinofilia: nos dois casos, as pessoas ficam obcecadas por experiências que mal conhecem, situadas longinquamente de preferência. Essas especulações econômicas obedecem às mesmas pulsões que as ideologias políticas: os persas apreciados por Montesquieu, os soviéticos, cubanos ou os chineses somente interessam aos seus adoradores na medida em que contestam a sociedade ocidental. Os japoneses de ontem tal como os chineses de hoje servem frequentemente para criticar a nossa economia, as nossas leis e os nossos costumes.

Em relação ao Japão, passamos de um excesso a outro: ontem enaltecido, agora ele é negligenciado. Seu lugar na imprensa econômica tornou-se insignificante. Esquece-se que o Japão continua a ser a segunda potência econômica no mundo, o segundo exportador depois dos EUA, com uma renda por habitante de 40.000 dólares, superior à da Europa, sem apresentar um desemprego significativo, sem problemas sociais comparáveis aos que dilaceram as sociedades ocidentais. A grande potência da Ásia continua sendo o Japão, e não a China: sozinhos, 150 milhões de japoneses produzem mais do que os 2,5 bilhões da China e da Índia reunidos. É verdade que o impulso irresistível dos anos 1960-1980 se quebrou: o Japão está estagnado tal como a Europa ocidental. Mas essa estagnação pode ser explicada sem partir para considerações culturais acerca do "Oriente impenetrável" ou a fadiga dos povos: os japoneses, como os franceses ou os alemães, trabalham quando isso traz resultados. Quando diminuem os resultados, o ardor declina. O Japão reduziu a marcha desde o momento em que se começou a trabalhar menos; trabalha-se menos no Japão porque os estímulos em relação ao trabalho diminuíram. A distância entre os gloriosos anos 1960-1980 e a "década perdida" (como a chama o economista Fumio Hayashi) que se seguiu se explica através da análise econômica; a ciência, que vale para a Europa, vale para o Japão.

A LENDA DO DESAFIO JAPONÊS

Não havia por detrás do *Japão, medalha de ouro* – título de uma obra do americano Ezra Vogel, prefaciado por Jean Servan-Schreiber, ele próprio autor em 1967 de um célebre *Desafio Americano* –, alguma receita própria que produziria uma reviravolta no conhecimento econômico? Isso nunca passou de uma lenda, diz Fumio Hayashi. Formado em Harvard, discípulo de Edward Prescott, Hayashi, em seu país, empurrou a gerontocracia acadêmica e introduziu na universidade de Tóquio um rigor científico longe do orientalismo e dos desenvolvimentos complacentes acerca de alguma "diferença" japonesa. A economia, diz Hayashi, tem os seus mitos; o Japão foi o dos anos 1980, como a China é o dos anos 2000. A lenda sempre se alimenta do efeito surpresa e de exotismo: o milagre alemão em 1960, o desafio americano em 1970. O Japão e a China surpreendem porque vêm de um outro lugar, de um Oriente supostamente contemplativo. Imagina-se que a Índia será a próxima maravilha, ou então a Turquia. O Japão dos anos 1960-1980 na realidade só tratava de alcançar o Ocidente. Em fase de recuperação, a taxa de crescimento parece espetacular, porém, só é por causa de um ponto de partida muito baixo e pelo fato de se recorrer às técnicas ocidentais, o que permite queimar etapas. A lenda sempre é legitimada pela penetração no mercado mundial: o Ocidente hoje é invadido por produtos *made in China* como foi nos anos 1970-1980 pelos produtos eletrônicos e automóveis *made in Japan*. Nessa época, os industriais americanos foram sacudidos pelo surgimento em seu mercado interno de automóveis menos onerosos e com melhor desempenho do que os fabricados em Detroit; os Estados Unidos foram tomados por um pânico protecionista assim como por um fascínio pelos métodos japoneses.

Devemos nos lembrar que felizmente esse protecionismo foi ultrapassado graças à demanda dos consumidores; depois, a concorrência japonesa despertou a indústria americana e européia, cujos dirigentes haviam acreditado por muito tempo que os asiáticos jamais chegariam a fabricar automóveis. Cenários semelhantes não pararam de se reproduzir na eletrônica, na indústria têxtil, na de máquinas-ferramenta, daqui a pouco na de medicamentos na Índia, enquanto não chegam os aviões chineses.

A singularidade dessa lenda japonesa, segundo Hayachi, se devia a certos métodos de gestão. Os ocidentais ficavam maravilhados com o fato de as empresas japonesas funcionarem como comunidades de valores onde reinavam a harmonia e a paz social: não há greves, sindicatos na empresa, não há reivindicações salariais excessivas, emprego vitalício para todos, promoção por tempo de serviço, relações harmoniosas entre a empresa, o Estado, os bancos e os terceirizados. A harmonia? Vista de fora, sem perguntar muito aos japoneses (não se deve perguntar em especial aos jovens e às mulheres), não era o elixir japonês? Não precisávamos importar um pouco dessa harmonia oriental para o capitalismo cheio de conflitos tão característico da Europa e dos Estados Unidos? Os mesmos comentadores ocidentais explicam agora a estagnação japonesa com os mesmos instrumentos que usaram para descrever o milagre: não seria o excesso de harmonia que destrói o dinamismo japonês? O emprego vitalício que favorece a preguiça? A promoção por tempo de serviço que paralisa a gestão? O concubinato com o Estado não torna atividades ultrapassadas perenes? O fato de explicarmos o sucesso e o fracasso do Japão através desses fatores culturais prova que a verdade deve ser buscada em outro lugar. Porém, diremos também que alguns trunfos de 1980 se tornaram freios em 2000 porque o mundo mudou mais rápido do que um Japão que se tornou complacente consigo mesmo.

O IMPÉRIO DO *LAISSEZ-FAIRE*

Os ocidentais, diz Hayashi, não pararam, há um século, de ficar espantados diante da capacidade de enriquecimento dos japoneses; às vezes, ficam apavorados com isso. Contudo, sob a ótica japonesa, a perspectiva é inversa: no século XIX, os japoneses se perguntaram por que eram mais pobres do que os ocidentais. Hoje, se perguntam por que os americanos continuam mais ricos do que eles. A sua perplexidade é ainda maior porque tinham certeza de que haviam adotado a fórmula vencedora desde os anos 1870: um bom Estado e boas técnicas. Após ter estudado com atenção o sucesso material do Ocidente, os dirigentes japoneses concluíram que lhes faltava um estado de direito; este foi fundado pelo imperador Meiji. As técnicas? O Japão tradicional não dominava nenhuma, nem mesmo a máquina a vapor. Então, importou todas. Por sorte, um terceiro sustentáculo fundamental para o desenvolvimento sempre esteve presente: uma classe de empreendedores. Os comerciantes de Osaka, ainda hoje a capital econômica do Japão, sempre dominaram o mundo do comércio e das finanças. Em nenhum momento os dirigentes políticos do Japão pensaram em ocupar o lugar desses empresários particulares, nem favorecê-los, como na Coréia, capitalistas de Estado. O Japão também escapou tanto do estadismo econômico quanto do veneno protecionista; ambos eram estranhos à sua civilização. Socializar a economia? Nunca foi o caso do Japão. É verdade que logo depois da última guerra mundial, nos anos 1940-1950, um partido comunista mobilizava as multidões, porém, como reação ao fascismo dos anos anteriores, ou contra a ocupação americana; os marxistas japoneses, espécie em vias de extinção, interessavam-se pouco pela economia. O Japão, diz Hayashi, sempre foi o país do *laissez-faire* econômico. Se não há no Japão tradição socialista, sem dúvida é porque não há no Japão elite intelectual, política ou religiosa que tenha a intenção de fazer a felicidade do povo. É verdade que no Ocidente, o socialismo só apareceu na continuidade do despotismo esclarecido; essas circunstâncias não existiram nem no Japão, nem nos Estados Unidos.

O *laissez-faire*, explica Hayashi, só teve um contratempo importante depois da crise de 1930; o governo da época, para conter a recessão e a deflação, pensou que fosse oportuno convidar empresas para que se constituíssem em cartéis, as *zaibatsu*. Essas *zaibatsu* determinavam os preços, as quantidades a serem produzidas, e proibiam qualquer concorrência; a crise se agravou. Contudo, de onde viera essa idéia de cartelização, se não fosse dos Estados Unidos? Como nos Estados Unidos, a crise dos anos 1930 foi agravada no Japão pela adoção do protecionismo desafortunado do *new deal*. A recessão japonesa dos anos 1930, diz Hayashi, foi *made in USA*; ela interrompeu a ascensão do Japão e impediu os seus esforços no sentido de alcançar o Ocidente. A essa crise importada foi acrescentado um outro obstáculo na recuperação, esta *made in Japan*: a proibição do êxodo rural.

O êxodo rural é implacável, um pré-requisito obrigatório para o desenvolvimento: é passando da terra para a cidade que o *homo economicus* aumenta a sua produtividade. Contudo, paradoxo japonês, da era Meiji até 1950, o número de lares rurais permaneceu constante, da ordem de 3 milhões, durante todo esse período de urbanização e de industrialização rápidos: uma trajetória econômica diferente do Ocidente. Foi somente graças ao crescimento demográfico que os industriais conseguiam recrutar a mão-de-obra necessária; os chefes de família continuavam em suas fazendas e essa estabilidade do campo diminuiu consideravelmente o desenvolvimento. A ausência de êxodo rural, segundo Hayashi, explica por que razão o Japão languidesceu atrás do Ocidente até 1945, e só começou a alcançá-lo depois.

Os fazendeiros só ficaram no campo porque eram obrigados: até a sua abolição em 1945, o antigo código civil obrigava o filho mais velho a continuar a exploração agrícola de seu pai. Essa obrigação, costumeira e legal, não obedecia nenhuma lógica econômica; os fazendeiros que não eram proprietários só exploravam a terra para uma aristocracia proprietária de terra urbanizada. Em 1945, quando o governo de ocupação americana redistribuiu as terras e deu prioridade aos fazendeiros, a maioria revendeu seus bens e foram embora para as cidades. O êxodo rural, que só fora freado pela lei, obedeceu, no Japão como em outros lugares, ao desejo individual de melhorar o seu destino; foi então somente que o crescimento acelerou (12% ao ano nos anos 1950-1960) até surpreender o mundo. O Japão, diz Hayashi, perdera cinqüenta anos; o *laissez-faire* teria permitido alcançar o Ocidente desde 1930, porém, o bloqueio rural e a cartelização proibiram. Talvez o fascismo japonês e a guerra contra o Ocidente só foram decorrência dessa paralisia do crescimento?

O DECÊNIO PERDIDO

Como o Japão foi da lenda dos anos 1970 para o marasmo dos anos 1990? Essa estagnação gera intensos debates entre economistas japoneses.

Até que dois economistas, Fumio Hayashi e Heixo Takenaka (este passará da teoria para a prática tornando-se ministro da Economia do governo de Junichiro Koizumi de 2000 a 2004) invertessem a tendência, a explicação dominante era de inspiração keynesiana. Acreditava-se que a produção estagnava porque os japoneses não gastavam o suficiente e economizavam demais. Partindo dessa hipótese de uma demanda insuficiente, os governos japoneses dos anos 1980 estimulavam os aumentos de salários, criavam feriados para estimular o consumo, baixavam os juros para facilitar as compras a crédito. O Estado se endividava e investia em massa em grandes obras públicas de utilidade duvidosa. Sem resultado. Essa política keynesiana, diz Hayashi, só podia fracassar porque a análise da estagnação estava incorreta. Os burocratas japoneses, como os do Ocidente, só estavam ligados ao keynesianismo na medida em que este lhes dava um sentimento de poder; de fato, Keynes faz pensar que é o Estado que comanda a economia.

Em 2000, Hayashi e Takenaka chegaram a inverter a análise e a modificar a política econômica do Japão. A estagnação, para eles, não tinha nada a ver com a insuficiência da demanda; a causa era a insuficiência da oferta. Em termos simples, não era o consumidor que não consumia o bastante, mas, os empresários que tinham deixado de inovar. Como o espírito de empresa havia desaparecido do Japão?

Visto que os capitais investidos nas empresas japonesas haviam variado pouco desde os anos 1980, onde as técnicas empregadas eram as mesmas que no Ocidente, que fator explica a diminuição da produção e da inovação? O tempo de trabalho, diz Hayashi, é o bastante para fazer a diferença. Entre 1988 e 1993, a duração do trabalho legal dos japoneses diminuiu, passando de quarenta e quatro para quarenta horas, ou seja, 10%, por iniciativa do governo mais do que como resposta às exigências da população. Um governo que dera o exemplo fechando as administrações, no sábado, a partir de 1988, e que incitara os bancos a agir do mesmo modo. Se buscarmos a origem dessa decisão, ela parece se dever ao fato de que os americanos, vendo-se invadidos pelas importações japonesas, pediram aos japoneses que se auto-limitassem, senão estariam expostos a represálias. Os construtores de automóveis japoneses aquiesceram, antes de se instalarem numa fase ulterior aos Estados Unidos como substituto para suas exportações.

Nesses mesmos anos de 1980, a imprensa americana ridicularizava esses japoneses intoxicados pelo trabalho, que não sabiam aproveitar a vida: eram de fato civilizados? Na mesma época, uma Primeira-Ministra francesa, Edith Cresson, comparou trabalhadores japoneses com formigas azuis! Como os japoneses eram eternos bons alunos do Ocidente, essas campanhas acabaram convencendo-os de que talvez trabalhassem demais; na escola da civilização ocidental, começaram, então, a trabalhar menos, e afundaram as suas empresas na estagnação.

Hayashi admite que pode haver outras explicações, mas, segundo ele, a redução do tempo de trabalho é suficiente para explicar a estagnação japonesa; parece, de qualquer forma, que a queda brutal do tempo de trabalho coincide exatamente com o começo da crise.

A ESCOLHA DO CRESCIMENTO LENTO

A essa explicação central da diminuição do tempo de trabalho se acrescentam outras razões mais especificamente japonesas. Os fatores que haviam contribuído para o milagre dos anos 1980 contribuíram para congelar a economia freando a "destruição criadora". É o caso do emprego vitalício: é difícil para uma empresa que enfrenta a diminuição do tempo de trabalho e a concorrência mundial se adaptar ao novo meio quando tem que manter todos os seus funcionários. As tentativas de despedir ou de reconduzir os funcionários em geral acabam com uma condenação na justiça do empregador que desobedece a regra, pois, o emprego vitalício vem mais da tradição do que da lei; porém, os magistrados japoneses, observa Hayashi, não gostam nem dos empresários nem do lucro. Uma outra característica cultural da empresa japonesa, tão exaltada antes, é a promoção dos gerentes com tempo de serviço, com uma preferência marcada pelo conformismo e o colegiado, contra os espíritos originais. Esses critérios de seleção dos dirigentes, toleráveis nos anos 1970, quando a concorrência era fraca e os lucros consideráveis, tornaram-se contra-produtivos nos anos 2000, quando a concorrência se tornou globalizada e os lucros corroídos pela concorrência.

Há ainda a China, impopular no Japão. Ela não poderia explicar a falência do Japão? A acusação é freqüente, mas, não se sabe por que razão a China frearia o crescimento do Japão sendo que acelera o de Taiwan e não prejudica em nada o da Coréia do Sul. Além disso, as empresas japonesas estão entre as primeiras a terceirizar na China para diminuir os seus custos de produção. Porém, é verdade que uma empresa coreana ou taiwanesa que terceiriza na China perde o lastro de sua mão-de-obra, obrigada a mudar de profissão, uma empresa japonesa que produz na China conserva a sua mão-de-obra vitalícia! Nesse caso, a China bem que prejudica o Japão, mas somente em função da rigidez das empresas nipônicas.

Um outro culpado da estagnação japonesa: os bancos. Pouco expostos à concorrência internacional, não são administrados, no Japão, como empresas; eles têm com os seus clientes uma relação de caráter mais familiar do que objetivo. Por muito tempo, isto os levou a não abandonar as empresas em dificuldade, mas a renovar infinitamente créditos que nunca são reembolsados: os principais beneficiários dessas reconduções automáticas foram as empresas de obras públicas e de construção civil. Esse setor tem, por outro lado, relações incestuosas com os partidos políticos; o crédito indefinido enriqueceu, portanto, os partidos, ao mesmo tempo em que cobriu o território de estradas que não levam a lugar nenhum, aeroportos inúteis e escritórios desocupados. Essa bolha imobiliária desviou a poupança de investimentos mais inovadores e mais produtivos. Porém, esse momento termina: graças aos trabalhos de Hayashi e à ação de Takenaka, a prática dos créditos que se renovam foi interrompida; o governo reembolsou os bancos por suas dívidas irrecuperáveis, contanto que deixassem de financiar o que se chama no Japão de "empresas zumbis". Essas empresas foram desde então reorganizadas de maneira produtiva; a "destruição criativa" foi reiniciada e o crescimento foi retomado, mas a um ritmo lento, da ordem de 2%, como na Europa ocidental.

Por essa lentidão, Hayashi incrimina um último fator de estagnação sobre o qual não se sabe se é cultural ou econômico: o comércio e os serviços, que no Japão são os mais improdutivos de todo o mundo desenvolvido. No comércio e nos serviços de proximidade que empregam efetivos consideráveis, a produtividade é no Japão 25% inferior ao que é na Europa. Essa ineficácia é uma escolha: ela freia o crescimento, porém, esse setor amortece os riscos econômicos. Se a estagnação japonesa nunca se traduziu por um desemprego visível, é porque o comércio e os serviços de proximidade o absorveram. Na teoria econômica pura, seria melhor que os setores improdutivos se separassem de sua mão-de-obra excedente, que esta esteja provisoriamente desempregada, que seja formada em seguida e reorientada para atividades mais modernas: a taxa de desemprego certamente aumentaria, e a "destruição criadora" aproximaria o Japão de seu concorrente americano. Porém, isso não ocorre: tudo acontece como se os japoneses desejassem implicitamente tudo ao mesmo tempo, ultrapassar os Estados Unidos e não sacrificar hábitos que impedem essa recuperação. Atrás dessa não escolha implícita, imagina-se o preço a pagar, um desemprego em transição, seria coletivamente inaceitável.

Desde 2004, a economia japonesa, depois da estagnação, voltou a crescer lentamente; paralela aos Estados Unidos, ela pereniza, portanto, um atraso de renda de 20% por habitante. A recuperação se torna impossível – uma situação que se parece com a da França. Trata-se de uma escolha? Embora não se diga, pode-se pensar que se trata da escolha da população idosa, muito majoritária. Não mais no Japão do que na França, essa preferência pelo crescimento lento não é revelada; ela é mascarada nos dois países por considerações culturais, como a proteção da identidade nacional contra a globalização, e em nome da igualdade. Parece que, desde algumas privatizações e a interrupção dos créditos a fundos perdidos decididos pelo governo Koizumi (2001-2006), as desigualdades aumentaram. Nessa nação, o argumento basta para congelar qualquer iniciativa suplementar que poderia acelerar o crescimento, mas provocaria talvez novas injustiças.

Na verdade, esse argumento da desigualdade, que não é utilizado somente no Japão, não é claro: se as desigualdades tal como podem ser medidas pelo coeficiente de Gini (a diferença entre os 10% mais ricos e os 10% mais pobres) são constatadas, é por causa do envelhecimento da população: as diferenças de rendas aumentam de fato com a idade. Porém, o argumento é difícil de ser submetido a um debate público; a opinião só fica com a desigualdade, e as pessoas idosas são as mais sensíveis a isso. Em nome da identidade, da estabilidade, da solidariedade, é provável que o Japão fique na sua trajetória atual, seguindo o crescimento mundial, mas, muito pouco; aqueles que pagam a conta dessa defesa de identidade ignoram o custo disso e não têm a palavra. O declínio das nações nunca é uma escolha consensual, mas, a preferência daqueles que nele têm seu interesse pessoal – os ricos, os aposentados em situação confortável, os titulares de boas rendas –, em detrimento dos *outsiders*: os jovens, as mulheres e os sem-voz.

CAPÍTULO XIX

O efeito estufa nos arruinará?

Em 1974, o prêmio Nobel de economia foi atribuído conjuntamente a Friedrich Von Hayek e a Gunnar Myrdal, cujos trabalhos se contradizem em todos os pontos: um deles, liberal, apostava unicamente na ordem espontânea produzida pelos mercados, e o outro, um socialdemocrata, que confiava somente nas intervenções do Estado. A única coisa que tinham em comum era o fato de serem economistas em um momento em que os sistemas socialista e capitalista eram colocados em um mesmo plano, sem que o Comitê Nobel ousasse desempatá-los. De forma comparável, em 2007, o prêmio Nobel foi dividido entre Al Gore e o GIEC (Grupo Internacional para o Estudo do Clima), dirigido pelo físico indiano Rajendra Pachauri. Al Gore e Pachauri têm em comum o tema do aquecimento global tal como Hayek e Myrdal partilhavam a ciência econômica; mas Al Gore e Pachauri dizem a mesma coisa somente em aparência. Pachauri, enquanto cientista prudente, anuncia hipóteses, multiplica os cuidados e os verbos no condicional; Al Gore explora essas hipóteses para além de qualquer rigor e moderação para transformá-los em um discurso estrondoso. Um pensa no reaquecimento climático, o outro anuncia o fim dos tempos; as conseqüências econômicas, ecológicas e políticas não são semelhantes ao ouvirmos um ou outro. É claro que preferiremos aqui a abordagem de Pachuri na sua complexidade, ao invés do tele-evangelismo do ex-futuro presidente dos Estados Unidos, como Al Gore se define na espera certamente de tornar-se o presidente do mundo.

UM CLIMA MUITO INCERTO

Apoiando-se na comunidade científica que a ONU reuniu para estudar o aquecimento climático, Pachauri admite que por enquanto não há nada que se possa ver, ou não muito, mas, que o risco é provável e está diante de nós. Nada por enquanto: o aquecimento é antes de tudo uma hipótese que resulta de um modelo teórico. Desse modelo concebido pela NASA nos Estados Unidos nos anos 1980, que reconstitui o clima do planeta ou tenta reconstituí-lo, temos como resultado que o efeito estufa condiciona a temperatura ambiente. Nesse efeito estufa provocado pelos gases presentes na atmosfera, o metano e o dióxido de carbono (CO_2) têm um papel determinante. Quanto maior for a sua concentração, mais o calor médio aumenta. O metano progride em parte por causa dos arrozais e dos gados que são cada vez mais densos. O crescimento do CO_2 é mais preocupante, pois, se o metano é reabsorvido em alguns anos, o CO_2 é acumulado em séculos. Esse armazenamento de CO_2 coincide com o início da era industrial a partir dos anos 1850 e acelera consideravelmente a partir de 1950.

Tudo o que acabamos de enunciar é praticamente certo; o que vem em seguida é cada vez mais hipotético. Como o aumento de CO_2 coincide com a industrialização, Pachauri e o GIEC podem inferir a partir daí – sem garantir – que a industrialização é a causa da acumulação de CO_2: o efeito estufa crescente se deveria – no condicional – ao desenvolvimento econômico. Visto que o efeito estufa afeta o clima, o modelo teórico revela que a atmosfera esquentará e que o aquecimento será em parte irreversível, dado o armazenamento de CO_2; só se pode, portanto, agir sobre os fluxos suplementares, para o aumento da temperatura, porém, sem voltar muitos séculos atrás. Esse modelo de previsão permite antecipar uma elevação média das temperaturas de 2 a 5 graus por volta de 2100 conforme o fluxo de CO_2, se ele diminuir ou se continuar como está. Os efeitos de um aumento de 2 graus seriam insignificantes: uma variação da ordem do que a humanidade freqüentemente conheceu desde os primórdios da civilização; um aumento de 5 graus, por outro lado, criaria uma situação sem precedente, com riscos consideráveis de secas, tempestades e inundações.

O modelo teórico não exclui outros fatores explicativos do aquecimento; porém, são fatores que não dominamos, porque são dificilmente mensuráveis ou não são obra de homens, como as manchas solares ou o deslocamento do eixo da Terra. O GIEC se baseia no que o homem sem dúvida provocou e no que ele poderia controlar; a abordagem é, portanto, mais operacional do que fruto da ciência pura.

Esse modelo teórico é verificável? Com a experiência a incerteza é maior. Algumas medidas de temperatura mostram um lento aquecimento da atmosfera desde o início do século XX, porém, essas medidas são pouco confiáveis antes de 1950; não se pode de forma alguma demonstrar que esse aquecimento medido se deve ao efeito estufa. De forma mais audaciosa ou aventureira, certos climatólogos acreditam ver em alguns eventos excepcionais, como a canícula européia de 2003, sintomas do aquecimento predito pelo modelo. Temos aí de fato sintomas anunciadores de uma febre que está por vir, ou somente eventos aleatórios que já aconteceram no passado? Pachauri, a esse respeito, não se compromete.

No cômputo total, a comunidade científica sabe que não sabe muito: o consenso é minimalista. Alguns climatólogos acham Pachauri muito prudente; porém, outros contestam a própria noção de consenso e de comunidade científica. De fato, as grandes inovações científicas raramente são o resultado de um consenso e de uma comunidade; elas trabalham mais à margem, na dissidência. Porém, os climatólogos dissidentes que contestam o modelo do aquecimento pela acumulação de CO_2 são excluídos do GIEC, como o professor Marcel Leroux, da Universidade Jean Moulin em Lyon, que acha que o aquecimento pode ser explicado antes de tudo por um deslocamento do eixo da rotação da Terra.

Resumindo, o aquecimento é visto como certo, a causalidade por CO_2, de origem humana provavelmente, e o aumento de temperatura é considerado aleatório; a incerteza máxima tem a ver com os acidentes climáticos efetivamente constatados, que não poderíamos atribuir muito desde já a um aquecimento futuro. Eis o que diz Pachuri, mas não Al Gore.

APOCALYPSE NOW

Nova-Orleans destruída em 2005 pelo ciclone Katrina: ao ouvir Al Gore, não se sabe se estamos diante de uma conseqüência, por antecipação, do aquecimento climático, de uma punição divina contra a América de George W. Bush, ou do anúncio do fim dos tempos. Os três juntos, sem dúvida! A guerra em Darfour? O excesso de CO_2, estou dizendo-lhes! No primeiro caso, segundo Al Gore, teríamos visto a subida das águas prognosticada pelos climatólogos e um ciclone particularmente violento, coerente com o modelo de aquecimento. Em Darfour, é a seca induzida pelo aquecimento que teria levado a deslocamentos de populações e a obstáculos inevitáveis entre "refugiados climáticos"; os nômades contra as agriculturas sedentárias!

Nos dois exemplos que usa de forma bastante recorrente, Al Gore mente. Os climatólogos do GIEC, os mais catastrofistas como o francês Hervé Le Treut, acham que o Katrina e Darfour prefiguram eventos que poderiam se multiplicar se houvesse aquecimento climático. Katrina e Darfour deveriam, portanto, ser considerados a rigor como parábolas, e não como efeitos de CO_2. É preciso também escutar os seguradores, cujo trabalho consiste em identificar e medir os riscos ao longo de vários séculos. Através de sua dimensão histórica, o Katrina não passou de um ciclone de amplitude normal, porém, em uma região exposta a inundações; o custo do Katrina – 65 bilhões de dólares – só foi fora do normal por causa da riqueza acumulada nesse lugar e da proteção falha do patrimônio imobiliário. As catástrofes naturais contemporâneas são mais caras em vidas humanas e em valor do que antes em função da concentração das populações em lugares antigamente não ocupados (à beira do mar, os vales), por serem inabitáveis, e por causa do enriquecimento dessas populações. O Katrina, apesar de sua amplitude, não pegou os seguradores desprevenidos; eles reembolsaram os 65 bilhões de dólares, prova de que esse risco era previsível. Esses mesmos seguradores recuperaram o seu investimento nos anos que se seguiram, em 2006 e 2007, pois, não houve drama comparável, o que era estatisticamente previsível. Pela memória do segurador, sabemos, portanto, que a Natureza não é boa, mas destruidora; ela é hoje como foi outrora: nem mais, nem menos. O aquecimento por enquanto não causou nenhuma outra catástrofe em Nova-Orleans, tampouco em Darfour: sem CO_2, Abel e Cain já prefiguravam o conflito dos nômades e dos agricultores...

O risco, se é verdade que há risco, está por vir; não está constatado, ou ainda não. Por que Al Gore mente?

Talvez ele acredite que é seu dever alertar a opinião mundial por antecipação? Talvez deseje atribuir a toda a humanidade uma causa que transcende as fronteiras nacionais? Al Gore, exaltador da globalização, não pela economia, mas pela ecologia? A essas interpretações éticas que ele mesmo reivindica, pode-se opor uma outra análise pela teoria da escolha pública. Segundo a escola da escolha pública, fundada pelos economistas James Buchanan e Gordon Tullock, os homens políticos são empresários como os outros; buscam maximizar os seus votos, a sua popularidade, o seu poder, visto que esse é o seu negócio. Al Gore e, de uma forma geral, os homens de Estado que tomaram para si a causa do aquecimento acrescentam incontestavelmente valor ao seu prestígio. O tema os coloca acima das discussões ideológicas ultrapassadas; ele lhes confere uma nova legitimidade (salvar o planeta) e lhes restitui uma autoridade da qual a globalização econômica os havia privado.

Não há, de fato, agora, solução negociável evidente para o aquecimento climático: a inscrição no longo prazo e o caráter mundial desses riscos restauram a autoridade dos Estados e dos super-Estados que são as organizações internacionais.

Além do caso particular de Al Gore, a hipótese do aquecimento é, portanto, um achado para os chefes de Estado, para as ONGs ecologistas, para a ONU: um banho de juventude na fonte das termas. Eis talvez por que Al Gore mente deliberadamente ou inconscientemente: no melhor dos casos, concluiremos que tem razão de mentir.

NICHOLAS STERN SALVA O MUNDO

Ao querer inverter a tendência ao aquecimento, não arriscamos destruir as nossas economias e salvar o planeta, mas, em detrimento da humanidade? Coube ao economista britânico Nicholas Stern, que foi o conselheiro de Tony Blair, introduzir o cálculo econômico em uma controvérsia até então ideológica. Desde a sua publicação em 2006, o relatório Stern, quer o aprovemos ou o contestemos, é a base de todos os debates sérios sobre a avaliação dos riscos devidos ao aquecimento e sobre a oportunidade das medidas a tomar para limitar os seus efeitos. Baseando-se nas conclusões do GIEC que considera como certas, Stern avaliou a perda de riqueza que traria, por volta de 2100, um aquecimento incontrolável; se não fizermos nada (*business as usual*)[1], insistindo em nos desenvolver no ritmo atual com os métodos de hoje, o aumento de CO_2 na atmosfera provocará uma avalanche de catástrofes naturais (inundações, ciclones, epidemias, migrações). Essas catástrofes reduziriam a riqueza mundial nas proporções compreendidas entre 3%, hipótese mínima, e 90%, hipótese máxima; Stern se fixa em uma média da ordem de 30% em 2100, segundo ele provável no fim de um crescimento "conforme a corrente". A Índia e a China teriam então ultrapassado bastante os Estados Unidos e a Europa nas emissões de CO_2, por causa de sua população, industrialização e dependência em relação a energias poluentes como o carvão. Se a humanidade não deseja perder 30% de sua riqueza (não de sua riqueza atual, mas de sua riqueza potencial futura), nem sofrer os perigos ecológicos que o aquecimento provocaria, seria conveniente, segundo Stern, investir desde já em modos de produção alternativos; considerando o armazenamento de CO_2, na atmosfera e a lentidão de sua dissipação, somente os esforços

---

[1] N. do T. Em inglês no texto: negócios para variar.

de hoje trarão resultados tangíveis em 2100 e mais adiante. A redução das emissões desde agora permitiria em princípio estabilizar o clima por volta de 2050 e conter a alta de temperatura em 2% em 2100: o planeta seria salvo. A que preço?

Bastaria destinar por ano 1% da riqueza mundial para modificar a nossa economia para evitar perder 30% em 2100. A aposta parece racional à primeira vista. Porém, 1% de crescimento a menos para a humanidade supõe um esforço de redução mais considerável para os países ricos do que para os países pobres; como ninguém pensa em pedir ao Bangladesh que reduza o seu nível de vida, os ricos deveriam pagar pelos pobres. Eles deveriam pagar também pelas gerações futuras que seriam as beneficiárias de nossos esforços contemporâneos. O cálculo econômico de Stern baseia-se, portanto, em dois postulados éticos: há uma solidariedade entre ricos e pobres, porque vivemos em um mesmo planeta e porque o aquecimento é universal; existe ou deveria existir uma solidariedade entre as gerações, pois, só somos os ocupantes transitórios de um mundo que será de nossos descendentes (idéia que encontramos originalmente nos moralistas ingleses do século XVIII como Edmund Burke e Adam Smith).

O postulado da solidariedade entre ricos e pobres é pouco contestável; o da solidariedade entre gerações é mais. Diremos contra Stern que os nossos descendentes serão, em 2100, mais ricos do que nós, e herdarão o aparelho de produção que legaremos a eles. Não seria melhor tanto para nós quanto para eles continuar o crescimento ao invés de torná-lo mais lento? Graças ao desenvolvimento, nós lhe daríamos meios suplementares de lutar contra o eventual aquecimento. Stern refuta essa objeção por causa, segundo ele, da gravidade e do caráter imediato do risco: um risco que não saberíamos, segundo ele, contornar através de cálculos econômicos de atualização à moda antiga. Nesse debate entre economistas, o próprio Stern sai às vezes do registro rigoroso e cai na profetização de Al Gore: o clima também esquenta os espíritos e torna uma discussão serena quase impossível, mesmo entre especialistas.

Segundo a lógica de Stern, onde deveríamos agir, e como? O desmatamento e a produção de energia são duas fontes essenciais do aquecimento. Interromper o desmatamento e produzir energia com menos CO_2, ou sem CO_2 (nuclear, solar, eólica) constituiriam, portanto, investimentos rentáveis em termos de risco evitado. Mas, como medir um risco evitado? Os economistas menos engajados do que Stern o criticam por superestimar o preço desse risco evitado e por subestimar o investimento necessário para passar, por exemplo, da energia fóssil para a energia solar. Além disso, haveria benefício para a humanidade em geral, enquanto que o investimento seria de responsabilidade de uma determinada categoria de países, provavelmente os ricos; a rentabilidade global poderia ser paga por um empobrecimento local.

Se aceitarmos o raciocínio de Stern, seus modos de cálculo, sua ética da solidariedade no espaço e no tempo, resta determinar quais seriam os estímulos para agir. Como o economista é mais forte do que o profeta, Stern se atém aos mecanismos clássicos cuja eficácia é comprovada: o mercado e os impostos.

Uma taxa sobre o carbono emitido estimularia os consumidores a modificar os seus comportamentos, preferindo comprar produtos sem carbono. Aumentado o custo da energia com CO_2, essa taxa tornaria a produção de energia sem CO_2, rentável: seria uma motivação formidável para a inovação. As vítimas dessa taxa sobre o carbono? Seriam antes de tudo os países produtores de petróleo; a sua renda diminuiria, seria transferida para países consumidores. O outro mecanismo defendido por Stern é o mercado dos direitos de poluir, como já está previsto pelo tratado de Kyoto sobre o aquecimento climático: como os países não utilizam o seu direito de poluir poderiam vender as suas quotas para os países que poluem muito. Dessa forma, o equilíbrio geral seria alcançado, permanecendo sob o teto determinado por Kyoto. Curiosidade: o país que hoje tem mais ar quente para vender é a Rússia, porque a sua quota foi determinada antes da ruína de sua indústria.

Esse mercado da poluição desagrada aos ecologistas; ficam indignados que se possa remediar às obrigações pagando. Se contornarmos esse desejo de punir e essa histeria anticapitalista, está confirmado que a comercialização dá resultados melhores do que a proibição; graças a um mercado dos direitos de poluir, os Estados Unidos se livraram em dez anos do dióxido de enxofre (SO_2), causa principal das "chuvas ácidas".

Porém, o que funcionou em um único país, os Estados Unidos, por enquanto, não dá nenhum resultado para o CO_2, na escala mundial: a bolsa de CO_2, prevista pelo tratado de Kyoto não funciona, nem mesmo no âmbito da Europa. Um mercado não se decreta. Até agora, apesar da urgência proclamada, nada, desde a assinatura do tratado de Kyoto em 1992, não erradicou a produção de CO_2. Temos, portanto, um pouco do profeta Jeremias em Nicholas Stern: ele é ouvido, aclamado, depois todos retomam o seu aquecimento rotineiro. Ceticismo? Sem dúvida. Um esforço muito caro para resultados invisíveis? É claro. Mais ainda, as economias são nacionais enquanto que o CO_2 é mundial: os centros de decisão não coincidem com os lugares da poluição; os preços locais não refletem o custo das emissões expelidas no resto do mundo.

ECOLOGISTAS DE TODOS OS PAÍSES, UNI-VOS!

Stalin, nos lembra Roger Guesnerie, tentou edificar o socialismo em um único país; porém, não se pode lutar contra o aquecimento em um único país.

Roger Guesnerie, um dos economistas franceses conhecido internacionalmente, é, entre outras coisas, o autor de um texto intitulado: *Combater o efeito estufa vai nos arruinar?* Reduzir o consumo pessoal de carbono em Paris, diz Guesneria, não tem nenhuma influência no CO_2 emitido em Pequim ou Los Angeles. Os europeus se comprometeram a diminuir significativamente a sua produção de CO_2 (-75% em 2050 no caso da França), porém o seu gesto só terá valor de testemunho no clima global. O país que instaurasse sozinho um taxa sobre o carbono, que se aventurasse sozinho na via traçada por Nicholas Stern, se suicidaria economicamente: a taxa sobre o carbono faria os produtores fugir para os países sem taxas, e os consumidores comprariam bens menos onerosos importados dos países isentos das taxas. Teoricamente, diz Guesnerie, poderíamos criar o equivalente de um ICMS carbono: as exportações seriam isentas de impostos e nossas importações teriam impostos para incorporar o custo do carbono importado. Mas como calcular o carbono incorporado no circuito de produção de um objeto importado? Teoricamente possíveis, uma taxa carbono nacional e um ICMS carbono seriam dificilmente administráveis, além de serem perigosos para a economia nacional. Pode-se pensar em instaurar uma taxa sobre o carbono de um nível muito fraco, mas, tão fraco que não incitaria a modificar os comportamentos; o resultado que se pode esperar disso, digno de ser vislumbrado, seria pedagógico, combinado com um suplemento de recursos para o Estado se a taxa carbono não fosse compensada pela redução de outros impostos. Não se pode, conclui Guesnerie, ser virtuoso sozinho.

Nós nos perguntaremos, portanto, por que os outros governos, não europeus em particular, não têm o desejo de ser virtuosos.

As suas razões seriam de ordem cultural? Nem todas as sociedades atribuem a mesma prioridade para a natureza ou o futuro, por razões que são ao mesmo tempo espirituais e econômicas. Os europeus, desde a época romântica, praticam o culto da natureza e das paisagens. Os americanos? Eles têm com essa natureza uma relação mais prometéica: os lugares chamados de naturais nos Estados Unidos são organizados para serem visitados. Passando de um continente para outro, pode-se observar que os chineses não têm um sentido agudo do futuro, talvez porque não acreditam nem no paraíso nem na ressurreição; melhorar o seu destino aqui e agora tem mais importância na China do que a nostalgia ocidental de um paraíso perdido.

Essas generalizações culturais esclarecem – sem, todavia, determinar completamente – a variedade dos comportamentos nacionais. A lógica econômica pode ser mais convincente. Os europeus são mais levados à virtude ecológica por razões culturais, porém, com um nível de vida comparável ao dos Estados Unidos, eles produzem dez toneladas de carbono por habitante contra vinte para um americano. Um chinês produz duas, um indiano uma, em média. Para estabilizar a temperatura em 2100, seria conveniente estipular a produção mundial na ordem de três toneladas por pessoa: tal esforço aniquilaria a economia americana, pararia o crescimento chinês, e sem dúvida estaria ao alcance dos europeus. Somente os indianos e os africanos lucrariam com essa norma; talvez não seja por acaso que um indiano dirige o GIEC? E compreenderíamos por que o Senado americano, tanto sob o governo de Bill Clinton quanto sob o de George W. Bush, se recusa a ratificar o tratado de Kyoto.

A partir de 2010/2012, a China e a Índia emitirão mais CO_2 do que a Europa e os Estados Unidos juntos. Mas, nem os chineses nem os indianos têm a intenção de diminuir o seu desenvolvimento para salvar o planeta. Quando não duvidam das conclusões do GIEC (não se trata de um complô imperialista dos ricos contra os pobres?), os dirigentes dos países pobres contornam o obstáculo do CO_2, introduzindo a noção de "dívida ecológica".

Os ocidentais, ao se industrializarem desde o início do século XIX, não teriam esgotado o seu direito de poluir? Ao aquecer a atmosfera, o nosso bem comum, não se endividaram em relação ao resto da humanidade? Portanto, não poderíamos exigir dos países pobres que não se desenvolvam com a desculpa de estoque de CO_2, acumulado pelos ocidentais, não poderia ser ultrapassado. Caberia, portanto, somente aos países ricos reduzir o seu fluxo de CO_2, para que os países pobres pudessem por sua vez produzir o deles. Enquanto Nicholas Stern estendeu a responsabilidade de poluir às gerações futuras, os ecologistas dos países pobres pedem que seja estendido às gerações passadas. Que seja! O cálculo dessa dívida ecológica, cujo princípio da relação Stern admite, é complexo: é difícil fazer com que as gerações presentes paguem pelos atos cometidos pelas gerações passadas em um momento em que ninguém sabia que a industrialização aqueceria o planeta em 2100.

A negociação do tratado de Kyoto II, que começou em Bali em 2007, ultrapassará essas contradições entre as visões planetárias e os interesses imediatos? Bjorn Lomborg propõe não esperar nada e raciocinar de outra maneira.

SALVAR O PLANETA OU SALVAR A HUMANIDADE

Lomborg, economista dinamarquês, é o anti-Stern, o agitador internacionalmente reconhecido do debate sobre o aquecimento. Lomborg não é um negacionista: ele não duvida da realidade desse aquecimento, porém, ele julga inoperantes as conclusões de Stern, as propostas dos ecologistas e a lógica repressiva do tratado de Kyoto. Se houver aquecimento do clima, pergunta Lomborg, é mais eficaz e mais viável lutar contra o efeito estufa ou combater as conseqüências nefastas desse efeito estufa para o homem? É o homem que importa mais, ou a natureza em si? Bem, para o homem, todas as conseqüências do aquecimento não são nefastas. A cada ano, diz Lomborg, 200.000 pessoas na Europa morrem por excesso de calor, e um milhão e meio por excesso de frio; nos dois casos, os picos de temperatura provocam acidentes cardiovasculares. Quando o clima fica mais quente, o número de vítimas do calor aumenta, mas, o das vítimas do frio diminui; o balanço humano é, portanto, melhor com o aquecimento, sem que tenhamos que levar em conta os progressos possíveis do ar condicionado.

A partir desse exemplo, Lomborg critica que Stern nunca tenha apresentado um balanço global – ativo e passivo – do aquecimento: dessa forma algumas regiões agrícolas seriam favorecidas, como no Canadá ou na Sibéria. Stern também cria um impasse sobre a capacidade de adaptação dos homens. Dessa forma, a temperatura média nas cidades é hoje 4 graus superior à do campo nas suas proximidades, sem que os habitantes sofram com isso; eles se adaptaram e o ar condicionado é mais utilizado na cidade do que no campo. Por outro lado, 4% é o número elevado da variação do aquecimento anunciado pelo GIEC.

Movido pelo mesmo ceticismo, Lomborg duvida de certos efeitos catastróficos anunciados pelo GIEC, tais como a elevação possível do nível do mar e o precedente virtual de Nova Orleans. No caso de Miami, freqüentemente citada pelos ecologistas como sendo a cidade mais ameaçada dos EUA, se ela fosse submergida pelas vagas, isso representaria uma perda de 23 bilhões de dólares; acontece que a construção de um dique em torno de Miami teria um custo de 5 bilhões de dólares. A vantagem desse dique é tão evidente que certamente ele será edificado.

Como apoio de sua demonstração, Lomborg tece considerações sobre a malária: o calor favorece a doença. Porém, ao investir 3 bilhões de dólares daqui até 2050, seria possível reduzir o número de casos em 28 bilhões nesse período; essa mesma soma utilizada na redução da quantidade de CO_2 evitaria somente 70 milhões de casos de infecção. Na hipótese da ação direta, age-se sobre a doença; na hipótese prevista no relatório Stern e do tratado de Kyoto, age-se somente sobre as condições suscetíveis de agravar a extensão dessa doença.

Para as autoridades políticas, a escolha real se resumiria, portanto, em três possibilidades: não fazer nada porque não se acredita no aquecimento, correndo o risco de grandes perdas; premunir-se contra os efeitos do aquecimento avaliando os custos e os benefícios dessa proteção (método Lomborg); ou lutar contra o aquecimento em si mesmo (método Stern), tanto quanto isso seja possível. Seria mais oportuno combater as causas mal conhecidas de um aquecimento hipotético (correndo o risco de arruinar-se) ou seria melhor conter os efeitos mensuráveis desse aquecimento? Note-se que Lomborg não nega o aquecimento; ele não nega que este produzirá perdas e que será preciso investir para conter os riscos. O que ele contesta, é a alocação desses investimentos e sua rentabilidade: investir na redução de CO_2 acarretaria uma recessão econômica sem, no entanto, modificar o clima, em razão do estoque de CO_2 já acumulado. Lomborg chega, portanto, a uma conclusão aparentemente oposta à de Stern, e isso partindo dos mesmos números.

Esse paradoxo se explica em grande parte pela escolha de datas diferentes: Stern visa 2100 e Lomborg 2050. Daqui a 2050, Lomborg sem dúvida tem razão, pois seja lá o que for feito, a temperatura não abaixará. Seria oportuno, até essa data, proteger-se contra os riscos, inclusive através da solidariedade entre países ricos e pobres: os ocidentais poderiam, por exemplo, construir um dique ao sul de Bangladesh, dado que seu povo não tem recursos suficientes para isso. Em 2100, é Stern que poderia ter razão; se não reduzirmos o fluxo de CO_2 desde já, pode ser que não tenhamos mais meios para controlar as catástrofes naturais. Mas, segundo Lomborg, não deveríamos nos colocar a questão nesses termos, uma vez que, daqui até 2050, é provável que tenhamos descoberto modos de produção de energia rentáveis e não poluentes: o hidrogênio, o fotovoltaico, a captura do carbono emitido... Mesmo sendo dinamarquês, Lomborg partilha a visão prometéica americana ao invés do ceticismo europeu: a inovação sempre é a solução.

Os governos europeus que Lomborg denuncia não deixam de ser, acerca desse assunto, inconseqüentes: os créditos destinados à pesquisa na Europa sobre a produção de energia estão em baixa constante desde 1980. Essa é a Europa virtuosa? No momento em que há uma inquietação acerca da extinção das espécies que o aquecimento provocaria, todos os governos da Europa marítima subvencionam a pesca no mar que destrói essa biodiversidade que supostamente devemos defender! Quando os interesses se misturam à situação, ao diabo a virtude ecológica! Lomborg suspeita tanto dos dirigentes europeus quanto das ONGs ecologistas a respeito da preferência da postura em relação à ação: *"feel good"* ao invés de *"do good"*...

Como arbitrar entre Stern e Lomborg, entre 2050 e 2100? Como poucos entre nós estarão ainda presentes na Terra para proclamar um vencedor, seremos tentados a adotar o caminho do meio recomendado por Roger Guesnerie.

Não é porque reina a incerteza, diz Guesnerie, que não se deve fazer nada; ao contrário, em razão dessa incerteza é que se deve agir, mas isso com moderação. Entre renunciar a agir sobre o clima, como preconizado por Lomborg, e apostar tudo na luta contra o CO_2, que recomenda Stern, Guesnerie propõe fazer tudo contra o CO_2 e contra suas conseqüências, o caminho do meio, com a condição de não colocar em perigo a mecânica do desenvolvimento, a economia de mercado e os progressos que ela suscita.

Essa moderação tem implicações imediatas, por exemplo, no caso do cálculo de uma eventual taxa sobre o carbono. Se essa taxa fosse fixada no patamar sugerido pelo relatório Stern – da ordem de trinta dólares por tonelada – ela compensaria efetivamente o custo induzido a longo prazo para essa tonelada suplementar; mas o Estado que agir sozinho seria suicida e, na escala mundial, uma taxa como essa interromperia o crescimento. A trinta dólares, a taxa multiplicaria por dois o preço do cimento e por um e meio o preço do aço. Lomborg propõe uma taxa de três dólares por tonelada, suficiente para estimular a inovação. A taxa justa se situaria sem dúvida em algum ponto entre os dois, de maneira a deslocar progressivamente os modos de produção sem destruí-los.

UMA CONCLUSÃO POLÍTICA

Os modelos econômicos não trazem uma resposta ao enigma do aquecimento: ele se mostra demasiadamente aleatório e longínquo para que o risco possa ser gerido pelos mercados e seguradoras. Em última análise, como sublinham Stern ou Guesnerie, trata-se de uma escolha ética: seremos nós solidários ou não, desde já, com os povos que poderiam ser os mais afetados pelo aquecimento, e seremos nós solidários com as gerações futuras? Visto não existir ninguém no mundo contemporâneo que tenha suficiente legitimidade para ditar uma resposta, caberá aos eleitores decidir sobre isso. São eles, ao menos nas democracias (a China permanece sendo a única exceção significativa), que designarão governos favoráveis ou não ao princípio da solidariedade mundial e entre as gerações. Caberá a esses governos, sob o olhar constante da opinião pública, repartir os eventuais sacrifícios, de correr o risco de diminuição da atividade econômica, de abdicar ou não de uma parte do poder nacional em favor das organizações mundiais cuja legitimidade necessitará ser provada. As controvérsias em torno do aquecimento têm, portanto, como risco não somente o fenômeno enquanto tal, mas também o poder de decidir sobre ele. Se o aquecimento se revelar real e ameaçador, em conformidade com os modelos que o prognosticam, a autoridade que derivaria dessa situação teria um caráter mundial e não teria precedentes; deveríamos ao mesmo tempo nos regozijar e nos preocuparmos, pois sob o manto da ecologia poderia então se esboçar um totalitarismo verde. O papel dos economistas nessa aventura humana é o de esclarecer a decisão, com a esperança de que ela será racional, e colocar à disposição ferramentas coerentes com o fim buscado.

CONCLUSÃO
Um Consenso

A despeito das preferências políticas e das discórdias teóricas, a economia é doravante uma ciência: ela encontra-se ancorada numa base de conhecimentos e de experiências incontestáveis entre os economistas reconhecidos como tais por seus pares. Tentaremos sintetizar esse conjunto de elementos estabelecidos pouco contestáveis em dez proposições – um consenso que deveria fundamentar qualquer política racional. Essas proposições engajam antes de tudo o autor, mas foram elaboradas em colaboração com Pierre-André Chiappori, economista francês da Universidade de Colúmbia, em Nova York.

A *economia de mercado*, no atual estágio dos conhecimentos, é o mais eficaz de todos os sistemas econômicos; gera o maior crescimento possível e tende a redistribuí-lo no interior das nações e entre as nações. Do mesmo modo, é graças aos mecanismos do mercado que poderemos gerir com o menor custo possível as ameaças que pesam sobre o desenvolvimento durável, tais como o esgotamento dos recursos naturais e outros perigos ecológicos. Inversamente, as abordagens autoritárias e centralizadas da economia mostram-se sempre as mais onerosas e menos produtivas; os preços do mercado se mostram sempre como sinais mais racionais do que as obrigações administrativas.

O *crescimento* é o critério essencial da boa economia: uma taxa de crescimento positiva não resolve tudo, mas sua ausência nada resolve. Entretanto, não há unanimidade completa a respeito da definição de crescimento; as mensurações demasiadamente quantitativas devem ser temperadas por fatores tais como a qualidade de vida e a boa gestão dos recursos. Deve-se distinguir também entre dois sentidos diferentes do termo "crescimento". O crescimento de longo prazo – a *trend* –, da ordem de 2% por habitante que se verifica há um século no Ocidente, é inteiramente devido à inovação. Investindo a mesma intensidade de esforços, produziremos mais. No que se refere a esse crescimento de longo prazo, os Estados somente podem intervir de maneira positiva através de ações estruturais: a melhoria do estado de direito, a defesa da propriedade, o desenvolvimento de infra-estruturas, a qualidade da educação.

O outro crescimento, de curto prazo, sofre incessantes flutuações; os Estados têm a capacidade de intervir nesses ciclos. Mas os efeitos dessas políticas de curto prazo, que podem se revelar positivas no imediato, sempre têm um custo elevado e até podem diminuir o ritmo da *trend* de longo prazo. Essas ações conjunturais obedecem freqüentemente mais a motivações eleitorais do que econômicas.

Boas instituições, tanto quanto a acumulação do capital – ao contrário do que pensávamos até os anos 1980 –, constituem a base de qualquer desenvolvimento. Esse papel determinante das instituições (do direito de propriedade a uma administração confiável) é reconhecido por todos os economistas, porém, sem um acordo unânime para designar quais seriam as instituições decisivas e menos ainda como criá-las. Tampouco há consenso sobre a relação entre o desenvolvimento e a democracia; ambos evoluem em mundos distintos, sem que a relação entre os dois possa ser facilmente descrita. Da mesma forma, a função das desigualdades sociais no desenvolvimento ainda é polêmica; não há provas de que as sociedades mais igualitárias se desenvolvam mais rapidamente. Enfim, as análises divergem sobre o papel, determinante ou não, da cultura, da religião e da história na formação das boas instituições; porém, segundo a experiência, o desenvolvimento parece ser bem compatível com todas as civilizações.

O *livre comércio* é reconhecido de forma unânime como um fator de desenvolvimento: é através do acesso ao mercado mundial que as nações pobres enriquecem, e nunca pela autarquia. A vantagem também é evidente para os países ricos? Se o benefício do livre comércio for global, é verdade que ele produz ganhadores e perdedores setoriais. Para preservar o livre comércio, a intervenção dos Estados é, portanto, indispensável para administrar as transições e compensar os perdedores. Essa gestão é complexa, pois, não é fácil distinguir entre atividades extintas pela inovação técnica e as extintas como fruto da globalização. Também se reconhece que a globalização, que se soma à inovação, provoca desigualdades de renda crescentes; alguns atingem remunerações à altura do mercado mundial, outros são marginalizados. A maneira mais justa para reduzir essas desigualdades é incrementar a educação nos níveis mais baixos da escala a fim de esgotar a fonte de mão-de-obra não qualificada.

A *estabilidade da moeda* é um fator de crescimento fundamental, enquanto que a inflação sempre prejudica o desenvolvimento e o emprego. A teoria "monetarista" de Milton Friedman, revolucionária quando foi apresentada nos anos 1960, é confirmada pela experiência. Compete aos bancos centrais independentes gerir o melhor possível a estabilidade da moeda; também deve ser de sua competência fornecer a liquidez necessária à economia. Há um acordo unânime em torno do reconhecimento da grande responsabilidade do Banco Central americano no agravamento da crise dos anos 1930, por ter promovido o enxugamento dos recursos monetários; um erro como esse não foi reproduzido em 2007 quando a crise do crédito hipotecário quase provocou uma falta de liquidez. O debate acerca da gestão da moeda entre os pragmáticos, que seriam favoráveis ao crescimento, e os ortodoxos, que prefeririam a estabilidade monetária, tornou-se teórico; todos sabem que, a longo prazo, a emissão de moeda não tem efeito sobre o crescimento e o desemprego.

A *destruição criativa* tal como é definida por Joseph Schumpeter é unanimemente reconhecida como o motor do desenvolvimento: a boa política econômica é aquela que facilita a inovação permanente. Do mesmo modo, a boa política do emprego deverá acompanhar a destruição criativa, e não se imobilizar em torno de atividades ultrapassadas. Essa lição é sem dúvida uma das mais difíceis a traduzir em termos aceitáveis pela opinião pública; ela necessita no mínimo da pedagogia e de um acompanhamento social.

A *concorrência* não tem unanimidade: pode acontecer, em certas circunstâncias, que um monopólio privado ou público se torne um fator de inovação ou de progresso. A necessidade, para o Estado, de desmantelar a qualquer preço as situações dominantes se tornou um imperativo controverso. Da mesma maneira, há uma grande disputa acerca da proteção da propriedade intelectual; um excesso de proteção concedido às patentes pode prejudicar o progresso em geral. Acontece nesse caso um tipo de revisão de posições liberais absolutistas que eram mais bem aceitas há trinta anos.

O desemprego dos trabalhadores pouco qualificados, característica da Europa ocidental e particularmente da França, é totalmente determinado pelo custo do trabalho; a regulamentação do mercado do trabalho, assim como a instauração de salários mínimos, são elementos desse custo. Nenhuma reflexão construtiva sobre o desemprego pode contornar essas causas objetivas; nenhuma verdadeira solução é possível sem redução dos custos.

O Estado-providência cuja necessidade ninguém (ou quase) nega, não é mais reconhecido como sendo sempre eficaz. Admite-se que as ajudas, sob todas as suas formas, constituem estímulos às vezes positivos, às vezes negativos, sobre os comportamentos econômicos e o bem-estar daqueles a quem se destinam. Além das diferenças políticas reina um consenso que distingue entre os efeitos voluntários e involuntários do Estado-providência para evitar que certas populações sejam prisioneiras da dependência pública e da semi-pobreza mantida.

A *criação de mercados financeiros* trouxe verdadeiros progressos econômicos. Essa sofisticação financeira facilitou a repartição mundial dos riscos, permitindo dessa forma um número maior de riscos, o que amplifica a inovação. Esses novos instrumentos financeiros não estão ao abrigo de falhas inerentes a qualquer empresa, porém, os lucros globais ultrapassaram os custos. O debate, secundário, não trata somente do grau de transparência e de regulamentação necessária para o bom funcionamento desses novos mercados financeiros.

Nenhuma dessas dez propostas teria reunido tamanha unanimidade há trinta anos; algumas eram possíveis (por exemplo, o papel positivo dos novos mercados financeiros), outros só existiam à margem (como a denúncia da inflação). Portanto, pode-se considerar que a economia passou, desde então, por uma revolução científica. Nem todas as políticas econômicas aprenderam com essa revolução, a opinião pública tampouco: uma defasagem característica de qualquer mudança de paradigma.

Paris, Nova York, janeiro de 2008.

ÍNDICE DAS PESSOAS CITADAS

ACEMOGLU Daron, 1967 em Istambul, MIT (Massachusetts Institute of Technology), Cambridge, Massachusetts
AKERLOF George, 1940, prêmio Nobel de Economia 2001, Universidade de Berkeley, Califórnia
AL GORE, 1948 em Washington, homem político e homem de negócios americano, co-premiado, com o GIEC, do prêmio Nobel da Paz de 2007
ALBERT Michel, 1930 em Fontenay-le-Conte (Vendée), autor de *Capitalisme contre capitalisme* (1991), membro da Academie des Sciences morales et Politiques
ALESINA Alberto, economista italiano, diretor do departamento de Economia da Universidade de Harvard
ALLAIS Maurice, 1911, economista francês, prêmio Nobel de Economia 1988
ALLENDE Salvador (1908-1973), presidente do Chile de 1970 a 1973
ARON Raymond (1905-1983), filósofo, sociólogo e jornalista francês
ARTHUR Brian, Universidade de Stanford, Califórnia
ATATÜRK Kemal Mustafá (1880-1938), fundador e primeiro presidente da república turca
BACHELET Michelle, 1951 em Santiago do Chile, presidente do Chile desde 2006
BALCEROWICS Leszek, 1947, economista polonês, Escola central de comércio (SGH), Varsóvia, ministro das Finanças de 1989 a 1991
BARRE Raymond (1924-2007), economista, primeiro-ministro de 1976 a 1981
BASTIAT Frédéric (1801-1850), economista liberal francês
BECKER GARY, 1930 na Pensilvânia, prêmio Nobel de Economia 1992, Universidade de Chicago
BENAROU Roland, Universidade de Princeton
BERGER Peter, 1929, em Viena, diretor de CURA (Institute on culture, religion and world affairs), Universidade de Boston
BERNSTAM Michael, economista russo, Institute Hoover, Stanford
BHAGWATI Jagdish, 1934 em Gujarat, Universidade de Colúmbia, Nova York
BLAIR Tony, 1953 em Edimbourg, primeiro-ministro do Reino Unido de 1997 a 2007
BLANCHARD Olivier, 1948 em Amiens, economista francês, MIT
BOLDRIN Michele, Universidade de Washington, Saint-Louis, autor com David Levine de *L'Innovation et la propriété intellectuelle*.
BORLAUG Norman, 1914, agrônomo americano, prêmio Nobel da Paz 1970
BOUKHARINE Nikolai (1888-1938), revolucionário bolchevique e homem político soviético

BOURGUIGNON François, 1945, economista chefe do Banco Mundial (2003-2007), diretor da École d'économie de Paris
BUCHANAN James, 1919, economista americano, prêmio Nobel de economia 1986 pela teoria da escolha pública
BURKE Edmund (1729-1797), homem político e filósofo irlandês
BUSH George W., presidente dos EUA desde 2001
CAMDESSUS Michel, 1933, presidente do Fundo monetário internacional de 1987 a 2000
CARDOSO Fernando Henrique, 1931 no Rio de Janeiro, presidente do Brasil de 1995 a 2002, sociólogo, deu aulas na França, no Reino Unido e nos EUA
CASTRO Fidel, 1926, presidente de Cuba desde 1976
CAVALLO Domingo, 1946 em Córdoba, político e economista argentino
CEAUSESCU Nicolae (1918-1989), presidente da Romênia de 1967 a 1989
CHANDLER Marc, economista americano
CHAPPORI Piere-André, 1955, em Mônaco, professor de economia, Universidade de Colúmbia
CHAVEZ Hugo, 1954, presidente da Venezuela desde 1999
CHE GUEVARA (1928-1967) dirigente da guerrilha internacionalista cubana
CHUNG HEE PARK (1917-1979), presidente da Coréia do Sul de 1963 a 1979
CLINTON William, 1946 em Hope, Arkansas, presidente dos EUA de 1993 a 2001
CRESSON Edith, 1934, primeiro-ministro da França de 1991 a 1992
DA NÓBREGA Maílson, 1942, economista brasileiro, São Paulo, ministro das Finanças de 1987 a 1990
DAS GURCHARAN, 1946, em Lyallpur, Paquistão, jornalista do *Times* na Índia, autor de *Índia Unbound*
DE PAULA Áureo, professor de economia, Universidade de Pensilvânia (Filadélfia)
DE SOTO Hernando, 1941 em Arequipa, Peru, economista
DEBREU Gerard (1921-2004), economista americano de origem francesa, prêmio Nobel de Economia 1983
DELFIM NETO Antonio, 1928, São Paulo, ministro das Finanças dos governos brasileiros de 1967 a 1974
DELPLA Jacques, 1966, autor (juntamente com Charles Wyplosz) de *La fin des privilèges, payer pour réformer*
DIXIT Avinash, 1944, economista americano de origem indiana, Universidade de Princeton
DUVERGER Maurice, 1917 em Angoulême, professor de direito francês
DVORKOVITCH Arkadi, conselheiro econômico do presidente russo Putin
ELTSIN Boris Nikolaïevitch (1931-2007), presidente da Rússia de 1991 a 1999
ENGELS Friedrich (1820-1885), filósofo alemão

ERHARD Ludwig (1897-1977), economista alemão, ministro da economia de 1949 a 1963

FOURASTIÉ Jean (1907-1990), economista francês, na origem da expressão "les Trente Glorieuses" (os Trinta Anos Gloriosos)

FOX Vicente, 1942 no México, presidente do México de 2000 a 2006

FRANCO Itamar, 1930, presidente do Brasil de 1992 a 1995

FUKUYAMA Francis, 1952, em Chicago, professor de economia política internacional, Universidade Johns-Hopkins, Washington

GAIDAR Egor, 1956, presidente do Instituto de estudos dos problemas econômicos em período de transição, primeiro-ministro russo em 1992

GANDHI Rajiv (1944-1991), primeiro-ministro da Índia de 1984 a 1989, filho de Indira Ghandi

GARCIA MARQUEZ Gabriel, 1927, escritor colombiano, prêmio Nobel de Literatura 1982

GATES Bill, 1955 em Seattle, fundador da Microsoft

GHANDHI Mahatma (1869-1948), guia espiritual da Índia e do movimento pela independência

GHANDI Indira (1917-1984), primeiro-ministro da União Indiana de 1966 a 1977, e depois de 1980 a 1984

GORBATCHEV Mikhail, 1931, secretário geral do PCUS (1985-1991), prêmio Nobel da Paz 1990

GREIF Avner, Universidade de Stanford

GROSSMAN Gene, 1995 em Nova York, Universidade de Princeton

GUESNERIE Roger, 1943, economista francês, titular da cadeira "Théorie économique et organisation sociale" do Collège de France

HAVEL Vlacav, 1936 em Praga, presidente da República Tcheca de 1990 a 2003

HAYASHI Fumio, 1952, professor de economia, Universidade de Tókio, Japão

HELDER CÂMARA Dom (1909-1999), arcebispo de Olinda e Recife (Nordeste do Brasil)

HOOVER Herbert Clark (1874-1964), presidente dos EUA de 1929 a 1933

HOXBY Caroline, Universidade de Harvard

HU JIA, 1973 em Pequim, dissidente democrata

Iavlinski Grigori, 1952, Ucrânia, homem político russo, fundador do Partido liberal Yabloko

Illarionov Andrei, 1961, economista russo, antigo conselheiro de Vladimir Putin, *senior fellow* no Cato Institute em Washington

JOÃO-PAULO II (1920-2005), papa de 1978 a 2005

KÁDAR János (1912-1989), chefe do governo húngaro de 1956 a 1958 e de 1961 a 1965

KASPAROV Garry, 1963, jogador de xadrez russo, líder de oposição de Vladimir Putin

KEYNES John Maynard (1883-1946), economista britânnico
KHANEMAN Daniel, 1934 em Tel Aviv, Israel, prêmio Nobel de Economia 2002, Universidade de Princeton
KIRCHNER Cristina Elisabet Fernandes, 1953 em La Plata, presidente da Argentina desde 2007
KLAUS Václav, 1941, segundo presidente da República Tcheca
KOIZUMI Junichiro, 1942, primeiro-ministro do Japão de 2001 a 2006
KOLM Serge-Christophe, 1932 em Paris, economista francês
KORNAI János, 1928 em Budapeste, Universidade de Harvard e Collegium Budapest
KUHN Thomas (1922-1996), historiador e filósofo das ciências, MIT, Boston
LAFFER Arthur, 1940, economista americano
LAIBSON David, 1966, Universidade Harvard
LE TREUT Hervé, 1956, climatologista, membro da Académie des Sciences
LENIN Vladimir (1870-1924), fundador da URSS
LEROUX Marcel, climatologista, Universidade Jean-Moulin-Lyon III
LEVINE David, Universidade Washington, Saint-Louis, autor com Michele Boldrin de *L'Innovation et la propriété intellectuelle*
LEVITT Steven, 1967, economista americano, medalha Clark 2003, Universidade de Chicago
LOMBORG Bjorn, 1965, professor em Copenhagen Business School, autor de *L' Environnementaliste sceptique*
LUCAS Robert, 1937, Universidade de Chicago, prêmio Nobel de Economia 1995
LUDERS Rolf, economista chileno, Universidade Católica Pontifícia do Chile, ministro da Economia de 1982 a 1983
LULA DA SILVA Luiz Inácio, 1945, presidente do Brasil em 2002, reeleito em 2006
MALTHUS Thomas (1776-1834), economista britânico
MAO Tsé-Tung (1893-1976), co-fundador do Partido comunista chinês
MARCOS, 1957, dirigente do exército zapatista de libertação nacional (EZLN), grupo revolucionário mexicano
MARX Karl (1818-1912), filósofo e economista alemão
MEIJI (1852-1912), imperador do Japão de 1868 a 1912
MENEM Carlos, 1930, presidente da Argentina de 1989 a 1999
MERKEL Ângela, 1954 em Hamburgo, Chanceler federal da Alemanha desde 2005
MILOV Vladimir, 1972, Instituto da Política Energética de Moscou
MILTON Friedman (1912-2006), economista americano, prêmio Nobel de Economia 1976
MONTESQUIEU (1689-1755), precursor da sociologia
MOORE Michael, 1954, escritor e diretor americano de documentários, vive em Nova York
MOORE Thomas, conselheiro econômico de Ronald Reagan, Instituto Hoover

MORALES Evo, 1959, presidente da República da Bolívia desde 2006
MURPHY Kevin, Business School, Universidade de Chicago, medalha Clark 1997
MYRDAL Gunnar (1898-1987), economista sueco, prêmio Nobel de Economia 1974
NASSER Gamal Abdel (1918-1970), presidente do Egito
NEHRU Jawaharlal (1889-1964), primeiro-ministro da Índia de 1947 a 1964
NORDHAUS William, 1941 no Novo México, professor de economia na Universidade de Yale
ÖZAL Turgut (1927-1993), primeiro-ministro e presidente turco de 1989 a 1993
PACHAURI Rajendra Kumar, 1940 na Índia, chefe do Grupo de especialistas intergovernamentais sobre a evolução do clima (GIEC) desde 2002
PAMUK Sevket, professor de economia, Instituto Turco da História Moderna, Istambul
PHELPS Edmund, 1933 nos EUA, prêmio Nobel de economia 2006, Universidade de Columbia
PINOCHET Augusto (1925-2006), chefe de Estado chileno de 1973 a 1990
POPPER Karl (1902-1994), filósofo austríaco
PREBISCH Raul (1901-1986), economista argentino
PRESCOTT Edward, 1940, economista americano, Banco Federal de Minnesota, prêmio Nobel de Economia 2004
PRITCHETT Lant, 1959, EUA, Universidade Harvard
PUTIN Vladimir, nascido em 1952 em Leningrado, presidente da Federação Russa desde 2000
RAWLS John (1921-2004), filósofo americano
REAGAN Ronald (1911-2004), presidente dos EUA de 1981 a 1989
RODRIK Dani, 1957 em Istambul, professor de economia em Harvard
ROGOFF Kenneth, 1953, economista americano, Universidade Harvard, economista chefe do Fundo Monetário Internacional (FMI) de 2001 a 2003
ROMER Paul, economista americano. Professor da Universidade Stanford
RONG-YI Wu, presidente da Bolsa de Valores de Taiwan
RUEFF Jacques (1896-1978), economista liberal francês
RYKOV Alexei (1881-1939) presidente do Conselho dos comissários do povo da URSS de 1924 a 1929
SACHS Jefrey, 1954 em Detroit, Michigan, Universidade de Columbia
SAKONG II, presidente do Institute for Global Economics, Seoul
SALA-I-MARTIN Javier, 1963 em Barcelona, professor da Universidade de Columbia
SAMUELSON Paul, 1915 em Gary, Indiana, prêmio Nobel de Economia 1970
SARNEY José, 1930 em Pinheiro/Brasil, presidente do Brasil de 1985 a 1990
SAUVY Alfred (1898-1990), sociólogo francês, autor da expressão "terceiro mundo" em 1952

SAY Jean-Baptiste (1767-1832), economista e industrial francês
SCHEINKMAN José, nascido no Brasil, professor de economia de Princeton
SCHMIDT Benno, antigo presidente da Universidade de Yale de 1986 a 1992
SCHRÖDER Gerhard, 1944, Chanceler alemão de 1998 a 2005
SEM Amartya, 1933 em Santiniketan, prêmio Nobel de Economia 1998, Trinity College, Universidade de Cambridge
SERVAN-SCHREIBER Jean-Jacques (1924-2006), ensaísta e homem político francês, autor de Le défi américain em 1967
SHUMPETER Joseph (1883-1950), economista austríaco
SINGH AHLUWALIA Montek, nascido em 1943, vice-presidente da comissão de planificação da Índia
SINGH Manmohan, 1932, primeiro-ministro da Índia desde 2004
SMITH Adam (1723-1790), filósofo e economista escocês
SOLJENITSYNE Alexandre, 1918, autor do Arquipélago Goulag
STALIN Joseph (1879-1953), secretário geral do partido comunista da URSS de 1922 a 1953
STERN Nicholas, 1946, economista britânico, London School of Economics
STGLITZ Joseph, prêmio Nobel de Economia 2001, Universidade de Columbia
STIGLER George (1911-1991), economista americano, prêmio Nobel de Economia 1982, Universidade de Chicago
SWAMINATHAN M.S., 1925, presidente da Fundação M.S. Swaminathan
TAKENAKA Heizo, 1951, economista japonês, ministro das Finanças em 2001
TCHANG Kaï-chek (1887-1975), presidente da República da China de 1949 a 1975
THATCHER Margaret, 1925 em Grantham, primeiro-ministro do Reino Unido de 1979 a 1990
TIROLE Jean, 1953, economista francês, diretor da fundação Jean-Jacques-Laffont-Toulouse de Sciences Economiques, medalha de ouro do CNRS
TULLOCK Gordon, 1922, professor de direito, Universidade George Mason, Virginia
TUSK Donald, 1957 em Gdansk, primeiro-ministro polonês desde 2007
TVERSKY Amos (1937-1996), psicólogo, pioneiro das ciências cognitivas
VEENHOVEN Ruut, 1942, professor de ciências sociais, Universidade Erasmus de Rotterdam
VOGEL Ezra, 1930, diretor do departamento de pesquisa sobre a Ásia, Universidade de Harvard
VON HAYEK Friedrich (1899-1992), filósofo e economista, prêmio Nobel de Economia 1974
WACZIARG Romain, 1970, professor de economia, Stanford
WALESA Lech, 1943 na Pomerânia, presidente da Polônia de 1990 a 1995, prêmio Nobel da Paz em 1983

Dados Internacionais de Catalogação na Publicação (CIP)
(Câmara Brasileira do Livro, SP, Brasil)

Sorman, Guy
   A economia não mente / Guy Sorman ; tradução de Margarita Maria Garcia Lamelo. – São Paulo : É Realizações, 2008.

   Título original: L'économie ne ment pas
   ISBN 978-85-88062-61-0

   1. História econômica 2. Liberalismo I. Título.

08-09772   CDD-330.9

Índices para catálogo sistemático:
1. História economia   330.9

Este livro foi impresso pela Gráfica Vida e Consciência para É Realizações, em outubro de 2008. Os tipos usados são Felix Titling Regular e Goudy OldStyle BT. O papel do miolo é chamois bulk dunas 90g, e da capa cartão supremo 250g.

WATT James (1736-1819), inventor da máquina a vapor
WEBER Max (1864-1920), sociólogo alemão
WYPLOSZ Charles, 1947, economista, Institut Universitaire de Hautes Études Internationales, Gênova
XIAOPING Deng (1904-1997), secretário geral do Partido comunista chinês de 1976 a 1997
YASSINE Evgueni, diretor científico do Alto Colégio de Economia de Moscou, ministro da Economia de Boris Yeltsin
YUSHI Mao, economista, diretor de Unirule Institute of Economics, Pequim